Sylvain Tesson, geboren 1972 in Paris, ist Geograph, Schriftsteller, Filmemacher und ein großer Reisender. Er fuhr mit dem Fahrrad um die Welt und unternahm monatelange Expeditionen – zu Fuß durch den Himalaja und von Sibirien nach Indien, auf dem Pferd durch die Steppen Zentralasiens, auf dem Motorrad von Moskau nach Paris, auf Skiern von Menton bis Triest über die gesamte Alpenkette. Für seine Reisebeschreibungen und Essays wurde er mehrfach ausgezeichnet, u.a. mit dem *Prix Goncourt de la nouvelle* und dem *Prix Médicis*. Zuletzt erschienen von ihm der Bestseller *Der Schneeleopard* und *Weiß*.

Sylvain Tessons *In den Wäldern Sibiriens* in der Presse:

»Aussteiger-Literatur ist oft peinlich. Sylvain Tessons Tagebuch ist hingegen grandios.«
Die Zeit

»Sylvain Tessons Buch ist große Epik, weil es in jeder Hinsicht echt ist.«
Welt.de

Außerdem von Sylvain Tesson lieferbar:
Auf versunkenen Wegen

www.penguin-verlag.de

Sylvain Tesson

In den WÄLDERN SIBIRIENS

Tagebuch aus der Einsamkeit

Aus dem Französischen
von Claudia Kalscheuer

PENGUIN VERLAG

Die Originalausgabe erschien 2011 unter dem Titel
Dans les forêts de Sibérie bei Gallimard, Paris.

MIX
Papier | Fördert gute Waldnutzung
FSC® C014496

Penguin Random House Verlagsgruppe FSC® N001967

2. Auflage

in der Penguin Random House Verlagsgruppe GmbH,
Neumarkter Straße 28, 81673 München
produktsicherheit@penguinrandomhouse.de
(Vorstehende Angaben sind zugleich
Pflichtinformationen nach GPSR)

Lektorat: Bernd Degner
Umschlaggestaltung: Büro Jorge Schmidt
Umschlagabbildung: Thomas Goisque
Satz: GGP Media GmbH
Druck und Bindung: GGP Media GmbH
Printed in Germany
ISBN 978-3-328-11202-0
www.penguin-verlag.de

Für Arnaud Humann

Denn ich gehöre den Wäldern und der Einsamkeit.

Knut Hamsun, *Pan*

Die Freiheit gibt es immer. Man muss nur den Preis für sie entrichten.

Henry de Montherlant, *Tagebücher 1930–1944*

Inhalt

Randnotiz

Ich hatte mir vorgenommen, vor meinem 40. Lebensjahr als Eremit in den Wäldern zu leben.

Ich zog für sechs Monate in eine sibirische Hütte am Ufer des Baikalsees, an der Spitze des Nördlichen Zedernkaps. Das nächste Dorf 120 Kilometer entfernt, keine Nachbarn, keine Zugangsstraßen, gelegentlich ein Besuch. Im Winter Temperaturen um die minus 30 Grad, im Sommer Bären an den Ufern. Kurz, das Paradies.

Ich nahm Bücher mit, Zigarren und Wodka. Alles Übrige – die Weite, die Stille und die Einsamkeit – war schon da.

In dieser Wildnis schuf ich mir ein schlichtes und schönes Leben, ich machte die Erfahrung eines aus einfachen Handlungen bestehenden Daseins. Im Angesicht von See und Wald betrachtete ich das Vorüberziehen der Tage. Ich hackte Holz, angelte mein Abendessen, las viel, wanderte durch die Berge und trank am Fenster Wodka. Die Blockhütte war ein idealer Beobachtungsposten, um noch die kleinste Bewegung der Natur zu erfassen.

Ich erlebte den Winter und den Frühling, das Glück, die Verzweiflung und am Ende den Frieden.

In der tiefsten Taiga verwandelte ich mich. Die Bewegungslosigkeit gab mir, was das Reisen mir nicht mehr verschaffen konnte. Der Geist des Ortes half mir, die Zeit zu zähmen. Meine Einsiedelei wurde zum Laboratorium dieser Wandlungen.

Jeden Tag verzeichnete ich meine Gedanken in einem Heft.

Dieses Tagebuch eines Einsiedlerlebens halten Sie in Händen.

S. T.

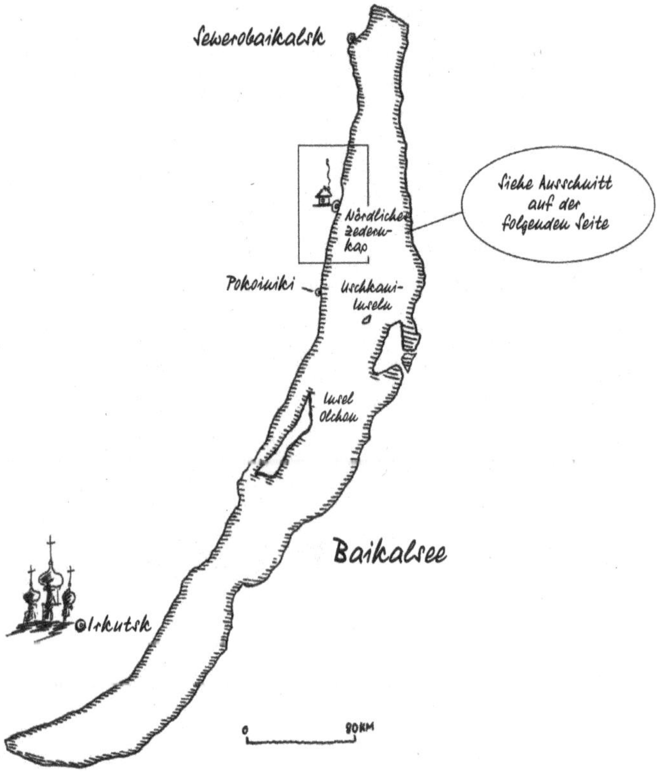
Sewerobaikalsk
Nördlicher Zedern-kap
Siehe Ausschnitt auf der folgenden Seite
Pokoiniki
Uschkani-Inseln
Insel Olchon
Baikalsee
Irkutsk
0
80 KM

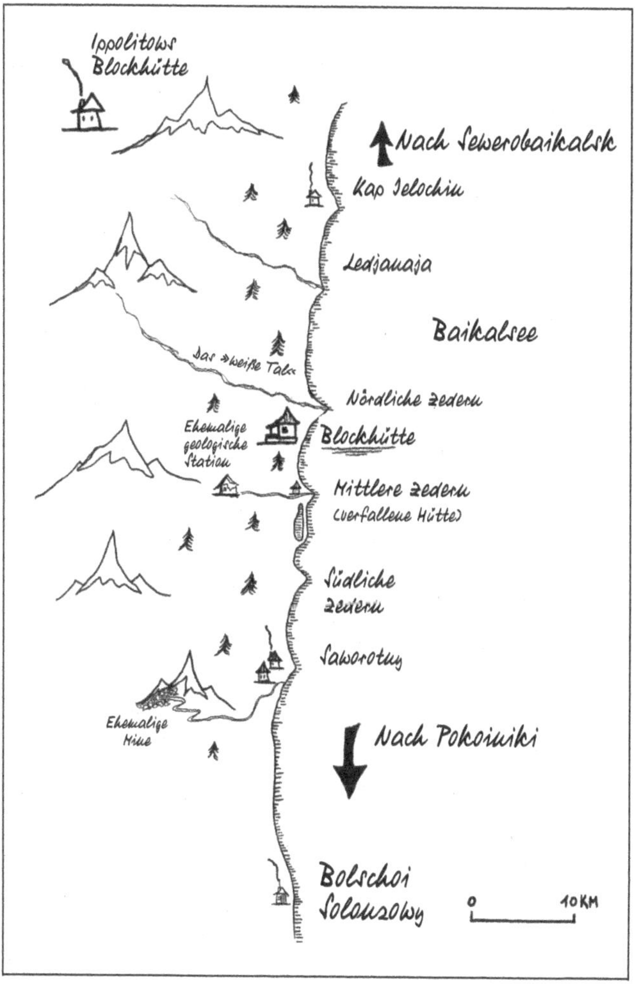
Ippolitows Blockhütte
Nach Sewerobaikalsk
Kap Jelochin
Ledjanaja
Baikalsee
Das »weiße Tal«
Nördliche Zedern
Ehemalige geologische Station
Blockhütte
Mittlere Zedern
(verfallene Hütte)
Südliche Zedern
Saworotny
Ehemalige Mine
Nach Pokoiniki
Bolschoi Solonzowy
0
10 KM

FEBRUAR

Der Wald

Die Marke Heinz vermarktet etwa fünfzehn verschiedene Saucen. Der Supermarkt von Irkutsk führt sie alle, und ich kann mich nicht entscheiden. Ich habe schon sechs Einkaufswagen mit Nudeln und Tabasco beladen. Der blaue Lastwagen wartet auf mich. Mischa, der Fahrer, hat den Motor nicht abgestellt, draußen herrschen minus 32 Grad. Morgen verlassen wir Irkutsk. In drei Tagen werden wir die Blockhütte am Ostufer des Sees erreichen. Ich muss heute mit den Einkäufen fertig werden. Ich wähle die »Super Hot Tapas« aus dem Heinz-Sortiment. Ich nehme 18 Flaschen davon: pro Monat drei.

Fünfzehn Sorten Ketchup. Wegen solcher Dinge wollte ich dieser Welt den Rücken kehren.

9. Februar

Ich liege auf meinem Bett in Ninas Haus, in der Straße der Proletarier. Ich liebe die russischen Straßennamen. In den Dörfern findet man die »Straße der Arbeit«, die »Straße der Oktoberrevolution«, die »Straße der Partisanen« und manchmal eine »Straße des Enthusiasmus«, auf der graue alte Slawinnen träge ihrer Wege gehen.

Nina ist die beste Zimmerwirtin von Irkutsk. Früher war sie Pianistin und trat in den Konzertsälen der Sowjetunion auf. Jetzt führt sie eine Pension. Gestern hat sie mich gefragt: »Wer hätte gedacht, dass ich mich eines Tages in eine Pfannkuchenfabrik verwandeln würde?« Ninas Kater schnurrt auf meinem Bauch. Wenn ich ein Kater wäre, wüsste ich, auf welchem Bauch ich mich wärmen würde.

Ich stehe kurz vor der Erfüllung eines sieben Jahre alten Traumes. 2003 war ich zum ersten Mal am Baikalsee. Ich wanderte am Ufer entlang und entdeckte in regelmäßigen Abständen Blockhütten, bewohnt von seltsam glücklichen Einsiedlern. Die Vorstellung, mich unter dem Blätterdach der Hochwälder zu verkriechen, allein, in der Stille, setzte sich in mir fest. Sieben Jahre später bin ich nun hier.

Ich muss die Kraft finden, den Kater wegzustoßen. Aus dem Bett aufzustehen verlangt eine ungeheure Energie. Vor allem, um ein neues Leben zu beginnen. Dieser Drang kehrtzumachen, wenn das, was man ersehnt, zum Greifen nah ist. Manche Menschen machen im entscheidenden Moment eine Kehrtwende. Ich habe Angst, zu dieser Sorte zu gehören.

Mischas Lastwagen ist vollgepackt bis obenhin. Bis zum See sind es fünf Stunden Fahrt durch vereiste Steppen: eine Seefahrt durch Wellenberge und -täler einer versteinerten Dünung. Am Fuß der Hügel rauchen Dörfer, auf Untiefen gestrandete Schwaden. Angesichts solcher Bilder schrieb Malewitsch: »Wer je Sibirien durchquert hat, wird nie wieder nach Glück streben können.« Als wir die Kuppe eines Hügels erreichen, liegt der See plötzlich vor uns. Wir halten an, um zu trinken. Nach vier Gläsern Wodka die Frage: Durch welches Wunder schmiegt sich die Küstenlinie so vollkommen den Konturen des Wassers an?

Bringen wir die Zahlen hinter uns. Der Baikalsee, 700 Kilometer lang, 80 Kilometer breit und 1500 Meter tief. 25 Millionen Jahre alt. Im Winter eine Eisdicke von 110 Zentimetern. Der Sonne sind diese Zahlen egal. Sie ergießt ihre Liebe über die weiße Fläche. Die Wolken filtern die Strahlen, eine Herde Lichtflecken gleitet über den Schnee – die Wange der Leiche leuchtet auf.

Der Lastwagen fährt aufs Eis. Unter den Rädern, ein Kilometer Tiefe. Wenn wir in eine Spalte rutschen, wird das Fahrzeug in der Finsternis versinken. Die Körper werden still fallen. Langsamer Schnee der Ertrunkenen. Der See ist ein Traumgrab für jeden, der die Verwesung fürchtet. James Dean wollte sterben und eine »schöne Leiche« hinterlassen. Die winzigen Krebse, *Epischura baikalensis,* werden die Leichen binnen 24 Stunden säubern und auf dem Seegrund nichts als das Elfenbein der Knochen übrig lassen.

10. Februar

Wir haben im Dorf Chuschir auf der Insel Olchon (gesprochen Olkhraun, auf nordische Art) übernachtet und fahren Richtung Norden. Mischa spricht kein Wort. Ich bewundere schweigsame Menschen, ich stelle mir ihre Gedanken vor.

Ich bewege mich auf den Ort meiner Träume zu. Die Stimmung ist unheimlich. Die Kälte lässt ihr Haar im Wind wehen. Schneefäden fliehen vor den Reifen. Durch den Zwischenraum zwischen Himmel und Eis fegt der Sturm. Ich betrachte das Ufer, versuche nicht daran zu denken, dass ich sechs Monate in diesen Requiem-Wäldern leben werde. Es sind alle Elemente des Bilderbogens der sibirischen Straflager versammelt: die unermessliche Weite, das fahle Licht. Das Eis hat etwas von einem Leichentuch. 25 Jahre lang wurden Unschuldige in diesen Albtraum hineingeworfen. Ich bin freiwillig hier. Worüber sollte ich mich beklagen?

Mischa: »Es ist trostlos.«

Dann Schweigen bis zum nächsten Morgen.

Meine Blockhütte steht im Norden des Baikal-Lena-Naturreservats. Es ist eine ehemalige geologische Station aus den 1980er Jahren, verborgen in einer Zedernlichtung. Die Bäume haben dem Ort ihren Namen auf der Karte gegeben: Kap der nördlichen Zedern. *Nördliche Zedern* klingt wie der Name einer Seniorenwohnanlage. Aber schließlich handelt es sich ja auch um einen Ruhesitz.

Über den See zu fahren ist eine Grenzübertretung. Allein Götter und Spinnen wandeln übers Wasser. Drei Mal hatte ich bisher das Gefühl, ein Tabu zu brechen. Das erste Mal, als ich den Grund des Aralsees betrachtete, der von den Menschen geleert wurde. Das zweite Mal, als ich das Tagebuch einer Frau las. Das dritte Mal, als ich über die Wasser des Baikalsees fuhr. Jedes Mal das Gefühl, einen Schleier zu zerreißen. Das Auge blickt durch ein verbotenes Schlüsselloch.

Ich erkläre das Mischa. Er antwortet nichts darauf.

Am Abend machen wir in der wissenschaftlichen Station von Pokoiniki halt, im Herzen des Reservats.

Sergej und Natascha sind die Inspektoren. Sie sind schön wie griechische Götter, nur wärmer angezogen. Sie leben hier seit zwanzig Jahren und machen Jagd auf Wilderer. Meine Blockhütte liegt 50 Kilometer weiter im Norden. Ich bin glücklich, sie als Nachbarn zu haben. An sie zu denken wird mir angenehm sein. Ihre Liebe: eine Insel im sibirischen Winter.

Wir haben den Abend mit zwei Freunden von ihnen verbracht, Sascha und Jura, sibirische Fischer – zwei dostojewskische Typen. Sascha ist extrem angespannt, rosig, voller Lebenskraft. Sein harter Blick kommt aus der Tiefe zweier mongolischer Augen. Jura ist dunkel, rasputinesk, schlammfischgenährt. Seine Haut ist bleich wie die der Bewohner von Tolkiens Mordor. Der Erstere ist für Geniestreiche geschaffen, der Zweite für Verschwörungen. Jura war seit fünfzehn Jahren nicht mehr in der Stadt.

11. Februar

Am Morgen begeben wir uns wieder aufs Eis. Der Wald zieht vorüber. Als ich zwölf war, haben wir einmal das Museum des Ersten Weltkriegs in Verdun besichtigt. Ich erinnere mich an den Saal über die Schlacht am Chemin des Dames. Dort waren die Frontsoldaten im Schützengraben von einer Schlammlawine verschüttet worden. Heute Morgen ist der Wald eine versunkene Armee, von der nur die Bajonette herausragen.

Das Eis kracht. Von den Bewegungen des Eismantels zusammengepresste Platten bersten. Bruchlinien durchziehen die quecksilbrige Ebene, Kristallhaufen werfen sich auf. Aus einer gläsernen Wunde fließt blaues Blut.

»Schön«, sagt Mischa.

Dann nichts mehr bis zum Abend.

Um 19 Uhr kommt mein Kap in Sicht. Das Nördliche Zedernkap. Meine Blockhütte. Die GPS-Koordinaten lauten: N 54° 26' 45,12" / E 108° 32' 40,32".

Die dunklen Umrisse von ein paar kleinen Gestalten, von Hunden begleitet, nähern sich über den Strand, um uns zu begrüßen. So malte Brueghel die Menschen auf dem Lande. Der Winter verwandelt alles in ein flämisches Gemälde: präzis und lackglänzend.

Es schneit, dann kommt der Abend, und all das Weiß wird zu fürchterlicher Schwärze.

12. Februar

Wolodja T., Forstinspektor, ist um die fünfzig und lebt seit fünfzehn Jahren mit seiner Frau Ludmila in der Nördlichen Zedernhütte. Er trägt eine getönte Brille, sein Gesicht ist sanft. Manche Russen sehen aus wie brutale Schläger, doch ihm würde man ohne Weiteres ein Bärenjunges anvertrauen. Wolodja und Ludmila wollen zurück nach Irkutsk. Ludmila ist krank, eine Venenentzündung, sie muss sich behandeln lassen. Ihre Haut ist weiß wie ein Froschbauch, wie bei allen mit Tee getränkten russischen Frauen; die Blutadern bilden ein Suppennudelmuster unter dem Perlmutt. Sie warten mit ihrer Abreise auf mich.

Aus der Hütte im Zederngehölz steigt Rauch auf. Der Schnee hat das Dach mit Baiser überzogen, die Balken haben die Farbe von Pfefferkuchen. Ich habe Hunger.

Die Behausung steht am Fuß von 2000 Meter hohen Hängen. Die Taiga zieht sich in Richtung Gipfel hinauf und kapituliert bei 1000 Metern. Darüber beginnt das Reich des Steins, des Eises, des Himmels. Der Berg ragt gleich hinter der Hütte empor. Der See liegt 450 Meter über dem Meeresspiegel, aus meinen Fenstern sehe ich das Ufer.

Im Abstand von 30 Kilometern beherbergen Stationen des Naturschutzgebiets Inspektoren, die unter Sergejs Befehl stehen. Im Norden, am Kap Jelochin, heißt mein Nachbar Wolodja. Im Süden, im kleinen Dorf Saworotny, ebenfalls Wolodja. Später werde ich in melancholischen Momenten, wenn ich das Bedürfnis verspüre, mit jemandem anzustoßen, nur einen Tag nach Süden oder fünf Stunden nach Norden wandern müssen.

Sergej, der Chef der Parkwächter, ist mit uns aus Pokoiniki gekommen. Wir steigen aus dem Lastwagen und betrachten schweigend die herrliche Landschaft, dann drückt er sich zwei

Finger an die Schläfe und meint: »Ein großartiger Ort, um sich umzubringen.« Im Lastwagen sitzt auch noch mein Freund Arnaud, der mich seit Irkutsk begleitet. Dort lebt er seit fünfzehn Jahren. Er hat die schönste Frau der Stadt geheiratet. Sie träumte von der Avenue Montaigne und von Cannes. Als ihr klar wurde, dass Arnaud nichts anderes im Kopf hatte, als durch die Taiga zu streifen, verließ sie ihn.

In den kommenden Tagen werden wir zusammen meinen Aufenthalt vorbereiten. Danach werden meine Freunde zurückfahren und mich allein lassen. Erst einmal wird aber ausgeladen.

NOTWENDIGE AUSRÜSTUNG
FÜR SECHS MONATE IN DEN WÄLDERN

Axt und Beil
Plane
Jutesack
Pickel und Eiskescher
Schlittschuhe
Schneeschuhe
Kajak und Paddel
Angelruten, Schnur, Bleie, Fliegen und Blinker
Kochtopfset
Teekessel
Eisbohrer
Seil
Dolch und Schweizer Messer

Schleifstein
Öllampe
Kerosin
Kerzen
GPS-Navigationsgerät, Kompass, Karte
Solarmodule, Kabel und wiederaufladbare Batterien
Streichhölzer und Feuerzeuge
Alpinrucksack
Seesäcke
Filzteppich
Schlafsäcke
Hochgebirgsausrüstung
Moskitonetz
Handschuhe
Filzstiefel
Eispickel
Apotheke (10 Schachteln Paracetamol gegen die Nebenwirkungen des Wodkas)
Säge
Hammer, Nägel, Schrauben, Feile
Französische Fahne für den 14. Juli
Bärenabwehrraketen, Typ Handfackel
Signalpistole
Regenumhang
Grillrost
Klappsäge
Zelt
Isomatte

Stirnlampe
Schlafsack bis minus 40 Grad
Canada-Goose-Jacke
Plastikschlitten
Steigeisen
Stiefel mit Gamaschen
Wodka und Schnapsglas
90%iger Alkohol für den Fall eines Wodka-Engpasses
Persönliche Bibliothek
Zigarren, Zigarillos, Räucherpapier und
Tupperware-Dose als Humidor
Ikonen (heiliger Seraphim von Sarow, heiliger Nikolaus,
die letzte Romanow-Zarenfamilie,
Zar Nikolaus II., Schwarze Madonna)
Holzkisten
Fernglas
Elektronische Geräte
Hefte und Stifte
Lebensmittel (Nudeln, Reis, Tabasco, Kriegsbrot,
Obstkonserven, Chili, Pfeffer, Salz, Kaffee, Honig
und Tee für sechs Monate)

Es ist komisch: Man beschließt, in einer Hütte zu leben, man stellt sich vor, wie man im Angesicht des Himmels Zigarren raucht, seinen Gedanken nachhängt – stattdessen sitzt man da und hakt in einem Haushaltsbuch Lebensmittellisten ab. Das Leben, diese Krämerangelegenheit.

Ich stoße die Tür der Hütte auf. Russland ist das Reich des

Resopals. Siebzig Jahre historischer Materialismus haben bei den Russen jedes ästhetische Empfinden zunichtegemacht. Woher kommt der schlechte Geschmack? Warum gibt es Linoleum und nicht nichts? Wie hat der Kitsch die Welt erobert? Der Run der Völker auf das Hässliche ist das Hauptphänomen der Globalisierung. Um sich davon zu überzeugen, muss man nur durch eine chinesische Stadt laufen, sich die neue Ausstattung der französischen Postämter oder die Kleidung von Touristen ansehen. Der schlechte Geschmack ist der gemeinsame Nenner der Menschheit.

Zwei Tage lang reiße ich mit Arnauds Hilfe Linoleum, Wachstuch, Polyesterplane und Plastiktapeten von Boden und Wänden. Mit dem Brecheisen rücken wir den Pappverkleidungen zu Leibe. Dadurch kommen die mit Harzperlen bedeckten Rundstämme zum Vorschein und ein blassgelbes Parkett, das an Van Goghs Schlafzimmer in Arles erinnert. Wolodja schaut uns bestürzt zu. Er *sieht* nicht, dass das nackte, bernsteinfarbene Holz ein schönerer Anblick ist als Wachstuch. Er hört sich meine Erklärungen an. Ich bin der Bourgeois, der die Überlegenheit des Parketts über das Linoleum verteidigt. Der Ästhetizismus ist eine reaktionäre Verirrung.

Wir haben aus Irkutsk ein doppelt verglastes Fenster aus hellem Kiefernholz mitgebracht, um die Scheibe zu ersetzen, die in der Hütte ein polizeirevierartiges Schummerlicht verbreitet. Um es einzupassen, vergrößert Sergej die Öffnung in den Rundstämmen mit der Kettensäge. Er arbeitet nervös, ohne Pause, ohne die Winkel zu berechnen, und biegt die durch seine Hast verursachten Fehler nach und nach wieder gerade. Die Russen bauen immer alles unter Hochdruck, als würden jeden Moment die faschistischen Soldaten anrücken.

In den verstreuten Dörfern des Landes leben die Russen im Gefühl der Fragilität ihrer Lebensumstände. Das Schweinchen aus dem Märchen fühlte sich in seinem Strohhaus auch nicht sicherer. Inmitten vereister Sümpfe zwischen vier Holzwänden zu leben, macht bescheiden. Die Dörfer sind nicht für die Nachwelt gebaut. Sie bestehen aus einer Ansammlung von Bruchbuden, die im Nordwind ächzen. Der Römer baute für tausend Jahre. Für den Russen geht es darum, über den Winter zu kommen.

Gemessen an der Gewalt der Stürme ist die Blockhütte eine Streichholzschachtel. Tochter des Waldes, zur Verwesung bestimmt: Die Rundhölzer ihrer Wände waren einmal die Stämme der Lichtung. Sie wird wieder zu Humus, wenn ihr Bewohner sie verlässt. In all ihrer Einfachheit bietet sie perfekten Schutz vor der Winterkälte. Sie verschandelt das Unterholz nicht, in dem sie steht. Zusammen mit der Jurte und dem Iglu steht sie auf dem Siegerpodest der schönsten menschlichen Antworten auf die Widrigkeiten der Umwelt.

13. Februar

Zehn Stunden, um die Lichtung von dem angehäuften Müll zu befreien. Die Stätte reinigen, damit der Geist in sie zurückkehrt. Die Russen machen Tabula rasa mit der Vergangenheit, aber nie mit ihren Abfällen. Etwas wegwerfen? *Eher sterben,* sagen sie. Warum einen Traktormotor entsorgen, wenn sein Kolben noch als Lampenfuß dienen könnte? Das Gebiet der Ex-Sowjetunion ist mit den Exkrementen der Fünfjahrespläne übersät: Fabrikruinen, Werkzeugmaschinen, Flugzeugwracks. Viele Russen leben an Orten, die Baustellen oder Schrottplätzen ähneln. Sie sehen den Müll nicht. Sie ignorieren mental, was vor ihren Augen liegt. Das Verb *abstragirovat,* »abstrahieren«, ist ein Schlüsselwort, wenn man auf einer Müllhalde wohnt.

14. Februar
Die letzte Kiste ist eine Bücherkiste. Wenn man mich fragt, warum ich mich hier vergraben habe, werde ich antworten, dass ich mit meinem Lesepensum in Verzug war. Ich nagele ein Kiefernbrett über das Bett und stelle meine Bücher darauf. Es sind ungefähr sechzig. In Paris habe ich mit großer Sorgfalt eine ideale Liste erstellt. Wenn man vor der Dürftigkeit seines Innenlebens Angst hat, muss man gute Bücher mitnehmen – so kann man die eigene Leere immer füllen. Falsch wäre es, ausschließlich schwierige Lektüre mitzunehmen, weil man sich vorstellt, das Leben in den Wäldern würde die geistige Temperatur auf einer sehr hohen Stufe halten. Die Zeit wird lang, wenn man für verschneite Nachmittage nur Hegel hat.

Vor meiner Abreise riet mir ein Freund, die *Memoiren* des Kardinals de Retz und Morands *Fouquet* mitzunehmen. Ich wusste bereits, dass man nie mit Büchern reisen sollte, die das eigene Ziel zum Thema haben. In Venedig Lermontow lesen, am Baikalsee aber Byron.

Ich räume die Kiste aus. Ich habe Tournier zum Träumen, Déon für die Melancholie, Lawrence für die Sinnlichkeit, Mishima für die stählerne Kälte. Ich habe eine kleine Sammlung von Büchern über das Leben in den Wäldern: Grey Owl für die Radikalität, Daniel Defoe für den Mythos, Aldo Leopold für die Moral, Thoreau für die Philosophie, auch wenn ich die Moralpredigten dieses protestantischen Buchhalters etwas ermüdend finde. Whitman dagegen bezaubert mich: Von seinen *Grashalmen* geht eine Art Gnade aus. Jünger hat den Begriff des »Waldgangs« geprägt, ich habe vier oder fünf Bücher von ihm. Etwas Dichtung und auch ein paar Philosophen: Nietzsche, Schopenhauer, die Stoiker. Sade und Casanova, um mein Blut in Wallung zu bringen. Krimis aus der »Série noire«: Manchmal muss man auch verschnaufen. Ein paar Naturführer aus dem Programm von »Delachaux et Niestlé« über Vögel, Pflanzen und Insekten. Wenn man sich selbst in die Wälder einlädt, ist es das Mindeste, die Namen seiner Gastgeber zu kennen. Gleichgültigkeit wäre ein Affront. Wenn Leute in meiner Wohnung auftauchen und sich einfach darin niederlassen, möchte ich zumindest, dass sie mich beim Vornamen nennen. Der Goldschnitt meiner Pléiade-Bände glänzt im Kerzenschein. Die Bücher sind Ikonen. Zum ersten Mal in meinem Leben werde ich einen Roman in einem Zug durchlesen.

IDEALE LEKTÜRELISTE, IN PARIS MIT GROSSER SORGFALT IM HINBLICK AUF EINEN SECHSMONATIGEN AUFENTHALT IN DEN SIBIRISCHEN WÄLDERN ZUSAMMENGESTELLT

Quai des enfers, Krimi von Ingrid Astier
Lady Chatterleys Liebhaber, D. H. Lawrence
Die Krankheit zum Tode, Kierkegaard
Des pas dans la neige, ein Reisebuch über Pakistan, von Érik L'Homme
Un théâtre qui marche, Tagebuch eines Wandertheaters, von Philippe Fenwick
Des nouvelles d'Agafia, Nachfolgewerk zu *Die Vergessenen der Taiga*, von Wassili Peskow

Ein Winter am Indian Creek, Pete Fromm
Die Gottesnarren, Jacques Lacarrière
Freitag, Michel Tournier
Irisches Intermezzo, Michel Déon
Die Philosophie im Boudoir, Sade
Die Unzulänglichen, Drieu La Rochelle
Robinson Crusoe, Daniel Defoe
Kaltblütig, Truman Capote
Un an de cabane, Bericht über ein Jahr in der kanadischen Wildnis, von Olaf Candau
Hochzeit des Lichts, Camus
Der Fall, Camus
Südsee-Trauminsel, Tom Neale
Träumereien eines einsamen Spaziergängers, Rousseau
Geschichte meines Lebens, Casanova
Das Lied der Welt, Giono
Fouquet, Paul Morand
Tagebücher, Montherlant
Siebzig verweht, Band 1, Jünger
Der Waldgang, Jünger
Der gordische Knoten, Jünger
Annäherungen: Drogen und Rausch, Jünger
Afrikanische Spiele, Jünger
Die Blumen des Bösen, Baudelaire
Wenn der Postmann zweimal klingelt, James M. Cain
Der Poet, Michael Connelly
Blut auf dem Mond, James Ellroy
Eva, James Hadley Chase

Die Stoiker (Pléiade)
Rote Ernte, Dashiell Hammett
Über die Natur der Dinge, Lukrez
Kosmos und Geschichte. Der Mythos der ewigen Wiederkehr, Mircea Eliade
Die Welt als Wille und Vorstellung, Schopenhauer
Taifun, Conrad
Odes, die Oden von Victor Segalen
Das Leben des Abbé de Rancé, Chateaubriand
Tao te king, Laotse
Marienbader Elegie, Goethe
Die Stories, Hemingway
Ecce Homo, Nietzsche
Also sprach Zarathustra, Nietzsche
Götzen-Dämmerung, Nietzsche
The Stars, the Snow, the Fire: Twenty-Five Years in the Alaska Wilderness, Essays von John Meade Haines über das Leben in der Wildnis Alaskas
Männer der letzten Grenze, Grey Owl
Traité de la cabane solitaire, eine Abhandlung über die »einsame Hütte« quer durch Kulturen und Zeitläufte, von Antoine Marcel
Im Herzen der Welt, Gedichte von Blaise Cendrars
Grashalme, Whitman
Sand County Almanac, Essays über Natur und Naturschutz, Aldo Leopold
Die schwarze Flamme, Yourcenar
Tausendundeine Nacht

Ein Sommernachtstraum, Shakespeare
Die lustigen Weiber von Windsor, Shakespeare
Was ihr wollt, Shakespeare
Tafelrunde-Romane, Chrétien de Troyes
American Black Box, Maurice G. Dantec
American Psycho, B. E. Ellis
Walden, Thoreau
Die unerträgliche Leichtigkeit des Seins, Kundera
Der Tempelbrand, Mishima
Frühes Versprechen, Romain Gary
Jenseits von Afrika, Karen Blixen
Les Aventuriers, Roman über die Unmöglichkeit romantischer Abenteuer in unserer Zeit, von José Giovanni

Am sechsten Tag, nachdem ich von Irkutsk aufgebrochen bin, verschwindet der Lastwagen meiner Freunde am Horizont. Für den Schiffbrüchigen, der ans Ufer gespült wurde, gibt es nichts Erschütternderes als den Anblick eines Segels, das sich in der Ferne verliert. Wolodja und Ludmila fahren Irkutsk und ihrem neuen Leben entgegen. Ich warte darauf, dass sie sich umdrehen und einen letzten Blick auf die Hütte werfen.

Sie drehen sich nicht um.

Der Lastwagen ist nur noch ein Punkt. Ich bin allein. Die Berge wirken plötzlich strenger. Die Landschaft offenbart sich mit Wucht. Das Land springt mir ins Gesicht. Es ist verrückt, wie der Mensch die Aufmerksamkeit des Menschen in Beschlag nimmt. Die Gegenwart der anderen lässt die Welt verblassen. Die Einsamkeit ist die Rückeroberung der Lust an den Dingen.

Es herrschen minus 33 Grad. Der Nebel hat den Lastwagen verschluckt. Die Stille fällt in Gestalt kleiner weißer Späne vom Himmel. Allein sein bedeutet, die Stille zu hören. Eine Windböe. Die Kristalle trüben meine Sicht. Ich stoße ein Geheul aus. Ich breite die Arme aus, strecke das Gesicht der eisigen Leere entgegen und gehe dann hinein ins Warme.

Ich bin an der Landungsbrücke meines Lebens angelangt.

Ich werde endlich erfahren, ob ich ein Innenleben habe.

15. Februar

Mein erster Abend allein. Am Anfang wage ich kaum, mich zu bewegen. Ich bin betäubt von der Aussicht auf die Tage. Um zehn Uhr abends reißen Explosionen Löcher in die Stille. Die Luft ist wärmer geworden, der Himmel hängt voll Schnee, es sind nur minus zwölf Grad. Wenn die russische Artillerie den See unter Beschuss nähme, könnte die Hütte nicht stärker beben. Ich gehe an die milde Luft hinaus, um mir die Donnerschläge anzuhören. Die Strömungen versetzen das Packeis in Bewegung.

Das gefangene Wasser fleht um Befreiung. Das Eis trennt die Lebewesen (Fische, Blumen und Algen, Meeressäuger, Gliederfüßer und Mikroorganismen) vom Himmel. Es bildet einen Schirm zwischen dem Leben und den Sternen.

Die Hütte misst drei mal drei Meter. Geheizt wird sie durch einen gusseisernen Ofen. Er wird mein Freund werden. Das Brummen dieses Gefährten nehme ich gerne hin. Der Ofen ist die Achse der Welt. Um ihn herum organisiert sich alles andere. Er ist ein kleiner Gott mit einem Eigenleben. Wenn ich ihm Holzscheite darbringe, huldige ich damit dem *Homo erectus*, der das Feuer gebändigt hat. In seiner *Psychoanalyse des Feuers* meint Bachelard, die Idee, zwei Hölzer aneinanderzureiben, um Zunder zu entfachen, wurde durch die Reibungen der Liebe inspiriert. Beim Beischlaf sei dem Menschen die Eingebung des Feuers gekommen. Gut zu wissen. Daran denken, in die Glut zu schauen, um die Libido zu stillen.

Ich habe zwei Fenster. Das eine geht nach Süden hinaus, das andere nach Osten. Durch das zweite kann man in 100 Kilometer Entfernung die verschneiten Gipfel Burjatiens ausmachen. Durch den Rahmen des ersten folgt mein Blick durch das Geäst einer Legzirbe hindurch der Kurve der nach Süden verlaufenden Bucht.

Mein Tisch, der vor dem Ostfenster steht, nimmt nach russischer Art dessen ganze Breite ein. Die Slawen können stundenlang dasitzen und zuschauen, wie das Wasser von den Scheiben perlt. Manchmal stehen sie auf, fallen in ein Land ein, machen Revolution und kommen dann wieder, um in überheizten Zimmern vor ihren Fenstern zu träumen. Im Winter haben sie keine Eile hinauszugehen und schlürfen endlos Tee.

16. Februar

Mittags hinaus.

Der Himmel hat die Taiga überstäubt. Samten überzieht Pulverschnee das Bronzegrün der Zedern. Winterwald: ein Silberpelz, über die Schultern der Landschaft geworfen. Die Wellen der Vegetation bedecken die Hänge. Dieser Wille der Bäume, alles zu überwuchern. Der Wald, langsame Dünung. Jede Falte des Reliefs durchzieht das Eiweiß der Baumkronen mit schwarzen Streifen.

Warum lieben die Menschen abstrakte Trugbilder mehr als die Schönheit der Schneekristalle?

17. Februar

Heute Morgen setzte sich die Sonne um 8 Uhr 17 auf die Bergrücken Burjatiens. Ein Sonnenstrahl fiel durchs Fenster und traf auf die Rundhölzer der Hütte. Ich lag in meinem Schlafsack. Ich glaubte, das Holz würde bluten.

Die letzten Flammen des Ofens ersterben gegen vier Uhr morgens. Im Morgengrauen friert es im Zimmer. Ich muss aufstehen und Feuer machen: zwei Handlungen, mit denen sich der Übergang vom Menschenartigen zum Menschen vollzieht. Ich beginne meinen Tag, indem ich in die Glut blase. Dann lege ich mich wieder ins Bett, bis die Hütte brutwarm ist.

Heute Morgen fette ich die Waffe, die Sergej mir dagelassen hat. Es ist eine Leuchtpistole, wie sie Seeleute in Not benutzen. Damit feuert man blendende Phosphorladungen ab, die das Ungestüm eines Bären oder eines Eindringlings dämpfen.

Ich habe kein Gewehr und werde nicht jagen. Zum einen, weil die Vorschriften des Naturreservats es verbieten. Außerdem fände ich es schrecklich unhöflich, die Lebewesen der Wälder abzuknallen, in denen ich zu Gast bin. Will man denn von einem Fremden angegriffen werden? Es stört mich nicht, dass besser gebaute, edlere und wesentlich stärkere Wesen als ich frei durch die Hochwälder streifen.

Und wir sind hier nicht im Wald von Chantilly. Wenn Wilderer und Wildhüter sich begegnen, dann finden die Auseinandersetzungen mit der Waffe in der Hand statt. Sergej geht nie ohne sein Gewehr auf Patrouille. Rund um den See findet man Gräber mit den Namen von Inspektoren. Ein einfacher Betonstein, geschmückt mit Plastikblumen und manchmal einem Foto in einem Metallmedaillon. Die Wilderer dagegen bekommen kein Grab.

Ich denke an das Schicksal der Nerze. Im Wald geboren werden, die langen Winter überleben, um dann in eine Falle zu gehen und als Mantel für irgendwelche alte Schachteln zu enden, deren Lebenserwartung in den Wäldern drei Minuten betragen würde ... Wenn die mit Pelzmänteln behängten Frauen wenigstens die Anmut der Tiere besäßen, denen man für sie das Fell abzieht. Vor fünf Tagen hat Sergej mir eine Geschichte erzählt. Der Gouverneur von Irkutsk pflegte an Bord seines Hubschraubers in den Bergen über dem Baikalsee auf Bärenjagd zu gehen. Der Mi-8 wurde von einer Windböe erfasst und stürzte ab. Bilanz: acht Tote. Sergej: »Die Bären müssen ums Feuer herum Polka getanzt haben.«

Meine andere Waffe ist ein in Tschetschenien hergestellter Dolch, ein schönes Messer mit Holzgriff. Ich trage ihn den ganzen Tag bei mir. Abends stoße ich ihn über meinem Bett ins Holz. Tief genug, dass er nicht mitten in einem Traum herunterfällt und mir den Bauch aufschlitzt.

18. Februar

Ich wollte einen alten Zwist mit der Zeit beilegen. Mit dem Wandern hatte ich ein Mittel gefunden, sie zu verlangsamen. Die Alchemie des Reisens verdickte die Sekunden. Die unterwegs verbrachten verflogen weniger schnell als die anderen. Ich wurde von Raserei gepackt, ich brauchte immer neue Horizonte. Ich begeisterte mich für Flughäfen, wo alles zu Abreise und Aufbruch einlädt. Ich träumte davon, in einem Terminal zu enden. Meine Reisen begannen wie Fluchten und endeten als Verfolgungsjagden gegen die Stunden.

Vor zwei Jahren bot sich mir zufällig die Gelegenheit, drei Tage in einer Blockhütte am Ufer des Baikalsees haltzumachen. Ein Wildhüter, Anton, hatte mich in seiner winzigen Isba empfangen, die er am Ostufer des Sees bewohnte. Er trug eine dicke Weitsichtigenbrille, und seine durch die Gläser vergrößerten Augen verliehen ihm das Aussehen eines fröhlichen Lurchs. Abends spielten wir Schach, tagsüber half ich ihm, die Netze einzuholen. Wir redeten fast nichts, lasen viel – ich Huysmans, er Hemingway, den er *Rhemingwaij* aussprach. Er trank literweise Tee, ich ging in den Wäldern wandern. Die Sonne durchflutete den Raum, Gänse flohen vor dem Herbst. Ich dachte an meine Lieben. Wir hörten Radio, die Sprecherin meldete die Temperaturen in Sotschi. Anton sagte: »Muss schön sein, das Schwarze Meer.« Ab und zu warf er ein Holzscheit in den Ofen, und wenn der Tag vorbei war, holte er das Schachbrett hervor. Wir tranken kleine Schlucke eines Wodkas aus Krasnojarsk und zogen unsere Figuren. Ich hatte immer die weißen, ich verlor oft. Diese endlosen Tage vergingen schnell. Als ich meinen Freund verließ, dachte ich: »Das ist das Leben, das ich haben muss.« Ich brauchte nur von der Bewegungslosigkeit verlangen, was das Reisen mir nicht mehr geben konnte: den Frieden.

Da schwor ich mir, mehrere Monate in einer Blockhütte zu leben, allein, vor meinem 40. Geburtstag. Die Kälte, die Stille und die Einsamkeit – diese Zustände werden in Zukunft teurer als Gold gehandelt werden. Auf einer übervölkerten, überhitzten, lärmenden Erde ist eine Waldhütte das Eldorado. 1500 Kilometer weiter im Süden brummt China. 1,5 Milliarden Menschen wird es dort sehr bald an Wasser, an Holz, an Platz fehlen. In den Hochwäldern am Ufer der größten Süßwasserreserve der Welt zu leben, ist ein Luxus. Eines Tages werden die saudischen Ölmagnaten, die neuen indischen Reichen und die russischen Geschäftsleute, die in den Marmorlobbys der Luxushotels ihre Langeweile pflegen, das verstehen. Dann wird es Zeit werden, sich in noch höhere Breiten aufzumachen und in die Tundra zu ziehen. Das Glück wird jenseits des 60. Breitengrades liegen.

Fröhlich auf wilden Lichtungen zu wohnen ist besser, als in der Stadt zu verkümmern. Im sechsten Band seines Werks *L'Homme et la Terre* entwickelt der Geograph Élisée Reclus, anarchistischer Meister und altmodischer Stilist, einen großartigen Gedanken. Die Zukunft der Menschheit liege in der »vollständigen Vereinigung des Zivilisierten mit dem Wilden«. Es sei nicht notwendig, zwischen unserem Hunger nach technischem Fortschritt und unserem Durst nach unberührten Räumen zu wählen. Das Leben in den Wäldern bietet einen idealen Nährboden für diese Versöhnung des Archaischen mit dem Futuristischen. Unter den Baumwipfeln entfaltet sich ewiges Leben, in engster Verbindung mit dem Humus. Dort knüpft man wieder an die Wahrheit der Mondnächte an, man unterwirft sich den Lehren des Waldes, ohne auf die Wohltaten der Moderne zu verzichten. Meine Hütte beherbergt die Hochzeit des Fortschritts mit dem Althergebrachten. Vor meiner Abreise habe ich dem großen Kaufhaus der Zivilisation ein paar für mein Glück unentbehrliche Produkte entnommen, Bücher, Zigarren, Wodka: Ich werde sie in den rauen Wäldern genießen. Ich habe mir Reclus' Eingebung so sehr zu eigen gemacht, dass ich meine Blockhütte mit Solarmodulen ausgerüstet habe. Sie versorgen einen kleinen Computer mit Strom. Das Silizium meiner Mikrochips nährt sich von Photonen. Ich höre Schubert, während ich in den Schnee hinaussehe, ich lese

Marc Aurel, wenn ich mit dem Holzhacken fertig bin, ich rauche eine Havanna, um den Fischfang des Abends zu feiern. Élisée wäre zufrieden.

In *Was mache ich hier?* zitiert Bruce Chatwin Jünger, der Stendhal zitiert: Die Kunst der Zivilisation bestehe darin, »die erlesensten Vergnügen mit dem häufigen Auftreten von Gefahr zu verbinden«. Hier haben wir ein Echo auf Reclus' Aufforderung. Das Wichtigste ist, das Steuer seines Lebens fest in der Hand zu halten. Auf dem Kamm zwischen gegensätzlichen Welten zu navigieren. Zwischen der Lust und der Gefahr zu balancieren, zwischen der Kälte des russischen Winters und der Wärme des Ofens. Sich nicht zur Ruhe setzen, immer hin und her schwingen von einem Ende des Spektrums der Empfindungen zum anderen.

Das Leben in den Wäldern erlaubt es, unsere Schuld zu begleichen. Wir atmen, essen Früchte, pflücken Blumen, wir baden im Wasser des Flusses, und dann eines Tages sterben wir, ohne der Erde die Rechnung zu bezahlen. Das Leben ist eine Zechprellerei. Ideal wäre es, durchs Leben zu gehen wie der skandinavische Troll, der durch die Heide läuft, ohne Spuren zu hinterlassen. Der Rat Baden-Powells sollte zum Prinzip erhoben werden: »Man hinterlässt nur zwei Dinge an einem Lagerplatz. Erstens: nichts. Zweitens: seinen Dank.« Worauf es ankommt? Auf der Erdoberfläche nicht zu schwer zu wiegen. In seinen Rundholzwürfel zurückgezogen, beschmutzt der Einsiedler die Erde nicht. Auf der Schwelle seiner Isba betrachtet er die Jahreszeiten, wie sie den Reigen der ewigen Wiederkehr tanzen. Da er keine Maschinen hat, hält er seinen Körper in Schuss. Von jeder Kommunikation abgeschnitten, entschlüsselt er die Sprache der Bäume. Vom Fernsehen befreit, entdeckt er, dass ein Fenster durchsichtiger ist als ein Bildschirm. Seine Hütte schmückt das Ufer und bietet Komfort. Eines Tages ist man es plötzlich müde, von »Nullwachstum« und Naturliebe zu reden. Man verspürt den Drang, Ideen und Taten zur Deckung zu bringen. Es ist Zeit, die Stadt zu verlassen und hinter all den Sonntagsreden den Vorhang der Wälder zuzuziehen.

Die Blockhütte, das Reich der Vereinfachung. Unter dem Schutz der Kiefern beschränkt sich das Dasein auf lebenswichtige Handlungen. Die den täglichen Aufgaben abgerungene Zeit füllt sich mit Ausruhen, Kontemplation und kleinen Freuden. Die Palette der zu erledigenden Dinge ist begrenzt. Lesen, Wasser holen, Holz hacken, schreiben und Tee eingießen werden zu einer Liturgie. In der Stadt geht jede Handlung auf Kosten von tausend anderen. Der Wald verdichtet, was die Stadt verstreut.

19. Februar

Es ist Abend, gegen neun Uhr, ich sitze am Fenster. Ein schüchterner Mond sucht eine verwandte Seele, aber der Himmel ist leer. Ich, der ich jeder Sekunde an die Kehle sprang, um ihr den letzten Tropfen Saft abzupressen, lerne die Kontemplation. Das beste Mittel, sich zur klösterlichen Ruhe zu bekehren, ist, dazu gezwungen zu sein. Sich mit einer Tasse Tee in der Hand ans Fenster setzen, die Stunden ziehen lassen, es der Landschaft ermöglichen, ihre Nuancen zu entfalten, an nichts mehr denken und plötzlich die vorbeiziehende Idee ergreifen, sie im Notizbuch festhalten. Gebrauch des Fensters: die Schönheit hereinbitten und die Inspiration hinauslassen.

Ich verbringe zwei Stunden in der Haltung des Dr. Gachet,

wie ihn Van Gogh gemalt hat: Wange auf der Hand, Blick ins Leere.

Plötzlich steigt aus der Stille ein Brummen auf, und Scheinwerferkegel durchlöchern die Nacht. Auf dem Eis fahren Autos Richtung Norden. Durchs Fernglas zähle ich etwa zehn. Sie rollen auf meinen Strand zu. Zwanzig Minuten später stehen acht mit Werbung beklebte Geländewagen in einer Reihe am Ufer. Es sind Honoratioren aus Irkutsk, Mitglieder von Putins Partei »Edina Rossija«, die in acht Tagen einmal um den See fahren. Sie werden hier in Zelten übernachten. Ein paar Monate später werde ich erfahren, dass ein Mitglied des FSB dabei war, ein paar Vertraute des Gouverneurs und der Direktor eines Naturparks. Ihre Reifen haben die Schneefläche zum Strand hinunter völlig zerfurcht. Die Typen scheinen dem Pulverschnee keinerlei Achtung entgegenzubringen. Durch den Schnee zu stapfen bedeutet, die Jungfräulichkeit der Welt nicht zu ertragen. Erst verwüstet man weiße Böschungen, und als Nächstes schlitzt man Polen auf.

Die Motoren laufen. Aus den Radios quillt Nadiya, eine Lolita für globalisierte Teenies, die von den russischen Spießern vergöttert wird. Ich bin niedergeschmettert.

Ich schließe mich in der Hütte ein und versuche, meine Nerven mit einem Viertelliter Kedrowaja-Wodka zu beruhigen. Ich höre die Typen auf dem Eis johlen. Sie haben ein Loch hineingesägt und springen im Schein einer Kameralampe nacheinander mit Gebrüll ins eiskalte Wasser. Nichts, was an die gewöhnlichen Mutproben in jeder tschetschenischen Kaserne heranreichen würde.

Alles, wovor ich fliehen wollte, bricht über meine kleine Insel herein: der Lärm, die Hässlichkeit, das testosterongesteuerte Herdenverhalten. Und ich armer Tropf mit meinen Reden über Rückzug und meinem Exemplar von Jean-Jacques' *Träumereien* auf dem Tisch! Ich denke an die Benediktinerbrüder, die heute gezwungen sind, Touristen durch ihre Klöster zu führen – Mönche, die ihren Glauben in völliger Abgeschiedenheit leben wollten und am Ende dastehen und gleichgültigen Massen die Regel des heiligen Benedikt erklären müssen.

Im 4. Jahrhundert wurden die Wüstenväter vor Einsamkeit verrückt, sie ertrugen nicht die geringste Störung. Sie zogen sich weit in die Wüste zurück, verkrochen sich in Höhlen. All ihre Liebe weihten sie einer Welt, die von ihresgleichen frei war. In den Vorstädten schießt manchmal ein Typ eine Ladung Blei in eine Gruppe von Jugendlichen, inmitten der Hochhäuser. Er endet als kurze Notiz im *Le Parisien,* dann hinter Gittern.

Um mein Blut abzukühlen, gehe ich auf den See hinaus, während die Russen sich von den Autos ziehen lassen und *Skijöring* betreiben. Ich marschiere zwei Kilometer in Richtung Burjatien und lege mich aufs Eis. Ich liege auf einem 25 Millionen Jahre alten flüssigen Fossil. Am Himmel sind die Sterne hundertmal älter. Ich bin 37 und gehe nach Hause, weil minus 34 Grad herrschen.

20. Februar

Die Menschen gehen, die Tiere kommen wieder.

Was macht mich heute Morgen am glücklichsten? Der Abzug der traurigen Gesellschaft um acht Uhr oder der Besuch einer Mönchsmeise am Fenster ein paar Minuten später?

Ich stehe mit einem ausgewachsenen Kater auf. Ich habe gestern getrunken, um zu vergessen. Ich füttere die Meise, heize den Ofen an. Die Hütte wird schnell warm. Ich befestige die Solarmodule auf den Holzböcken, die ich gestern gebaut habe. Diese Platten werden kein unangenehmes Dasein fristen: von morgens bis abends im Angesicht der Schönheit daliegen und sich mit Photonen vollsaugen.

Aus dem Dampf einer Tasse Tee steigen eine Menge Gedanken auf.

Ich sitze vor meiner Tasse und denke an meine jüngere Schwester. Ist ihr Kind auf der Welt? Unmöglich, irgendetwas zu erfahren. Der Computer ist vorgestern implodiert, er hat den Temperaturschwankungen nicht standgehalten. Und mein Satellitentelefon empfängt nicht. Ich habe in Paris kostbare Stunden damit vergeudet, mir eine technische Ausrüstung zusammenzustellen. Ich hätte mich an die Philosophie von Dersu Usala halten sollen: Im Wald kann man sich nur auf die Axt, den Ofen und den Dolch verlassen. Ohne Computer bleibt mir nur das Denken. Die Erinnerung ist ein elektrischer Impuls wie jeder andere.

21. Februar

32 Grad unter null. Kristallhimmel. Der sibirische Winter gleicht der Decke in Tarjei Vesaas' Eisschloss: steril und rein.

Die Spießer von vorgestern haben alles verwüstet. Sie haben die Schneefelder zertrampelt, überall Spuren ihres Durchzugs hinterlassen. Nur ein Schneesturm, der das Ufer mit neuem Firnis überzieht, wird mich beschwichtigen.

Fünfzig Meter südlich der Blockhütte steht eine Banja, eine fünf mal fünf Meter große Hütte, die mit einem Holzofen beheizt wird. Wolodja hat sie letztes Jahr gebaut. Man muss sie vier Stunden lang beheizen, um die Temperatur auf 80 Grad zu bringen. Die Banja, slawische Version der Sauna, bezeugt die Verachtung der Russen für die Mäßigkeit. Der Körper wechselt übergangslos zwischen Feuer und Eis hin und her. Nach zwanzig Minuten Garzeit gehe ich hinaus. Draußen lassen die dreißig Minusgrade die gespeicherte Hitze verfliegen. Der Frost presst mir den Schädel zusammen, ich muss wieder hinein. Die Banja, Allegorie unseres Lebens, dieser ewigen Jagd nach einem besseren Zustand. Wir stoßen die Tür auf, glauben das Glück mit Händen zu greifen. Und bald schon machen wir kehrt, um wiederzufinden, was uns in Kürze erneut plagen wird.

In Russland sucht man ein bis zwei Mal in der Woche in der Banja Zuflucht, um sich von allen Schlacken zu befreien. Die Hitze quetscht den Körper aus wie eine Zitrone. Alle Verbitterung löst sich auf. Schlechtes Fett, Dreck und Alkohol werden ausgeschwitzt.

Um sechs Uhr abends kommt ein Sturm auf. Nackt bis auf die Filzstiefel gehe ich zurück in die Blockhütte. Ich halte meine Petroleumlampe in der Hand. Ich erinnere mich an die Geschichte jener *Seki* im Gulag, die in einer Blizzardnacht zum Pissen hinausgingen. Sie verliefen sich und fanden nie zu ihrer Unterkunft zurück, man fand sie am nächsten Morgen tot wieder, 50 Meter von den Baracken entfernt. Ich stürze einen Liter kochend heißen Tee hinunter. Die Banja, der absolute Luxus. Ich bin ein neuer Mensch. Man gebe mir eine Schaufel und ein rotes Halstuch, ich werde den Sozialismus erbauen.

Am Abend eine Schüssel Reis mit Tabasco, eine halbe Dauerwurst, einen halben Liter Wodka und zum Nachtisch den Mond, wie er traurig über die Bergkämme rollt. Ich gehe hinaus, um die große mütterliche Kugel zu grüßen, die über den Schlaf der Einsamen wacht, und gehe dann ins Bett, voll Mitleid für die Tiere, die weder Blockhütte noch Banja haben. Oder nicht mal einen Bau.

22. Februar

Das Leben in den Wäldern, eine Flucht? Flucht ist der Name, den Leute, die in den Schlammlöchern der Gewohnheit feststecken, dem *Élan vital* geben. Ein Spiel? Natürlich! Wie sonst sollte man den freiwilligen Rückzug an ein bewaldetes Ufer nennen, mit einer Kiste Bücher und einem Paar Schneeschuhen? Eine Suche? Ein zu großes Wort. Ein Experiment? Im wissenschaftlichen Sinn: ja. Die Blockhütte ist ein Laboratorium. Ein Labortisch, auf den man seine Sehnsüchte nach Freiheit, Stille und Einsamkeit wirft. Ein Experimentierfeld, um ein verlangsamtes Leben zu erfinden.

Die Theoretiker der Ökologie predigen Nachhaltigkeit. Da wir in einer Welt mit zurückgehenden Ressourcen nicht immer weiter unbegrenztes Wachstum anstreben können, müssen wir unsere Rhythmen verlangsamen, unser Leben vereinfachen, unsere Bedürfnisse nach unten korrigieren. Man kann diese Veränderungen aus freien Stücken annehmen. Oder warten, bis die Wirtschaftskrisen sie uns aufzwingen.

Nullwachstum wird nie eine politische Option darstellen. Um das durchzusetzen, bräuchte es einen aufgeklärten Despoten. Welcher Regierende hätte den Mut, seiner Bevölkerung eine solche Kur aufzuerlegen? Wie könnte er die Massen zur Tugend der Askese bekehren? Milliarden von Chinesen, Indern und Europäern überzeugen, dass es besser ist, Seneca zu lesen, als Cheeseburger zu verschlingen? Die Utopie des Nullwachstums: eine poetische Zuflucht für Einzelne, die sich freiwillig den Prinzipien der Reformkost unterwerfen wollen.

Die Blockhütte ist der ideale Boden, um ein Leben auf dem Fundament des Luxus der Genügsamkeit aufzubauen. Die Genügsamkeit des Einsiedlers besteht darin, sich weder mit Dingen noch mit seinesgleichen zu belasten. Sich seiner alten Bedürfnisse zu entwöhnen.

Der Luxus des Einsiedlers ist die Schönheit. Wohin sein Blick auch fällt, entdeckt er höchste Herrlichkeit. Der Lauf der Stunden wird nie unterbrochen (abgesehen von Zwischenfällen wie vorgestern). Die Technik hält ihn nicht gefangen im Feuerkreis der Bedürfnisse, die sie erschafft.

Die Partitur des Waldgangs kann nur von einer begrenzten Zahl von Interpreten gespielt werden. Eremitentum ist immer elitär. Aldo Leopold, dessen *Sand County Almanac* ich heute Morgen wieder zur Hand genommen habe, nachdem ich den Ofen angefeuert hatte, schreibt nichts anderes: »Jeder Schutz der Wildnis ist zum Scheitern verurteilt, denn um zu lieben, müssen wir sehen und liebkosen, und wenn genügend Menschen gesehen und liebkost haben, bleibt nichts mehr zu lieben übrig.« Wenn die Massen in die Wälder strömen, dann um sie mit der Axt abzuholzen. Das Leben in den Wäldern ist keine Lösung für die ökologischen Probleme. Das Phänomen enthält schon sein Gegenprinzip. Wenn die Massen in die Wälder zögen, würden sie die Übel mitbringen, die sie fliehen wollten, indem sie die Stadt verließen. Es gibt keinen Ausweg.

Weißer Tag. Ein Fischerlastwagen in der Ferne. Langes Zwiegespräch mit meinem Fenster. Am Ende des Vormittags werfe ich ein halbes Dutzend Flaschen Kedrowaja-Wodka in den Pulverschnee. Ich werde sie in drei Monaten wiederfinden, wenn es taut. Die Hälse werden durch den Schnee brechen und die schöne Jahreszeit noch besser ankündigen als alle Schneeglöckchen. Das Geschenk des Winters an die ewige Wiederkehr des Frühlings.

Ein Nachmittag voller Aufräum- und Reparaturarbeiten. Ich dichte das Vordach der Blockhütte ab, indem ich Bretter darauf nagele, und sortiere die Lebensmittelkiste fertig. Aber danach? Wenn es keine Bretter mehr anzunageln und keine Kisten mehr auszuräumen gibt?

Die Sonne versinkt gegen 17 Uhr hinter den Bergkämmen. Der Schatten erfasst die Lichtung, und in der Hütte wird es dunkel. Ich finde ein Gegenmittel gegen die Angst, das sofort wirkt: ein paar Schritte aufs Eis hinaus. Ein bloßer Blick auf den Horizont überzeugt mich von der Kraft meiner Wahl: diese Blockhütte, dieses Leben. Ich weiß nicht, ob die Schönheit die Welt retten wird. Sie rettet jedenfalls meinen Abend.

23. Februar

Gratwanderung, so der Titel des Berichts von Jewgenia Ginsburg über ihre Jahre im Gulag. Ich lese in meinem warmen Schlafsack ein paar Seiten daraus. Beim Erwachen bauen sich die Tage vor mir auf, jungfräulich, begierig, voll weißer Seiten. Und ich habe Dutzende davon auf Lager. Jede Sekunde dieser Tage gehört mir. Ich bin frei, darüber zu verfügen, wie es mir beliebt, und Kapitel voll Licht, voll Schlaf oder Melancholie daraus zu machen. Niemand kann den Lauf eines solchen Daseins verfälschen. Diese Tage sind Wesen aus formbarem Lehm. Ich bin der Herr über eine abstrakte Menagerie.

Gratwanderung – ich kenne den vertikalen Schwindel des Kletterers, der in der Wand hängt: Der Anblick des Abgrunds lässt ihn schaudern. Ich erinnere mich an den horizontalen Schwindel des Reisenden in der Steppe: Die Fluchtlinien machen ihn benommen. Ich kenne den Schwindel des Betrunkenen, der meint, eine geniale Idee zu haben: Sein Gehirn weigert sich, sie ordentlich zu formulieren, während er spürt, wie sie in ihm anschwillt. Jetzt entdecke ich den Schwindel des Einsiedlers, die Angst vor der leeren Zeit. Die gleiche Herzensbeklemmung wie auf einem hohen Grat – nicht wegen dem, was unter einem, sondern wegen dem, was vor einem liegt.

In einer Welt, in der es nichts zu tun gibt, bin ich frei, alles zu tun. Ich betrachte die Ikone des heiligen Seraphim. Er hatte Gott.

Gott, der niemals genug bekommt von den Gebeten der Menschen, ist ein verdammt guter Zeitvertreib. Und ich? Ich habe das Schreiben.

Nach dem Morgentee, Spaziergang auf dem See. Das Eis kracht nicht mehr, weil die Temperaturen tief bleiben. Die Kälte hat das gesamte Gefüge fest im Griff. Ich gehe weit auf den See hinaus. In den Schnee schreibe ich mit einem Stock das erste Gedicht einer Reihe von »Schnee-Haikus«:

Auf dem weißen Schnee
Die gestrichelte Linie:
Heftnaht der Schritte.

Der Vorteil der in Schnee geschriebenen Dichtung ist, dass sie nicht hält. Die Verse werden vom Wind verweht.

Zweieinhalb Kilometer vom Ufer hat eine Bruchlinie das Eis gespalten. Durchsichtige Blöcke schieben sich über die Spalte. Der Riss flieht parallel zum Ufer dahin. Durch die Öffnung hört man es gurgeln. Der Baikal leidet. Ich folge der Wunde, wahre jedoch Abstand: Man ist schnell ins Wasser gefallen.

Bilder meiner Lieben steigen in mir auf. Rätsel der Mechanik des Geistes: Gesichter springen einem ins Gedächtnis. Die Einsamkeit ist eine Heimat, bevölkert mit Erinnerungen an andere. An sie zu denken tröstet über die Abwesenheit hinweg. Die Meinen sind da, in einem Winkel des Gedächtnisses. Ich sehe sie. Die Orthodoxen glauben an die Gegenwart des ins Bild hinabgestiegenen Seins. Die Essenz Gottes fließt in die Materie der Ikonen ein, verkörpert sich im Gemälde und im Schimmer der Ölfarben. Das Bild verwandelt sich.

Als ich zurückkomme, beschließe ich, meinen Altar aufzubauen. Ich säge ein 30 Zentimeter langes, 10 Zentimeter breites Brett zurecht, nagele es neben meinem Arbeitstisch an die Wand und stelle drei in Irkutsk gekaufte Darstellungen des heiligen Seraphim von Sarow darauf. Seraphim lebte fünfzehn Jahre in einem Wald im Westen Russlands. Am Ende dieser Zeit fütterte er die Bären und sprach die Sprache der Hirsche. Neben ihn kommt eine Ikone des heiligen Nikolaus, eine Schwarze Madonna, der vom Patriarchen Alexius heiliggesprochene Zar Nikolaus II., dargestellt in seinem kaiserlichen Gewand. Ich zünde eine Kerze und eine Partagas Serie 4 an. Durch den Rauch der Havanna hindurch schaue ich zu, wie die Flamme den vergoldeten Rahmen honigfarben leuchten lässt. Die Zigarre, weltlicher Weihrauch.

Ich bin mit der Einrichtung meiner Blockhütte fertig. Ich habe meine letzte Kiste ausgeräumt. Ich liege rauchend auf dem Bett und denke, dass ich nur eines vergessen habe: einen schönen Bildband zur Geschichte der Malerei, um ab und an ein Gesicht zu betrachten.

Um mich daran zu erinnern, habe ich nur meinen Spiegel.

24. Februar

Heute Morgen ist alles weiß. Der See, das »Meer«, wie die Russen sagen, verliert sich im Himmel. Das Thermometer zeigt minus 22 Grad. Ich feuere den Ofen an und schlage Casanovas *Leben* auf. Rom, Neapel, Florenz ziehen vorüber, Tireta in seinem Alkoven und Henriette in ihrer Dachkammer. Dann die Fahrten mit der Postkutsche, die Flucht aus den Kerkern des Dogenpalastes, die Briefe, in denen sich die Tinte mit Tränen vermischt, die Schwüre, die gebrochen werden, kaum dass sie ausgesprochen sind, die ewige Liebe, die am gleichen Abend zwei verschiedenen Frauen beteuert wird, die Anmut, die Leichtigkeit, der Stil. Ich lerne den Satz auswendig, in dem Giacomo eine »solche Wollust« beschreibt, »dass diese nicht eher aufhörte, als bis sie nicht weitergehen konnte«. Ich schließe das Buch, ziehe meine Filzstiefel an und hole, in Gedanken bei Bellino-Therese in Rom und bei Leonilda in Salerno, zwei Eimer Wasser aus dem Eisloch.

Die Bücher eines Dandys und das Leben eines Muschik.

Der Tag zieht sich dahin. In Paris hatte ich mich nie viel mit meinen inneren Zuständen beschäftigt. Ich fand, das Leben sei nicht dazu da, Seismogramme der Seele zu erstellen. Hier, in der blinden Stille, habe ich Zeit, die Nuancen meiner inneren Tektonik wahrzunehmen. Dem Einsiedler stellt sich die Frage: Kann man sich selbst ertragen?

Das fesselnde Schauspiel, das sich draußen vor dem Fenster abspielt. Wie kann man noch einen Fernseher im Haus behalten?

Die Meise kommt wieder. In meinem Vogelführer suche ich ihre Beschreibung. Laut dem schwedischen Autor Lars Svensson, geboren 1941 und Verfasser zahlreicher Werke wie des *berühmten* Führers über die Sperlingsvögel Europas, sei die Mönchsmeise an ihrem Ruf zu erkennen: »zizi dääh dääh dääh«. Meine macht keinen Mucks. Auf der nächsten Seite lese ich, eine weitere Meisenart heiße »Trauermeise«.

Der Besuch des kleinen Tiers entzückt mich. Er erhellt den ganzen Nachmittag. Innerhalb von ein paar Tagen habe ich es geschafft, mich mit einem solchen Schauspiel zu begnügen. Erstaunlich, wie schnell man sich dem Trubel des Stadtlebens entwöhnt. Wenn ich daran denke, was ich an Betriebsamkeit, Begegnungen, Lektüren und Besuchen brauchte, um einen Tag in Paris zu bewältigen. Und jetzt freue ich mich wie ein kindischer Alter über einen Vogel. Das Hüttenleben mag vielleicht eine Regression sein. Was aber, wenn in dieser Regression ein Fortschritt läge?

25. Februar

Ich gehe mittags im Wind los. Ich besuche meinen Nachbarn Wolodja, Wildhüter auf dem Vorsprung des Jelochin-Kaps, 15 Kilometer nördlich von meiner Blockhütte. Er wohnt mit seiner Frau Irina in einer Isba. Ihr Gebiet bildet die nördliche Grenze des Baikal-Lena-Naturreservats. Ich habe Wolodja vor fünf Jahren kennengelernt, als ich mit einem Ural-Motorradgespann auf einer Tour übers Eis war. Sein flacher, mit dichtem Haar bewachsener Schädel hatte mir gefallen. Ich freue mich, ihn wiederzusehen. Ich erinnere mich an seine Stahlarbeiterhände: zwei Pranken, die mir die Hand zermalmten.

Hinter dem Kap, das meine Hütte schützt, kommen die Böen von Norden. Die Zedernwipfel schwanken im Wind. Sie winken wie Schiffbrüchige. Wer kommt den Bäumen zu Hilfe?

Ich hatte nicht damit gerechnet, dass der Wind zunehmen

würde. Ich nehme den direkten Weg nach Jelochin, über den See, ein bis zwei Kilometer vom Ufer entfernt, eingemummt in meine Canada-Goose-Jacke, die bis minus 40 Grad schützen soll. Ich trage einen Neopren-Gesichtsschutz, eine Gletscherbrille, Fausthandschuhe wie für eine Arktis-Expedition. Ich habe zwanzig Minuten gebraucht, um mich anzuziehen. Es ist wichtig, keinen Zentimeter Haut ungeschützt der Luft auszusetzen.

Heute ist der Baikal von Sklerose befallen. Der Schnee schält sich. Der Wind reißt ihn mit seinen Zähnen los und hinterlässt auf dem Obsidian nur hier und da runde Plättchen, so weiß wie die Flecken auf der Haut der Schwertwale. Die Oberfläche wird immer schwärzer, je mehr Eis freigelegt wird.

Meine Steigeisen krallen sich in den Lack. Ohne sie würde der Wind mich auf den See hinauswehen. Die Böen stürzen von den Bergen herunter und stauben die Taiga ab. Wolodja wird mir sagen, dass sie 120 Stundenkilometer erreichten. Der Wind zwingt mich, vornübergebeugt zu gehen. Manchmal stoppt mich eine Böe ganz.

Ich konzentriere mich auf den Eisausschnitt, den ich durch die Kojotenfellumrandung meiner Kapuze sehen kann. Schneefäden schlängeln sich mit gorgonenhafter Anmut über den Spiegel. Entlang den vom Frost wieder verschlossenen Spalten ist das Eis türkis, lagunenfarben. Dann folgt auf das tropische Zwischenspiel eine lange Rauchglasfläche. An den Bruchstellen lässt die Sonne Eiweißströme aufleuchten. In der Eisdecke sind Luftblasen gefangen. Man zögert, den Fuß auf diese perlmutternen Quallen zu setzen. Aquatische Visionen dringen wogend durch meine Brille. Wenn ich die Augen schließe, bleiben sie auf der Netzhaut stehen.

Nach der dritten Stunde wage ich einen Blick in die Richtung, aus der der Wind kommt, zu den Bergen im Westen. Die Bäume halten Wache, bis der Berg sie ab einer Höhe von 900 Metern nicht mehr wachsen lässt. Durch den Faltenwurf der Abhänge winden sich Schluchten. In vier Monaten werden sie das Wasser der Schneeschmelze aufnehmen und in das Becken ergießen. Als ich auf ihrer Höhe ankomme, wird der Wind stärker – sie wirken wie Trichter. Wenn man bedenkt, dass es Schriftsteller gibt, die versuchen, die Schönheit solcher Orte in Worte zu fassen.

Ich habe fast alles von Jack London, Grey Owl, Aldo Leopold, James Fenimore Cooper verschlungen und eine Menge Texte aus der amerikanischen Schule des *Nature Writing*. Nie habe ich bei der Lektüre einer einzigen dieser Seiten auch nur ein Zehntel der Ergriffenheit verspürt, die ich beim Anblick dieser Ufer empfinde. Trotzdem werde ich weiter lesen, weiter schreiben.

Zwei oder drei Mal in der Stunde lässt ein Knall die Gedanken erzittern. Der See birst. Wie die Brandung des Meeres, das Tosen von Wasserfällen oder das Gezwitscher der Vögel hindern einen die Geräusche des Eises nicht am Schlafen. Ein Motor, das Schnarchen eines Mitmenschen oder Wasser, das von einem Dach tropft, sind dagegen unerträglich.

Unmöglich, nicht an die Toten zu denken. Tausende von Russen sind im See versunken. Gelangt die Seele der Toten zurück an die Oberfläche? Hält das Eis sie auf? Findet sie das Loch, das zum Himmel führt? Da hätten wir ein schönes kontroverses Thema für christliche Fundamentalisten.

Ich habe bis Jelochin fünf Stunden gebraucht. Wolodja hat mich in die Arme geschlossen und gesagt: »Hallo Nachbar.«

Wir sind jetzt sieben oder acht – ein paar hereingeschneite Fischer, er, Irina und ich –, wir sitzen am Holztisch und tunken Kekse in den Tee. Wir reden über unsere Leben, und ich bin schon erschöpft. Die Fischer streiten. Das enge Aufeinanderhocken vergiftet sie. Bei jedem Satz weisen sie sich gegenseitig zurecht und fahren sich mit gereizten, ausladenden Gesten an. Die Blockhütten sind Gefängnisse. Die Freundschaft überlebt nichts. Nicht einmal das Zusammenleben.

Vor dem Fenster zieht der Wind weiter seine Schau ab. Mit der Regelmäßigkeit von Geisterzügen ziehen Schneewolken vorüber. Ich denke an die Meise. Ich sehne mich schon nach ihr. Verrückt, wie schnell man sein Herz an ein anderes Wesen hängt. Mich überkommt Mitleid mit diesen kämpfenden Tieren. Die Meisen hüten den Wald im Frost. Sie sind nicht solche Snobs wie die Schwalben, die den Winter in Ägypten verbringen.

Nach zwanzig Minuten tritt Schweigen ein, und Wolodja schaut nach draußen. Er kann Stunden so dasitzen, am Fenster, das Gesicht helldunkel, eine Hälfte vom Licht des Sees bestrahlt, die andere im Schatten. Das Licht meißelt ihm die Züge eines heroischen Infanteristen. Die Zeit hat über die Haut die gleiche Macht wie das Wasser über die Erde. Sie gräbt Furchen, indem sie verrinnt.

Am Abend die Suppe. Fesselnde Unterhaltung mit einem Fischer, aus der hervorgeht, dass die Juden die Welt regieren (in Frankreich hingegen sind es die Araber), dass Stalin ein echter Führer war, dass die Russen unbesiegbar sind (Hitler, dieser Zwerg, hat sich an ihnen die Zähne ausgebissen), dass der Kommunismus ein großartiges System und das Erdbeben in Haiti die Schockwelle einer amerikanischen Bombe war. Dass Nostradamus recht hatte, der 11. September ein Streich der Yankees war, die Historiker des Gulags Antipatrioten sind und die Franzosen allesamt Homosexuelle. Ich glaube, ich werde nicht allzu oft zu Besuch kommen.

26. Februar

Wolodja und Irina leben wie Seiltänzer. Sie haben keine Kontakte zu den Bewohnern des gegenüberliegenden Ufers. Niemand überquert den See. Die andere Seite ist eine andere Welt, die der aufgehenden Sonne. Sie bekommen manchmal Besuch von Fischern oder Inspektoren, die im Süden oder im Norden ihrer Station leben. Sie wagen sich selten in die Berge ihres Gebiets hinein. Sie bleiben auf dem dünnen Küstenstrich, im Gleichgewicht zwischen See und Wald.

Heute Morgen erweist mir Irina die Ehre, mir ihre Bibliothek zu zeigen. In alten Sowjet-Ausgaben besitzt sie Werke von Stendhal, Walter Scott, Balzac, Puschkin. Das neueste Buch ist Dan Browns *Sakrileg.* Leichter Zivilisationsrückschritt.

Dann wandle ich übers Wasser zurück nach Hause.

27. Februar

Es ist ein Luxus, allein zu leben in dieser Welt, in der das *Zusammenleben* bald das größte Problem sein wird. In Irkutsk habe ich erfahren, dass eine französische Autorin einen dicken Roman mit dem Titel *Zusammen ist man weniger allein* veröffentlicht hat. Das ist wohl wahr. Das ist sogar die wesentliche Herausforderung. Ich glaube, wir stellen uns ihr nicht besonders gut. Biologische Organismen aus dem Tier- und dem Pflanzenreich stehen in einem Gleichgewicht. Sie zerstören, töten einander und vermehren sich in einer gewissen Harmonie. Sie sind aufeinander abgestimmt. Die Stirnlappen der menschlichen Gehirne dagegen erlauben kein friedliches Miteinander. Unser Zusammenspiel ist dissonant.

Es schneit. Ich lese *Die Gottesnarren,* einen Essay von Jacques Lacarrière über das Eremitentum des 4. Jahrhunderts in der ägyptischen Wüste. Struppige, von der Sonne geblendete Propheten verließen ihre Familien und zogen in die Wüste. Sie lebten in den Höhlen von Theben dahin, wo Gott sie nie besuchte, denn wie jeder normale Mensch zog auch er die Pracht der byzantinischen Kuppeln vor. Die Anachoreten wollten den Versuchungen ihres Jahrhunderts entfliehen. Manche sündigten aus Hochmut, indem sie Misstrauen gegen ihre Zeit mit der Verachtung ihrer Mitmenschen verwechselten. Keiner von ihnen kehrte in die Welt zurück, nachdem er von den giftigen Früchten des einsamen Lebens gekostet hatte.

Die Gesellschaft mag Einsiedler nicht. Sie verzeiht ihnen nicht, dass sie fliehen. Sie missbilligt die Achtlosigkeit des Einzelgängers, der den anderen ins Gesicht sagt: »Macht ohne mich weiter.« Sich zurückziehen bedeutet, sich von seinesgleichen zu verabschieden. Der Einsiedler leugnet die Bestimmung der Zivilisation, er stellt die lebendige Kritik an ihr dar. Er beschmutzt den Gesellschaftsvertrag. Wie soll man diesen Menschen akzeptieren, der die Grenze überschreitet und sich an den erstbesten Wind klammert?

Um vier Uhr nachmittags überraschender Besuch von Jura. Er ist der Meteorologe der Station Usury auf der Insel Olchon.

Das Eis ist da aufgebrochen, wo es das Ufer berührt. Eine 1,20 Meter breite Spalte macht es Fahrzeugen unmöglich, auf der Böschung zu parken. Es hat geschneit und mein Strand hat seine Reinheit wiedererlangt. Jura stellt seinen kleinen Lastwagen am Rand der Bruchlinie ab. Er fährt mit einer australischen Touristin rund um den See.

Ich stelle die Wodkagläser auf den Tisch. Wir sitzen in der fötalen Wärme der Hütte und betrinken uns langsam. Die Australierin versteht einiges nicht ganz.

»Do you have a car?«, fragt sie.

»No«, sage ich.

»A TV?«

»No.«

»If you ever have any problem?«

»I walk.«

»Do you go to the village for food?«

»There is no village.«

»Do you wait for a car on the road?«

»There is no road.«

»Are those your books?«

»Yes.«

»Did you write all of them?«

Ich ziehe menschliche Naturen, die gefrorenen Seen gleichen, denen vor, die Sümpfen ähneln. Erstere sind an der Oberfläche hart und kalt, aber darunter tief, brodelnd und lebendig. Die Zweiten erscheinen zunächst sanft und schwammartig, aber ihr Grund ist leblos und undurchlässig.

Die Australierin traut sich nicht recht, sich auf die abgesägten Baumstämme zu setzen, die als Hocker dienen. Sie schaut mich komisch an. Die Unordnung muss sie in ihren Vorurteilen über das unterentwickelte französische Volk bestärken. Als Jura wieder geht, bin ich betrunken wie ein moldawischer Straßenbahnfahrer, und es ist Zeit zum Schlittschuhlaufen.

Der gestrige Wind hat die Eisbahn poliert. Ich schlittere mit der Anmut einer Robbe über den Lack. Brüche blättern die Masse auf wie türkisblaue Schleier. Ich gleite über wieder zugefrorene, elfenbeinfarbene Risse. Ich halte mich auf dem Gespinst im Gleichgewicht. Die Berge spiegeln sich. Sie gleichen schüchternen, in weiße Kleider gezwängten Tänzerinnen, die zögern, sich auf die Walzerfläche zu wagen.

Kurz bevor ich mit einer Kufe in einer Spalte hängenbleibe und der Länge nach hinschlage, denke ich an jene Athleten in paillettenbesetzten Bolerojäckchen, die übers Eis fliegen und dabei rosige, tschechische junge Eisläuferinnen über dem Kopf herumwirbeln, das Ganze vor einer Jury von alten Damen, die aussehen, als wären sie einem Casino in Nizza entlaufen, und die mit Zahlen bedruckte Schilder hochhalten, deren Endsumme dem Eisläufer entweder einen Kuss des Mädchens oder ihre eisigen Tränen einträgt.

Mit schmerzenden Knöcheln kehre ich kläglich heim.

Am Abend atmet der Himmel aus, und die Temperatur fällt ab. In viele Schichten eingemummt, verbringe ich eine himmlische Stunde auf meiner Holzbank, einem auf zwei Stämme genagelten Kiefernbrett. Ich sitze am Waldrand, unter dem Baum, der vor meinem Südfenster wächst. Seine Äste, die durch die Anstürme des Westwinds zum See hin niedergebogen sind, bilden eine Kuppel. Und in meinem genadelten Pavillon, der eine Illusion von Wärme bietet, betrachte ich den schwarzen Abgrund des Sees. Die Eismasse erscheint mir wie ein albtraumhafter Schmelztiegel. Ich nehme die Kraft wahr, die unter diesem Deckel am Werk ist. In der Gruft wimmelt ein ganzes Universum von Lebewesen, die zermalmen, verschlingen, durchtrennen. In der Tiefe wiegen Schwämme langsam ihre Äste. Muscheln entfalten ihre Windungen, schlagen den Takt der Zeit und bilden perlmuttschimmernde Konstellationen. Ungeheure Welse streifen durch den Schlamm. Raubfische wandern zu nächtlichen Festmahlen und Massenvernichtungen von Krustentieren an die Oberfläche. Schwärme von Saiblingen führen ihre benthischen Choreographien aus. Bakterien wühlen sich durch die Schlacken, verdauen sie, reinigen das Wasser. Dieses trübe Umwälzen vollzieht sich in der Stille, unter der glatten Fläche, auf der die Sterne nicht einmal die Kraft haben, sich zu spiegeln.

28. Februar

Heute Morgen Windstärke 8. Die Böen wehen den Schnee davon und jagen ihn in wütenden Wolken gegen die bronzegrüne Wand des Zedernwaldsaums. Zwei Stunden Aufräumen. Das Leben in der Blockhütte macht einen genauso ordnungswütig wie das Leben an Bord eines kleinen Schiffs. Nur nicht wie diese Seeleute enden, für die die Instandhaltung zum Selbstzweck wird und die so an Ort und Stelle vermodern, endgültig vor Anker liegend und den lieben langen Tag damit beschäftigt, Ordnung in ein erloschenes Leben zu bringen.

Sich in der Enge einer sibirischen Blockhütte einzurichten bedeutet, den Kampf gegen das Begrabenwerden unter der Wagenladung der Dinge zu gewinnen. Das Leben in den Wäldern führt zu Verschlankung. Man löst sich von allem Überflüssigen, man wirft vom Luftschiff seines Lebens Ballast ab. Vor zweitausend Jahren waren die indosarmatischen Steppennomaden in der Lage, ihre gesamte Habe in einer kleinen Holztruhe unterzubringen. Je weniger Dinge du besitzt, desto mehr hängst du an ihnen, das Verhältnis ist proportional. Für die sibirischen Waldläufer sind Messer und Gewehr genauso kostbar wie ein Gefährte aus Fleisch und Blut. Ein Gegenstand, der uns durch das Auf und Ab des Lebens begleitet hat, lädt sich mit Substanz auf und bekommt eine besondere Ausstrahlung. Die Zeit verleiht ihm Patina. Die Jahre panzern ihn. Man muss lange mit seinen paar Habseligkeiten zusammenleben, um jeden einzelnen Gegenstand lieben zu lernen. Bald überträgt sich dann der liebende Blick, der auf dem Messer, der Teekanne, der Lampe ruht, auf die Materialien und die Elemente: das Holz des Löffels, das Wachs der Kerzen, die Flamme. Das Wesen der Gegenstände offenbart sich, mir ist, als könnte ich das Geheimnis ihrer Essenz erfassen. Ich liebe dich, Flasche, ich liebe dich, kleines Taschenmesser, und dich, Holzbleistift, und dich, meine Tasse, und dich, Teekanne, die du dampfst wie ein verletztes Schiff. Draußen toben Wind und Kälte so sehr, dass die Blockhütte auseinanderzufallen droht, wenn ich sie nicht mit Liebe fülle.

Ich erfahre über das Satellitentelefon, das wundersamerweise wieder funktioniert, dass das Kind meiner Schwester geboren ist. Heute Abend werde ich auf seine Gesundheit trinken und ein Glas Wodka auf die Erde gießen, die, ohne dass jemand sie um Erlaubnis gebeten hätte, einen kleinen Menschen mehr aufnimmt.

GEDICHT AUF DEM SCHNEE

Als Reich eine Bucht,
Als Schloss eine Blockhütte,
Als Hofnarr eine Meise,
Als Untertanen meine Erinnerungen.

Den Vormittag damit zugebracht, Stämme zu spalten. Eine kleine Holzwand stapelt sich unter dem Vordach. Da liegen zehn Tage Heizung in kleinen Scheiten.

In der Einsiedelei ist die aufgewendete körperliche Energie erheblich. Im Leben hat man die Wahl, Maschinen arbeiten zu lassen oder sich selbst ans Werk zu machen. Im ersten Fall delegieren wir die Aufgabe, unsere Bedürfnisse zu befriedigen, an die Technik. Von jeder Notwendigkeit befreit, uns anzustrengen, verlieren wir an Vitalität. Im zweiten Fall setzen wir die Maschinerie des Körpers in Bewegung, um die Anforderungen zu erfüllen. Und je mehr man auf die Dienste der Maschinen verzichtet, desto mehr schwellen die Muskeln an, stählt sich der Körper, wird die Haut ledern und panzert sich das Gesicht. Die Energie verteilt sich um. Sie überträgt sich vom Bauch der Apparate auf den menschlichen Körper. Die Waldläufer sind Kraftwerke, die vor Lebenskraft strahlen. Wenn sie ein Zimmer betreten, erfüllt ihre Energie den Raum.

Nach ein paar Tagen bemerke ich die ersten Veränderungen meines Körpers. Die Arme werden kräftiger, die Beine muskulöser. Aber – typisch für Schlammtiere und Alkoholiker – der Bauch erschlafft und die Haut wird weiß. Der Blutdruck sinkt, das Herz schlägt langsamer: In dem engen Raum lerne ich, mich langsam zu bewegen. Sogar der Geist erschlafft. Ohne Ansprache, ohne die Widersprüche und Sarkasmen von Gesprächspartnern wird der Einsiedler weniger witzig, weniger lebhaft, weniger scharf, weniger mondän, weniger schnell als sein Vetter aus den Städten. Er gewinnt an Poesie, was er an Wendigkeit verliert.

Manchmal dieser Drang, nichts zu tun. Ich sitze seit einer Stunde an meinem Tisch und bewache das Fortschreiten der

Sonnenstreifen auf der Tischdecke. Das Licht adelt alles, was es berührt. Das Holz, den Schnitt der Bücher, den Griff der Messer, die Kurve des Gesichts und die der verrinnenden Zeit, und sogar den Staub, der in der Luft schwebt. Es ist nicht wenig, in dieser Welt ein Staubkorn zu sein.

Jetzt interessiere ich mich also für Staub. Der März wird lang werden.

MÄRZ

Die Zeit

1. März

Der Geburtstag meines Vaters. Ich stelle mir das Abendessen vor, weit weg, in der Nähe von Guise. Wie jedes Jahr hat sich die Familie in den gleichen zum Restaurant umgebauten Stallungen aus dem 18. Jahrhundert versammelt. Die belgischen Verwandten, das Bier, der Wein, das Fleisch und das Licht, das von den backsteinernen Deckengewölben fällt. Sie müssen im Regen angekommen sein und sitzen jetzt im Warmen beim Essen. Die Tische stehen unter den Futterraufen, wo früher die Tiere schmausten. Hunderte von Pferden, die in diesen Ställen Schutz finden könnten, schlafen jetzt draußen, in der Nacht der Aisne. Ich mag Kirchen, die in Munitionsdepots umgewandelt werden, ebenso wenig wie Ställe, die zu Bankettsälen mutieren. Ich gieße fünf Zentiliter Wodka in ein Glas, hebe es gen Westen und trinke es aus.

Wäre mein Vater hier glücklich? So viel Natur würde ihm nicht gefallen. Er liebt das Debattieren, das Theater, dessen Dialoge. Er bewegt sich in der Welt der Wechselrede. In den sibirischen Wäldern ist keinerlei Konversation möglich. Natürlich hindert nichts den Menschen, sich auszudrücken. Er kann heulen, so viel er will, wie der *Müller* des finnischen Romanautors Arto Paasilinna. Nur nützt hier alles Schreien nichts. Unter einem naturalistischen Gesichtspunkt ist *der Mensch in der Revolte* etwas Sinnloses. Die einzige Tugend in diesen bewaldeten Breiten ist die Hinnahme. Die der Stoiker, der Tiere, besser noch: der Steine! Die Taiga hat nur zwei Dinge zu bieten: ihre Ressourcen, die auszubeuten wir uns nicht scheuen, und ihre Gleichgültigkeit. Nehmen wir zum Beispiel den Mond. Gestern schien er. In mein Notizbuch schrieb ich: *Der Rhinozeros-Mond, der mit seinem Elfenbeinhorn die afrikafarbene Nacht verletzt.* Was schert sich der Mond um solch klägliche Aphorismen?

Am Abend lese ich einen Krimi fertig. Nach der Lektüre fühle ich mich wie nach einem Abendessen bei McDonald's: angewidert, leicht beschämt. Das Buch hält einen in Atem. Kaum hat man es zugeschlagen, ist es vergessen. Vierhundert Seiten, um zu erfahren, ob MacFarlange von MacDouglas mit dem Buttermesser oder mit dem Eispickel zerlegt wurde. Die Figuren sind der Allmacht der Handlung unterworfen. Die Fülle von Details verschleiert die Leere. Heißen diese Romane Krimis, weil sie Kriminalpolizeiberichten ähneln?

Mitternacht, ich gehe ein paar Schritte auf den See hinaus. Wie das Gefühl wiederfinden, das mich vor sieben Jahren überwältigte, als ich zum ersten Mal an diese anthrazitfarbenen Ufer kam? Meine Seele war hin- und hergerissen vor Glück. Wo ist die *Freude des Ortes,* die mich in meinen ersten Nächten am See wach hielt? Der Komfort meiner Hütte stumpft die Wahrnehmungen ab. Zu viel Bequemlichkeit überzieht die Seele mit Ruß. 14 Tage haben genügt: Ich fühle mich hier wie zu Hause. Bald werde ich jede Tanne so gut kennen wie die Bistros in meinem Pariser Viertel. Sich an einem Ort vertraut zu fühlen, das ist der Anfang des Todes.

Die Latrine, 120 Schritte von meiner Blockhütte entfernt: ein Loch in der Erde mit einem offenen Verschlag aus schlecht zusammengefügten Brettern darüber. Als ich es heute Nacht aufsuchte, dachte ich an den *Apfelbaum,* eine Erzählung von Daphne du Maurier: Ein Mann stolpert in einer kalten Winternacht über die Wurzeln des Baumes, den seine verhasste Frau einst gepflanzt hat. Ich stelle mir vor, wie ich bei minus 30 Grad auf dem Weg stürze. Ich würde da sterben, 50 Meter von der Blockhütte entfernt, mit Blick auf den Rauch, der aus dem Dach aufsteigt, und mit den Explosionen des Eises als Grabrede. Ich würde nicht lange kämpfen, langsam in die schöne Stille hinübergleiten und dabei denken: »Das ist doch zu dumm.« Ach! All diese Leute, die sich verirrt haben und ein paar Meter von ihrer Hütte gestorben sind.

Die Rettung ist da, zehn Schritte würden genügen, aber das Tor zum sicheren Hafen bleibt außer Reichweite. Kurosawa hat aus dem Thema einen Film gemacht: Eine Gruppe Bergsteiger erfriert einen Steinwurf vom Lager im Schneesturm. Und Scott! Erinnert man sich an seinen Todeskampf, kaum 20 Kilometer von seinem Basislager entfernt? Sven Hedin dagegen erlebt das umgekehrte Abenteuer: In der Taklamakan-Wüste glaubt er sich verloren, bereitet sich darauf vor zu sterben und stößt unverhofft auf die Oase.

2. März

800 Meter südlich der Blockhütte bricht eine Granitkuppe aus dem Wald hervor. Darauf stehen sechs Lärchen und geben ihr die Form eines Kiefernzapfens. Der Kegel überragt den See um etwa 100 Meter. Die Uferböschung, die zum Fuß der Kuppe führt, ist mit Luchsspuren getüpfelt. Ich erklimme sie mit

Mühe – der Pulverschnee bedeckt ein Geröllfeld. Ich sinke bis zu den Oberschenkeln ein, und manchmal verschwindet der Fuß in einem Loch zwischen zwei Steinblöcken. Vom Gipfel: Blick auf den Baikal, von Elfenbeinadern durchzogene Ebene. Die Stille der Wälder hüllt die Welt ein, und das Echo dieser Stille ist Millionen Jahre alt. Hier werde ich wieder hinkommen. Der »Kiefernzapfen« wird an den Tagen, an denen ich eine höhere Warte brauche, mein Krähennest sein.

Sascha und Jura, die beiden Fischer, die vor zwei Wochen bei Sergej waren, kommen auf einen Besuch vorbei. Ich warte mit den rituellen Gläsern auf. Im Leben ist es schon etwas, mit einem Gefährten ein Glas zu teilen und sich in der Wärme einer Hütte in Sicherheit zu fühlen. Der Ofen zieht gut, und die Atmosphäre lullt uns ein. Ein wattiger Balken drückt auf den Augenbrauenbogen: Ausdruck biologischen Wohlbefindens. Der Wodka rinnt in den Magen hinab. Der Geist schwebt, der Körper ist befriedigt. Wir rauchen, die Luft wird dicker, die Worte werden seltener. Der Umgang mit den russischen Waldmenschen beruhigt mich immer, es fühlt sich an, als hätte ich das menschliche Umfeld gefunden, in das ich gern hineingeboren worden wäre. Es tut gut, kein Gespräch in Gang halten zu müssen. Woher kommt die Schwierigkeit des Lebens in Gesellschaft? Von diesem Zwang, immer etwas sagen zu müssen. Ich denke an die Tage, an denen man durch Paris läuft und nervös immer wieder »wie geht's« und »wir sehen uns bald wieder« sagt, zu lauter seltsamen, unbekannten Leuten, die in einer Art Panik genau das Gleiche von sich geben.

»Nicht zu kalt?«, fragt Sascha nach einer Weile.

»Es geht«, sage ich.

»Der Schnee?«

»Viel!«

»Leute?«

»Vorgestern.«

»Sergej?«

»Nein, Jura Usow.«

»Jura Usow?«

»Ja, Jura Usow.«

»Ach, der Jura ...«

»Ja, genau.«

Derartige Dialoge findet man in *Das Lied der Welt* von Jean Giono. Am Anfang des Romans unterhält sich Antonio, der Flussmensch, mit dem Waldmenschen namens Matrose:

»›So ist das Leben‹, sagte Antonio.

›Der Wald ist besser‹, sagte der Matrose.

›Geschmackssache‹, sagte Antonio.«

»Je weniger wir reden, desto länger leben wir«, sagt Jura. Ich weiß nicht, warum, aber ich denke plötzlich an Jean-François Copé. Ihm sagen, dass er in Gefahr ist.

Sascha lässt mir einen Fünf-Liter-Kanister Bier hier. Am Abend trinke ich langsam zwei Liter davon. Das Bier oder die Keule, der Alkohol der armen Leute. Es ist ein Betäubungsmittel, es lähmt das Denken und erstickt jeden Aufruhr im Keim. Mit der Bierspritze löschen die totalitären Staaten soziale Brandherde. Nietzsche hasste diese pissfarbene Brühe, weil sie den *Geist der Schwere* nährt.

Mit einem Stock in den Schnee geschrieben:

Die Welt, von der wir abwechselnd die Flecken
und die Pinsel sind.

3. März
Ich erinnere mich an meine Reisen zu Fuß durch den Himalaya, zu Pferd durch das Tienschan-Gebirge und vor drei Jahren mit dem Fahrrad durch die Ustjurt-Wüste. Was für eine Freude damals, einen Pass zu bezwingen. Die rasende Gier, Kilometer zu fressen. Lieber sterben als stehenbleiben. Manchmal lief ich wie ein Besessener, lief bis zum Delirium, bis zur Erschöpfung weiter. In der Gobi machte ich für die Nacht halt, ich brach *unter mir* zusammen, genau da, wo ich meinen letzten Schritt gemacht hatte, und ging am nächsten Tag, sobald ich die Augen aufschlug, völlig mechanisch weiter. Ich war wie ein Wolf, jetzt bin ich ein Bär. Ich will, nachdem ich Wind war, Wurzeln schlagen, zu Erde werden. Ich war gefangen im Wahn der Bewegung, süchtig nach Weite. Ich rannte der Zeit nach. Ich glaubte, sie verberge sich hinter den Horizonten. »Durch seine nachdrückliche Nutzung die Eile hemmen, mit der es mir entgleitet« (Montaigne, *Essais*, III), so ging ich mit dem Dahinfliehen des Lebens um.

Der freie Mensch besitzt die Zeit. Der Mensch, der den Raum beherrscht, ist einfach nur mächtig. In der Stadt entrinnen uns die Minuten, die Stunden, die Jahre. Sie fließen aus der Wunde der verletzten Zeit. In der Blockhütte kommt die Zeit zur Ruhe. Sie legt sich uns zu Füßen wie ein guter alter Hund, und plötzlich merkt man nicht einmal mehr, dass sie da ist. Ich bin frei, weil meine Tage es sind.

Wie jeden Morgen, wenn der Ofen heizt, gehe ich zum Wasserloch, das 30 Meter vom Ufer ins Eis gebohrt ist. Über Nacht friert es immer wieder zu, und ich muss die Eisschicht durchschlagen, um Wasser zu schöpfen. Ich stehe einen Moment da und betrachte die Taiga. Plötzlich fährt aus dem Loch eine weiße

Hand (der See hat so viele Menschen verschlungen) und packt mich am Knöchel. Eine blitzartige Halluzination, ich schrecke zurück und lasse den Eispickel fallen. Mein Herz rast. Schlafende Gewässer sind voller Unheil. Von Seen geht etwas Melancholisches aus, weil in ihnen Geister gefangen sind und mit ihrem Gram umherstreifen. Seen sind Gruften. Ihr Schlamm dünstet verderbliche Gerüche aus, die Vegetation bildet in ihnen dunkle Schatten. Im Meer lösen die Brandung, die ultravioletten Strahlen und das Salz jedes Geheimnis auf und die Klarheit siegt. Was ist in dieser Bucht geschehen? Hat es einen Schiffbruch gegeben, eine Abrechnung? Ich habe nicht die Absicht, sechs Monate mit einer verlorenen Seele zusammenzuleben. Meine eigene reicht mir. Mit meinen beiden Eimern in der Hand gehe ich zurück in meine warme Hütte. Durchs Fenster bildet das Eisloch einen schwarzen Fleck auf der fahlen Fläche: ein gefährliches Öhr, das die Welten miteinander verbindet.

Jeden Nachmittag ziehe ich meine Schneeschuhe an. Anderthalb Stunden Fußmarsch bis zum oberen Saum des Waldes.

Ich liebe es, in den Wald einzudringen. Sofort sind alle Geräusche gedämpft. Wenn ich in Frankreich oder Belgien unter das Gewölbe einer gotischen Kathedrale trete, fühle ich die gleiche Benommenheit. Etwas Sanftes im Inneren, das die Lider schwer macht und hinter dem Stirnknochen seine Wärme verbreitet. Etwas in mir reagiert auf die Ausstrahlung des Kalksteins genauso wie auf die der Nadelhölzer. Heute ziehe ich die Hochwälder den steinernen Schiffen vor.

Unter den Bäumen tiefer Schnee. Der Wind fegt ihn nie weg. Ich sinke trotz der Schneeschuhe ein. Nachts sind hier Luchse, Wölfe, Füchse und Nerze unterwegs. Die Tragödie der Wildnis lässt sich an den Spuren ablesen. Manche sind mit Blut gesprenkelt. Sie sind die Worte des Waldes. Die Tiere sinken nicht ein. Die Größe ihrer Pfoten steht im richtigen Verhältnis zu ihrem Gewicht. Der Mensch ist zu schwer, um über den Schnee zu gehen. Ab und zu der Schrei eines Eichelhähers, ansonsten Stille. Sie stoßen ihn vom Wipfel einer Kiefer aus, gefiederte Wachtposten auf einem Nadelturm. Sie schreien, weil ich in ihr Reich eindringe. Niemand bittet die Tiere je um Erlaubnis, ihr Revier zu betreten.

Von den Bäumen hängen Flechten herab. Vor langer Zeit habe ich einmal eine Erzählung gelesen, in der ein Gott beschrieben wurde, der durchs Unterholz irrte. Sein Mantel blieb an den Ästen der Bäume hängen, und die Fetzen wurden zu Flechten.

Die Trostlosigkeit der Kiefern: Sie sehen aus, als frören sie. Nach einer Stunde Aufstieg zeigt der Höhenmesser 750 Meter an. Noch ein Stück, dann wird der Wald auf 900 Meter die Waffen strecken. Hier oben bietet der von den Stürmen abgehobelte Schnee eine harte Oberfläche. Die Schneeschuhe halten gut, ich gewinne schnell an Höhe und beschließe, einem der schmalen Täler hinauf zu folgen. Ein paar Lärchen halten sich noch oberhalb der Baumgrenze. Sie wachsen allein, und ihre verkrümmten Äste heben sich vor dem lapislazuliblauen, mit sternförmigen Rissen durchzogenen Hintergrund des Sees ab. Das Gold der Äste, das Blau des Sees, das Weiß der Risse im Eis: die Palette eines Hokusai.

Manchmal bricht mir der Boden unter den Füßen weg. Der auf einer Gruppe von Zwergkiefern angesammelte Schnee gibt unter meinem Gewicht nach. Ich falle in eine Reuse aus Zweigen, die Schneeschuhe verklemmen sich in dem Gewirr. Ich fluche in meinem Loch. In seinen *Erzählungen aus Kolyma* erinnert sich Warlam Schalamow, Gefangener in einem sibirischen Gulag, an die Zwergkiefern, die um das Lager standen: Im Mai, wenn die Temperaturen anstiegen, befreiten sich die Bäume von der Schneedecke. Sie richteten sich auf und kündigten den Frühling an, die Hoffnung.

Auf 1000 Meter Höhe klettere ich zu den Felskämmen hoch, die die Talwege säumen. Die Zahnung der granitenen Rückgrate zeichnet sich vor dem See ab. Einige meiner Freunde leben nur dafür: Höhen zu erreichen, in denen die Luft einem zu Kopf steigt, in der Schwebe zwischen Himmel und Erde zu hängen, in einem geruchlosen Reich abstrakter Formen. Wenn sie wieder ins Tal kommen, finden sie, das Leben stinkt. In der Stadt sind die Bergsteiger unglückliche Menschen. Zwischen ein paar Steinblöcken, die aus dem Schnee ragen, mache ich ein Feuer und koche darauf Tee. Das Feuer und ich qualmen Seite an Seite. Wir bringen unsere Rauchschwaden dem alten See dar. An den hier oben verbrachten Tagen gebe ich mich der puren Freude am Dasein hin. Im Angesicht des Sees an einer Zigarre ziehen, allein; keinen Schaden anrichten, niemandes Diktat unterworfen sein, nicht mehr begehren als das, was man empfindet, und wissen, dass die Natur einen nicht zurückweist. Im Leben braucht es drei Zutaten: Sonne, einen Ausblick und in den Beinen die milchsaure Erinnerung an die Anstrengung. Und kleine Montecristos. Das Glück ist flüchtig wie ein Wölkchen Zigarrenrauch.

Es herrschen minus 30 Grad. Zu kalt für längere Kontemplationen. Ich suche mir eine Rinne aus, um hinunterzurutschen, halte mich an jungen Eschen und Hartriegelästen fest. Ich erreiche den Kiefern- und Birkenwald, sinke im schlafenden Schnee ein und bin binnen einer Stunde wieder am Ufer. Ich peile aufs Geratewohl ein Kap an und erreiche den Strand unweit meiner Hütte. Als ich sie entdecke, bin ich glücklich. Sie empfängt mich, ich komme nach Hause. Ich schließe die Tür und feuere den Ofen an. Im Mai werde ich bis zu den Gipfeln meines Reviers aufsteigen müssen.

Hyperions Epigraph: »Non coerceri maximo, contineri minimo, divinum est« – Durch das Größte nicht eingeschränkt, durch das Kleinste gehalten zu werden, ist göttlich. Nach dem Spaziergang, nachdem man die Größe des Sees in sich aufgenommen hat, daran denken, einem kleinen Diener der Schönheit zuzuzwinkern: Schneeflocke, Flechte, Meise.

4. März

Die Liebkosung der Sonne ist ähnlich lustvoll wie die Liebkosung einer geliebten Hand. Wenn man sich in einen Wald zurückgezogen hat, erträgt man kein anderes Eindringen als das der Sonne.

Um einen Tag gut zu beginnen, ist es wichtig, seine Aufgaben zu erfüllen. Der Reihe nach: Gruß an die Sonne, an den See, an die kleine Zeder, die vor der Hütte wächst und in die der Mond jeden Abend seine Laterne hängt.

Ich lebe hier im Reich der Vorhersehbarkeit. Jeder Tag verrinnt wie ein Spiegel des vorherigen, wie eine Skizze des morgigen Tages. Die Variationen der Stunden spielen sich in der Färbung des Himmels ab, im Kommen und Gehen der Vögel und in tausend kaum wahrnehmbaren Nuancen. Wenn die Welt der Menschen keine Signale mehr sendet, werden ein neuer Farbton auf den Zedernwipfeln, ein Schillern im Schnee zu beachtlichen Ereignissen. Ich werde die Leute, die über das Wetter reden, nicht mehr verachten. Jede meteorologische Betrachtung hat eine kosmische Dimension. Das Thema hat nicht weniger Tiefe als eine Debatte über die Unterwanderung des pakistanischen Geheimdienstes durch die Salafisten.

Für den Einsiedler liegt das Unvorhergesehene in seinen Gedanken. Sie allein durchbrechen den Lauf der immer gleichen Stunden. Man muss träumen, um sich zu überraschen.

Ich erinnere mich, wie ich vor zwei Jahren an Bord der *Jeanne*, des Schulschiffs der französischen Marine, ging. Wir kamen aus Suez und fuhren langsam übers Mittelmeer. Inseln und Kaps zogen vorüber. Auf der Kommandobrücke schauten die Offiziere ihnen nach. Es herrschte Schweigen. Jeder feierte innerlich das Auftauchen der Küstenvorsprünge. Heute werfe ich durch mein Fenster den gleichen Blick wie damals durch die Bullaugen des Schiffs. Statt der Wandlungen des Ufers beobachte ich das Helldunkel, das Erbeben des Lichts. Auf der Brücke verlangten wir vom Vorüberziehen des Raumes, für unsere Unterhaltung zu sorgen. In der Blockhütte genügen dazu die winzigen Ereignisse, die die Zeit mit sich bringt. Mein Schiff liegt still, in einer Flaute. Wenn man mich fragt: Was haben Sie in diesen Monaten gemacht?, werde ich antworten: »Eine Kreuzfahrt.«

Das Gefühl der verfließenden Zeit ist innerhalb und außerhalb der Blockhütte nicht das Gleiche. Drinnen ist es ein Dahinplätschern behaglicher Stunden. Draußen, bei minus 30 Grad, ist jede Sekunde eine Ohrfeige. Auf dem Eis ziehen sich die Stunden dahin. Die Kälte lässt ihren Fluss träge werden. Meine Türschwelle ist also nicht nur eine Holzdiele, die die Wärme von der Kälte trennt, das Luxuriöse vom Feindseligen, sondern ein Drosselventil zwischen den beiden Hälften einer Sanduhr, in denen die Zeit nicht im gleichen Tempo verrinnt.

Eine sibirische Blockhütte ist nicht nach den gleichen Normen gebaut wie die Behausungen der zivilisierten Welt. Hier gibt es keine Sicherheitsvorschriften, keinen technischen Beistand, keine Versicherung. Die Russen haben das Prinzip, niemals Vorsichtsmaßnahmen zu ergreifen. In einem Raum von neun Quadratmetern bewegt man sich zwischen dem glühend heißen Ofen, der herabhängenden Säge, den Dolchen und Äxten, die in den Balken stecken. Im Europa der Unfallverhütung würden die Blockhütten abgerissen werden.

Ich bringe den Nachmittag damit zu, einen Zedernstamm zu zersägen. Eine Sträflingsarbeit: Das Holz ist dicht, die Zähne der Säge greifen schlecht. Ein Blick in Richtung Süden, um etwas zu verschnaufen. Die Landschaft ruht in sich, in ihrer Architektur vollkommen: die Bögen der Buchten, die schwefeligen Streifen am Himmel, die ausgestanzten Kiefern, die Erhabenheit des granitenen Faltenwurfs. Die Blockhütte steht im Mittelpunkt eines Thangkas, wo sich die Welten des Sees, der Berge und der Wälder begegnen, die jeweils den Tod, die ewige Wiederkehr und die göttliche Reinheit symbolisieren.

Die Zeder ist schlank, muss aber 200 Jahre alt sein: Was das Lebendige hier an Fülle verliert, gewinnt es an Dichte; die Bäume bilden kein üppiges Laubwerk, aber ihr Körper ist hart wie Marmor.

Noch eine Pause. Letztes Jahr habe ich im fernen Osten Russlands, an den Hängen des Samarga-Tals, Holzfällerlager besucht. Moskau verkauft seine Taiga an die Chinesen. Die Kettensägen zerreißen die Stille der abgelegensten Gebiete: Der Wald wird morgenweise kahlgeschlagen. Die gelben Männer zerlegen die Stämme mit der Gründlichkeit von Termiten. Manche dieser Bäume erwartet ein seltsames Schicksal. Nachdem sie auf den Kämmen eines wilden Tals gewachsen sind, 100 oder 150 sibirische Winter überlebt haben, werden diese Zedern als Stäbchen enden, mit denen Suppennudeln in die Kehle eines Shanghaier

Arbeiters befördert werden, der dabei ist, ein Einkaufszentrum für die dort arbeitenden Ausländer zu bauen. Harte Zeiten für Nadelhölzer. Sergej hat mir gesagt, droben hinter den Felskämmen, die den Baikalsee überragen, tief im Lena-Reservat, seien die Holzfäller auch schon am Werk.

Die Russen, die so stolz sind auf die Unversehrtheit ihres Vaterlands, schenken diesem geregelten Kahlschlag keine Beachtung. Von der Illusion geblendet, ein grenzenloses Land zu bewohnen, bilden sie sich ein, dessen Natur sei unerschöpflich. Im Mosaik der Schweizer Almen wird man schneller zum Umweltschützer als in der Weite russischer Ebenen.

Ich fälle auch eine tote Birke, die Rinde wird mir als Zunder zum Anfeuern dienen. Die Haut des Baums ist voller Kerben: Ob da ein Waldgeist die Tage gezählt hat?

Als ich in die Hütte zurückgehe, decken dicke Flocken die aus der Böschung ragende Egge der Stümpfe und Wurzeln zu.

5. März

Ein neuer Ausflug in das obere Reich. Ich suche den Wasserfall, auf den Sergej mich hingewiesen hat: »Anderthalb Stunden Fußmarsch von hier, auf etwa 1000 Meter.« Ich irre mit meinen Schneeschuhen auf der Höhenlinie des Geröllfeldes umher, oberhalb der Zederngrenze. Am höchsten Punkt einer der Schluchten des Hangs, auf 900 Meter, stoße ich auf den Wasserfall. Das Eisrinnsal quillt aus einem Einschnitt an der Oberkante einer Schieferwand, ergießt sich ins Leere und überzieht das schwarze Gestein mit Perlmutt.

Kein Vogel schreit. Der Winter hat das Leben versteinert. Die Welt wartet auf ihr Erwachen. Der Schnee, der Wasserfall, die Wolken, selbst die Stille hängen in der Schwebe. Eines Tages werden die Dinge ihren Lauf wieder aufnehmen. Die Wärme wird vom Himmel herabdringen, und der strömende Frühling wird alle Gewebe der Natur anschwellen lassen. In den Adern der Tiere wird neues Blut schlagen, die Talwege werden sich mit Wasser füllen, der Saft der Bäume wird pulsieren. Blätter werden aus den Knospen hervorbrechen, der Schnee wird murmeln, er wolle in den See zurückkehren, die Larven werden ausschlüpfen, die Insekten aus der Erde kriechen. Ein ungeheures Rieseln wird die Hänge bedecken. Das Leben wird talwärts fließen, die Tiere werden zum Trinken herunterkommen und die Sommerwolken nach Norden kriechen. Vorerst aber kämpfe ich mich allein durch den Pulverschnee, um nach Hause zu kommen.

Am Abend Schlittschuhlaufen. Eine Stunde lang gleite ich über den Lack. Vor meinen Augen ziehen Bilder vorüber: Obsidianplatten, lagunenblaue Striemen – eine Parfumwerbung aus den achtziger Jahren.

Auf dem Eis eine kleine Schneeinsel, die der Wind verschont hat. Ich lasse mich darauf fallen und rauche einen Zigarillo. Das Krachen des Baikals überträgt sich auf meine Knochen. Es ist wohltuend, an einem See zu leben. Der See bietet ein Bild der Symmetrie (die Ufer und ihre Spiegelungen) und eine Lehre in Sachen Gleichgewicht (die Gleichung zwischen dem Plus der Zuflüsse und dem Minus der Abflüsse). Damit die Wasserstände gehalten werden, ist eine an Wunder grenzende Präzision vonnöten. Jeder Tropfen, der in das Becken fließt, muss weiter verteilt werden.

In einer Blockhütte leben bedeutet, Zeit zu haben, sich für solche Dinge zu interessieren, Zeit, sie aufzuschreiben, Zeit, sie noch einmal nachzulesen. Und der Gipfel ist, wenn das alles getan ist, bleibt immer noch Zeit.

Am Fenster heute Abend die Meise, mein Engel.

6. März

Heute Morgen bleibe ich im Bett. Durch die Öffnung des Schlafsacks und durch das Fenster schaue ich zu, wie der dicke Pfirsich sich über Burjatien erhebt. Eines Tages wird die Sonne uns verraten, wo sie die Kraft hernimmt, morgens aufzugehen.

Eine Windböe drückt einen eisigen Luftzug unter der Tür durch. Isoliert, der Einsiedler? Aber wovor? Die Luft dringt durch die Balken, die Sonne überflutet den Tisch, das Wasser breitet sich einen Steinwurf entfernt aus, der Humus ist direkt unter dem Holzfußboden, der Geruch des Waldes sickert durch die Ritzen, der Schnee dringt durch die Poren der Hütte, ein Insekt lädt sich aufs Parkett ein. In der Stadt bewahrt eine Teerschicht den Fuß vor jeder Berührung mit der Erde, und zwischen den Menschen ragen Mauern aus Stein.

Der See kracht fürchterlich. Beim Teetrinken schlage ich Schopenhauers *Welt* auf, meine Ausgabe von Presses Universitaires mit dem orangefarbenen Einband. Zu Hause in Paris thronte sie auf meinem Tisch, ohne dass ich es je wagte, sie aufzuschlagen. Es gibt Bücher, um die man herumschleicht. Im Grunde habe ich mich in die Wälder zurückgezogen, um endlich zu tun, was mich immer eingeschüchtert hat. Im § 52 des dritten Buchs im ersten Band folgende Zeilen zur Metaphysik der Musik: *»Die dem Bass näher stehenden sind die niedrigeren jener Stufen, die noch unorganischen, aber schon mehrfach sich äußernden Körper: die höher liegenden repräsentieren mir die Pflanzen- und die Tierwelt. […] Dieses ist nun dem analog, dass die gesammten Körper und Organisationen der Natur angesehen werden müssen als entstanden durch die stufenweise Entwicklung aus* *der Masse des Planeten: diese ist, wie ihr Träger, so ihre Quelle: und dasselbe Verhältnis haben die hohen Töne zum Grundbass.«* Wenn der See seine Partitur spielt und kracht und knallt, dann ist es genau das: die Musik des Unorganischen und des Undifferenzierten, eine Melodie der Tiefen, die Symphonie der Welt in ihren Anfängen. Das Unbenannte gurgelt, und über dem Basso continuo seines Bebens versuchen sich eine Schneeflocke oder eine Meise an einer leichten Melodie.

Die Temperatur bricht plötzlich ein. Ich hacke bei minus 35 Grad Holz, und als ich in die Hütte zurückkomme, wirkt die Wärme wie der höchste Luxus. Nach der Kälte schenkt das Knallen eines Wodkakorkens neben einem Ofen unendlich mehr Lust als ein Palastaufenthalt am venezianischen Canal Grande. Dass eine Hütte an einen Palast heranreichen kann, das werden die Stammgäste der königlichen Suiten nie begreifen. Sie haben nie kältestarre Fingerspitzen gehabt, bevor sie ins Schaumbad stiegen. Der Luxus ist kein Zustand, sondern das Überschreiten einer Linie, die Schwelle, wo plötzlich aller Schmerz verfliegt.

Es ist Mittag, und ich ziehe bei starkem Wind los. Ich will zu Fuß zur Insel Uschkani, 130 Kilometer von der Blockhütte entfernt. Ich gebe mir drei Tage bis zu Sergejs Station, dann einen Tag, um die Insel zu erreichen, einen zweiten zum Verweilen, einen dritten, um ans Festland zurückzukommen, und drei Tage für den Heimweg. Ich ziehe einen Kinderschlitten, auf den ich eine Tasche mit Kleidung, Vorräte und meine Schlittschuhe gepackt habe, dazu Rousseaus *Träumereien* und Jüngers Tagebuch, das ich gestern angefangen habe. Einen humanistischen Philosophen und einen schwäbischen Käfersammler: breitgefächerte Gesellschaft.

Ich durchquere Packeisfelder. Der Schnee hat eine weiße Sahneschicht über die blauen Kanten gelegt. Ich laufe über den Kuchen eines nördlichen Gottes. Manchmal fällt die Sonne auf die Spitzen der Eisschollen: Dann leuchten am helllichten Tag Sterne auf. Auf den obsidianschwarzen Flächen folgen die Risse in der gläsernen Masse einem wiederkehrenden Schema, einem verzweigten Muster mit stumpfen Winkeln. Die Bruchlinien teilen sich wie bei einem Stammbaum oder bei den Stielen mancher Pflanzen. Ob das einer mathematischen Struktur entspricht, einer durch die Gesetze des Universums festgelegten Schrift? Hat das Wasser ein Gedächtnis, das Eis eine Intelligenz (eine kalte Intelligenz, *of course*)?

Sechs Stunden Fußmarsch, dann taucht hinter einem Kap der Weiler Saworotny auf. Ein paar Holzhäuser ruhen in einer Bucht. Nur eines davon ist das ganze Jahr über bewohnt, von einem Forstinspektor namens V. E. Der Ort ist eine 10 auf 20 Kilometer große Enklave im Reservat, ein freies Gebiet, wo sich die Russen ihrer Lieblingsbeschäftigung hingeben können: Dummheiten machen. Das Dorf diente als Versorgungslager für die Arbeitertrupps, die in der auf 1000 Meter in den Bergen gelegenen Mine Mikroquarzit abbauten. Das Mikroquarzit wurde zur Herstellung von Diamantnadeln für Plattenspieler und bestimmte Oszillatoren gebraucht. Ich verdanke diese spannenden Informationen V. E., der mich in seiner Isba willkommen heißt. Seine Küche gleicht einem Schweinestall. Die Wände sind mit einer Fettschicht überzogen. Der Boden ist gefährlich: Man kann auf Fischeingeweiden ausrutschen und dabei einen der Töpfe umstoßen, in denen das Robbenfett für die Hunde köchelt, die hier das Regiment führen. V. E. war lange Leiter der Wetterstation von Solnetschnaja, 40 Kilometer weiter südlich. Früher war er Alkoholiker. Wegen eines Infarkts hat er mit dem Trinken aufgehört. Heute geht es ihm besser, aber die Zähne sind ihm ausgefallen.

Er zeigt mir ein Stück Lava, ein Geschenk der Geologen.

»Das sind die ältesten Mineralien der Welt«, sagt er.

»Wie alt?«, frage ich.

»Vier Milliarden Jahre. Ich lege sie unter mein Kopfkissen, damit sie meine Träume inspirieren.«

»Und?«

»Noch nichts.«

Er fügt hinzu: »Hast du Hunger?«

»Ja«, sage ich.

»Willst du Fisch?«

»Ja, gern.«

Wie V. E. an dem Tisch steht, der seit dem Ende der Sowjetunion nicht mehr saubergemacht wurde, und mit dem Hammer einen gefrorenen Fisch zertrümmert, ist ein erbauliches Schauspiel. Die Russen machen nie große Umstände, und der Fisch ist gut.

»Ist in den letzten drei Wochen in der Welt etwas passiert?«

»Nein, es ist ruhig, die Moslems halten Winterschlaf.«

7. März

A day on ice, den Blick auf die Muster der Eisdecke geheftet. Die Brüche und Risse verflechten sich in dem gefrorenen Körper zu einem elektrischen Netz, durch das sich ein nervöser Strom verbreitet. Die Linien ziehen sich zusammen, treffen sich, laufen wieder auseinander. Das Eis hat die Energie der Stöße aufgenommen und verteilt sie über seine Nervenstränge weiter. Donnerschläge durchbrechen die Stille. Sie sind der

Widerhall von Explosionen, die sich zehn Kilometer weiter ereignen. Der Lärm entlädt sich über dieses Adergeflecht. Die Sonnenstrahlen brechen sich in den Verbindungsröhren. Das Netzwerk leuchtet auf. Das Licht durchströmt die Adern türkis, bestäubt sie mit Goldstreifen. Das Eis zuckt. Es lebt und ich liebe es. Die perlmutternen Schlangenlinien zeichnen Schleifen, die neuronalen Netzen oder Darstellungen von Sternenstaub gleichen. Die Karte dieses Gewirrs hat etwas Psychedelisches. Ohne jede Droge, ohne Wein nimmt mein Gehirn halluzinatorische Sequenzen wahr. Die Welt lässt eine unbekannte Schrift erahnen. Die Motive ziehen vorüber, wie aus Opiumrauch geboren. Die Natur lässt uns nicht einmal den Trost, völlig neue Bilder auf die Leinwand unserer Psyche projizieren zu können.

Dieses ganze Werk wird im Mai verschwinden. Die Fluten werden es verschlingen. Das Eis des Baikals ist ein Mandala, dessen geduldige Zeichnung von Wärme und Wind ausgelöscht werden wird.

Zwanzig Kilometer südlich von Saworotny verbringe ich die Nacht in der Hütte von Bolschoi Solonzowy, die in schlechtem Zustand ist. Sie dient den Parkwächtern als Schutzhütte. Vor drei Jahren habe ich hier zwei Tage mit Maxim verbracht, einem Haftentlassenen, dem die Behörden eine zweite Chance gegeben hatten. Man hatte ihn zum Inspektor ernannt. Er langweilte sich in seiner Hütte zu Tode. Er hatte eine Schlägervisage und ein sehr sanftes Lächeln. Sein Leben war nicht gerade lustig. Seit Tagen streifte ein Bär über die Lichtung und hinderte ihn daran, die Hütte zu verlassen. »Ich bin gezwungen, in meine Teekanne zu pissen«, hatte er sich beklagt. Seine Vorgesetzten hatten einem frisch aus dem Knast von Irkutsk entlassenen ehemaligen Drogenabhängigen kein Gewehr anvertrauen wollen. Abends war der Bär gekommen und hatte uns durch die offene Tür angestarrt. »Verdammte Scheiße, in meiner Zelle war ich sicherer als hier«, hatte Maxim geschimpft.

Inzwischen wurde der Bär ermordet, Maxim wurde rückfällig und sitzt eine neue Strafe ab, und die Hütte von Bolschoi Solonzowy steht wieder leer.

Ich spiele gegen mich selbst Schach, der letzte Tageslichtstrahl dringt durch die Scheibe und prallt an der Schneide des Messers ab. Trotz eines heroischen Vorstoßes der Läufer verlieren die Weißen. An den Deckenbalken ein paar Fotos: weiße Mädchen, nackt und sehr glatt, mit großen Brüsten, stehen in etwas übertriebenen Haltungen da, die nicht zum Gespräch einladen. Schon sieht man nichts mehr, es ist zu dunkel geworden.

8. März

On the ice. Am Nachmittag erreiche ich die Wetterstation von Solnetschnaja. Auf einem abgeholzten Ufergelände stand hier zur Zeit der verblichenen Sowjetunion ein schmuckes Dorf. Heute beherbergt das, was davon übrig ist, zwei Personen: Anatoli, einen Inspektor, und Lena, seine Ex-Frau. Sie haben sich kürzlich getrennt und leben in zwei benachbarten Isbas – sie sitzen sich am Ende der Welt gegenüber und werfen einander feindselige Blicke zu. Der Zugang zur Station ist durch ein Packeisfeld erschwert. Ich klopfe bei Anatoli. Keine Antwort. Ich stoße die Tür auf. Der Raum ist sonnendurchflutet. Auf dem Boden liegen Konservendosen, unterm Tisch Flaschenleichen und auf dem Sofa eine reglose Gestalt. Ich hatte vergessen, dass heute der 8. März ist, in Russland der »Tag der Frauen«. Anatoli hat das gefeiert. Lena wird mir später erzählen, dass er die ganze Nacht an ihre Tür gehämmert und gegrölt hat: »Wirst du wohl aufmachen!« Ein Gentleman kann es nicht versäumen, den Tag der Frauen zu begehen.

Ich wecke ihn. Er riecht nach Formalin, Äther und Kohl. Er steht auf und fällt hin. Um das Gesicht zu wahren, sagt er: »Mein Rheuma: Es macht mir Schmerzen.«

»Ja, das Wetter ist feucht«, sage ich.

Anatoli irrt den ganzen Nachmittag am Strand herum. Diese Wetterstationen sind Abschussrampen in die Psychiatrie. Seit Stalins Zeiten überziehen sie das Land mit ihrem Netz, von Weißrussland bis zur Kamtschatka. Diese Posten zu verstreuen war ein Mittel, die Leere zu besetzen. Es ging darum, in den abgelegenen Gebieten Bürger zu halten, die Moskau im Fall einer faschistischen Offensive oder dissidenter Anwandlungen benachrichtigen könnten. In den überall mit den gleichen Messgeräten ausgestatteten Isbas leben die Meteorologen paarweise oder in kleinen Gruppen von vier oder fünf. Alle drei Stunden gehen sie hinaus, lesen die Messdaten ab und leiten sie über Funk an ihre Zentrale weiter. Die Zeit gehört ihnen nicht. Der ihnen auferlegte Rhythmus stürzt sie in geistige Verwirrung. Ihre abgekapselten Welten werden zu Schauplätzen der Unordnung. Man trinkt, man bekriegt sich, man entwickelt die verschiedensten Pathologien. Manchmal wird der Lauf der Tage dadurch unterbrochen, dass jemand verschwindet. Auf einer Inselstation in der Laptewsee wurden die Filzstiefel eines Meteorologen wiedergefunden, woraus man den Schluss zog, dass Eisbären keine Wolle verdauen können. Hier in Solnetschnaja verflüchtigte sich ein von seinen Männern gehasster Stationschef in einer Winternacht in den Wäldern. Die Verwaltung ließ die Sache im Sand verlaufen.

Ich verabschiede mich von Anatoli, weil Lena mich einlädt,

bei ihr Tee zu trinken. Sie sieht aus wie eine schöne flämische Heringshändlerin mit blauen Schlitzaugen und einer spitzen Nase. Es ist drei Uhr. Der Tee dampft, und Lena schüttet ihr Herz aus. Sie war sechzehn, als sie auf die Station gekommen ist. Um nichts auf der Welt würde sie diesen Ort verlassen: »Ich mag keinen Asphalt, in der Stadt tun mir die Füße weh von dem Teer, und das Geld verpufft einfach.«

»Und der Beruf?«

»Der gefällt mir. Abgesehen von den wilden Tieren. Die Messgeräte sind 150 Meter vom Haus entfernt, nachts kommt mir das weit vor, deshalb renne ich. Aber ich beklage mich nicht.«

»Warum?«

»Weil es Stationen gibt, wo die Instrumente einen Kilometer weit weg sind!«

»Keine Angriffe?«

»Doch, die Wölfe.«

»Wann?«

»Das zweite Mal habe ich den Wolf hier am 6. Juni gesehen. Ich gehe um acht Uhr zum Gelände, da sehe ich, wie die Kühe angerannt kommen. Ich dachte, der Ochs hätte ihnen Angst gemacht. Ich gehe hin und meine, in der Ferne unseren Hund Zarek zu sehen. Ich drehe mich um, Zarek ist da. Das da vorne ist also ein echter Wolf! Die Kühe sind schon hinter mir vorbeigelaufen, und da renne ich mit einem großen Stein in der Hand auf den Wolf zu. Der Wolf kommt näher, ich sehe sein verzerrtes Maul, als würde er grinsen. Ich werfe Steine nach ihm. Die Kühe haben sich vielleicht geschämt, jedenfalls drehen sie um und kommen zurück!«

»Die Kühe sind zurückgekommen!«

»Und der Ochs auch. Da weicht der Wolf langsam zurück,

er zeigt dabei die Zähne, als würde er mich auffordern, ihm zu folgen. Ich folge ihm und werfe weiter Steine, ich fasse wieder Mut, ich habe eine ganze Herde hinter mir!«

»Brave Kühe.«

»Ja, aber in einem anderen Jahr hatten wir Verluste.«

»Auch die Wölfe?«

»Nein, die Bären.«

»Die Bären?«

»Ich höre die Hunde heulen. Heulen wie noch nie. Ich renne hinaus, um zu sehen, was los ist. Später haben die anderen Frauen gemeint, ich wäre verrückt, dass ich allein losgegangen bin. Wenn der Bär noch da gewesen wäre, hätte er mich umgebracht. Ich gehe also hinaus, ich sehe den Ochs am Boden, er lag im Sterben. Er hatte gebrochene Beine, Kratzwunden am Maul, und am Rücken war ein großes Stück Fleisch herausgerissen. Der Bär hatte ihm die Beine gebrochen, damit er nicht weglief.«

»Armer Ochs!«

»Ich habe umgedreht und bin nach Hause gerannt. Ich habe Palytsch gerufen. Man musste etwas tun. Palytsch hat ihm mit einem Messer den Gnadenstoß gegeben. Von dem Fleisch habe ich nichts gegessen. Am nächsten Tag haben wir dann die Kuh gefunden …«

»Die Kuh?«

»Der Bär hatte sie schon vergraben, bevor ich ankam. Ein paar hundert Meter von der Stelle, wo er den Ochs angegriffen hatte. Er hatte ihr ein Grab gemacht … Ihr Bauch war offen. Es war eine trächtige Kuh. Man sah das Kalb herausschauen, und das Maul von der Kuh war abgerissen. Ich hänge an den Kühen, wie an Kindern. In dem Jahr hatte ich einen Nervenzusammenbruch.«

Lena steht auf, um eine Funkmeldung zu senden: »Wenn ich drei Meldungen in Folge versäume, heißt das, ich bin tot.«

In meiner Liebe zu Russland bestärkt, dieser Nation, die Raketen ins All schickt und mit Steinen gegen Wölfe kämpft, verlasse ich sie.

Nach zwei Kilometern Marsch über Platten mondartigen Eises, die einem mit türkisblauen Nerven durchzogenen Quallengelee gleichen, komme ich bei Sergej und Natascha in Pokoiniki an. Sergej hat eine Banja vorbereitet. Eine Stunde lang schmoren wir darin. Dann leeren wir eine Flasche Wodka mit Honig, ohne zu vergessen, auf die Frauen zu trinken, denn der 8. März ist der Tag, an dem der Mann sich reinwäscht.

9. März

Mittags öffnet Sergej eine Drei-Liter-Flasche Bier. Auf dem Etikett steht »sibirische Größe«.

Fünf Jahre lang habe ich von diesem Leben geträumt. Heute genieße ich es wie eine alltägliche Erfüllung. Unsere Träume werden Wirklichkeit, sind aber nichts als Seifenblasen, die im Unausweichlichen zerplatzen.

10. März

Ich breche nach Uschkani auf. Die Insel liegt etwa 30 Kilometer östlich von Pokoiniki mitten im See. Ihre Masse ist am Horizont zu erkennen, sie hat die Form eines Filzhuts. Der Wind bläst aus Nordwesten. Ich laufe wie besessen. Kilometer um Kilometer über das mattgeschliffene Eis. Unter dem Eis schwimmt ein Fisch. Eine Welt trennt uns. Er wirkt gefangen, er ist durch einen unüberwindlichen Deckel vom Himmel getrennt, er bricht mir das Herz. Manchmal lege ich mich auf eine Schneewehe und betrachte durch das Oval meiner Kapuze den klinisch blauen Himmel. Der Schlitten bremst mich, aber wenn eine Böe ihn anschiebt, schießt er übers Eis und überholt mich. Dann muss ich mich etwas nach hinten beugen, um ihn zu bremsen. Ich erreiche die Insel in sechs Stunden.

Der Herr des Ortes heißt Jura. Er lebt mit seiner Frau in einer Wetterstation am Ufer: vier große Isbas mit Blick auf den Sonnenuntergang. Er hat den despotischen Charakter der Inseleinsiedler, das Syndrom des Königs von Clipperton. Zur Alleinherrschaft gesellt sich Wahnsinn, wenn der Wodka das Feuer in seinen Augen entzündet. Er herrscht konkurrenzlos über seine Satrapie. Die Stationen am Baikal sind Lehnsherrschaften, wo das Echo des Moskauer Gesetzes nur sehr abgeschwächt ankommt. Es besteht ein stillschweigender Vertrag zwischen der Regierung und diesen abgeschieden lebenden Bürgern. Erstere schickt keinen Rubel an Subventionen. Und Letztere lügen, betrügen und nehmen sich alles, was sie ergattern können.

11. März

Ich dämmere einen ganzen Tag auf der Insel Uschkani vor mich hin. Die sibirische Sonne prallt auf die Fassade der Isba, das Licht durchflutet den Holzraum. Ich liege auf meinem Bett und lese Jüngers Tagebuch, *Siebzig verweht,* Band 1. Der alte Magier hätte das klare Licht, das hier herrscht, nicht gemocht. Zu grell, es tötet das Geheimnis der Dinge. Die verwaschenen Augen der Seher kommen besser mit Halbtönen zurecht. Ich schöpfe aus jeder Seite Bilder, blitzartige Visionen. Jünger bringt durch Symbole die Metaphysik der physischen Welt zum Ausdruck.

S. 24: »Der gemeinsame Fortschritt liegt in der Quantifizierbarkeit der Dinge und Menschen, in ihrer Bezifferung.«

S. 67: »… man muss den Menschen als Zeichenträger, als Semaphore sehen.«

S. 127: »Hier wohnen Götter, deren Namen ich nicht zu kennen brauche, und verlieren sich, wie Bäume im Walde, im Göttlichen schlechthin.«

S. 178: »Ein Tag auf Ceylon – vielleicht wäre es besser, wenn wir, anstatt uns von Tempel zu Tempel schleppen zu lassen, einigen alten Bäumen aufwarteten.«

S. 218: »Die Entmythisierung zielt auf die Anpassung der Personen und ihres Verhaltens an die Gesetze der Maschinenwelt.«

S. 292: »Je weniger wir auf die Unterschiede achten, desto stärker wird die Ahnung; wir hören nicht mehr den Baum rauschen, sondern den Wald, der dem Wind antwortet.«

S. 389: »Eintrittsgeld. Besser angewandt ist oft noch das Austrittsgeld, das man zahlt, damit man mit der Gesellschaft nichts mehr zu schaffen hat.«

S. 402: »Die wachsende Eile ist ein Symptom der verzifferten Welt.«

S. 571: »Einmal auch haben die Bienen die Blüten entdeckt und nach ihrer Liebe geformt. Seither ist es schöner geworden in der Welt.«

Woher kommt meine Liebe zu Aphorismen, Geistesblitzen und Sentenzen? Und woher kommt meine Vorliebe für Partikularismen gegenüber Mengen, für Individuen gegenüber Gruppen? Von meinem Namen? Tesson, Scherbe, das Fragment von etwas, das war. Der Name bewahrt in seiner Form die Erinnerung an die Flasche. Vielleicht ist der Tesson ein Nostalgiker der verlorenen Einheit, der versucht, mit dem Ganzen wiederanzuknüpfen. Was ich hier tue, indem ich mich in den Wäldern betrinke.

Jura geht seinen Beschäftigungen nach. Er wird nie in die Stadt zurückkehren. Auf der Insel erfreut er sich der zwei Dinge, die für ein Leben ohne Fesseln notwendig sind: Einsamkeit und unermessliche Weite. In der Stadt können die Massen nur überleben, wenn das Gesetz ihren Ausschweifungen Einhalt gebietet und ihre Bedürfnisse reguliert. Wenn die Menschen sich zusammenballen, wird die Verwaltung geboren. Eine Gleichung, die so alt ist wie das erste neolithische Dorf; jede menschliche Ansiedlung bestätigt sie. Für den Einsiedler beginnt die Herrschaft der Verwaltung schon, wenn man zu zweit ist. Sie trägt dann den Namen Ehe.

Die Waldmenschen sind sehr skeptisch gegenüber Projekten wie die »Städte der Bürger«, selbstverwaltet, ohne Gefängnis und Polizei, wo plötzlich die Freiheit siegen und unter verantwortlich gewordenen Massen herrschen sollte. Sie sehen in diesen Utopien eine groteske Antinomie. Die Stadt schreibt sich ein in den Raum der Kultur, der Ordnung und ihres natürlichen Abkömmlings, des Zwangs.

Allein die Zuflucht zu den unendlichen, menschenleeren Weiten erlaubt eine friedvolle Anarchie, deren Lebensfähigkeit auf einem sehr einfachen Prinzip beruht: Anders als in der Stadt geht die Gefahr im Wald von der Natur aus und nicht vom Menschen. Das Gesetz des Zentrums, das die Beziehungen zwischen den Menschen zu regeln hat, braucht also nicht bis in diese fernen Gefilde vorzudringen. Träumen wir ein wenig: Man könnte sich in unseren westlichen urbanen Gesellschaften kleine Gruppen von Menschen vorstellen, die, wie in Pokoiniki oder in Sawototny, den Wunsch haben, dem Lauf des Jahrhunderts zu entfliehen. Der übervölkerten Städte überdrüssig, deren Regierung das Erlassen von immer mehr Vorschriften verlangt, die

Hydra der Verwaltung hassend, vom Diktat der neuen Technologien auf allen Gebieten des Alltagslebens entnervt, die sozialen und ethnischen Wirren vorausahnend, die mit dem Wachstum der Megastädte einhergehen, würden sie beschließen, die Städte zu verlassen und in die Wälder zu ziehen. Sie würden inmitten der Walddome Lichtungen schlagen und neue Dörfer gründen. Sie würden ein neues Leben erfinden. Diese Bewegung hätte Ähnlichkeit mit den Erfahrungen der Hippies, wäre aber von anderen Motiven genährt. Die Hippies flohen vor einer Ordnung, die sie bedrückte. Die Neo-Waldmenschen werden vor einer Unordnung fliehen, die sie demoralisiert. Die Wälder ihrerseits sind bereit, die Menschen aufzunehmen; sie sind die ewige Wiederkehr gewohnt.

Um das Gefühl der inneren Freiheit zu erlangen, braucht es grenzenlose Weite und Einsamkeit. Dazu kommt die Herrschaft über die Zeit, die vollkommene Stille, die Härte des Lebens und die tägliche Berührung mit der geographischen Herrlichkeit. Die Gleichung all dieser Eroberungen führt in die Blockhütte.

12. März

Rückkehr ans Ufer. Die 30 Kilometer lege ich in einem schlafwandlerischen Zustand zurück. Ich erreiche Pokoiniki in sieben Stunden. Den Nachmittag verbringe ich auf einer Bank neben Sergejs Hütte, eingemummt und reglos wie ein alter Opa. Ein alter Opa, der gerade 30 Kilometer bei minus 31 Grad hinter sich gebracht hat.

Sergej setzt sich zu mir, und wir reden über die Leute, die im Sommer den See bereisen. Engländer, Schweizer, Deutsche.

»Ich mag die Deutschen«, sagt Sergej.

»Ja, die Philosophie, ihre Musik …«

»Nein, die Autos.«

Am Abend zünde ich vor der Ikone des heiligen Seraphim von Sarow, die ich überall mit hinnehme und neben mein Bett gestellt habe, eine Kerze an. Und schreibe auf einen Zettel, den ich neben das Bild lege, einen Satz von Jünger, datiert vom Dezember 1968: »Oben zog Gewölk am bleichen Mond vorbei, der zur Stunde von einem amerikanischen Team umrundet wird. Wenn ich ein Licht auf ein Grab stelle, bewirkt das nichts, aber es besagt viel. Es leuchtet für das Universum, bestätigt seinen Sinn. Wenn sie den Mond umfliegen, bewirkt das viel, doch es bedeutet weniger.«

Und dann kippe ich zur Belohnung dafür, dass ich dem Universum ein Zeichen gesendet habe, zweieinhalb Liter Bier herunter. Das entspannt meine Beine.

13. März

Heute Nacht hatte ich wilde Träume. In Paris passiert mir das nie. Die gewöhnliche Erklärung würde lauten, die bessere Qualität meines Schlafes befördere die Traumtätigkeit. Ich neige eher zu der Vorstellung, dass der Geist des Ortes mich nachts heimlich besucht, in die Windungen meiner Psyche vordringt und den Stoff meiner Träume gestaltet.

Im Morgengrauen bringt ein Auto aus Irkutsk den guten alten Jura zurück, den Fischer mit den verwaschenen Augen, der mich vor ein paar Tagen besucht hat. Er wohnt in einer kleinen Blockhütte der Station Pokoiniki. Er lebt vom Fischen und geht Sergej bei allen schweren Arbeiten zur Hand. Er war für zwei Tage in Irkutsk, um sich neue Papiere zu besorgen, da seine alten beim Fall der Sowjetunion verlorengegangen waren.

»Seit drei Präsidenten hatte ich die Wälder nicht mehr verlassen: Jelzin, Putin und Medwedew!«

»Was ist dir in Irkutsk am meisten aufgefallen?«

»Die Läden! Es gibt alles. Und die Sauberkeit!«

»Was noch?«

»Die Leute, sie reden freundlich miteinander.«

Mittags verabschiede ich mich von Jura, Sergej und Natascha und mache mich auf den dreitägigen Heimweg. Nördlich der Bucht von Pokoiniki ein gefrorener Sumpf. Der Winter erlaubt es, ein Gelände mühelos zu durchqueren, das einem im Sommer gewaltige Anstrengungen abverlangt.

Ich lege den Weg in umgekehrter Richtung zurück. Abends Rast in der Hütte von Bolschoi Solonzowy. Der Ofen braucht lange, bis er zieht. Die Hütte wärmt sich langsam auf, ich bleibe dicht am Feuer. Katzen wissen, was gut ist. Daran denken, bei meiner Rückkehr nach Frankreich zu prüfen, ob nicht schon eine »Psychoanalyse der Blockhütte« erschienen ist, denn heute Abend fühle ich mich so wohl wie ein Fötus.

Zuerst gab es die organische Matrix, in der sich das Leben entwickelte. In den Sümpfen, Kohlenbecken und Torfmooren gediehen Bakterien. Aus der Ursuppe gingen dann komplexere Lebensformen hervor. Dann delegierte die Erde die Aufgabe der Wärmezufuhr. Gebärmütter, Bauchbeutel und Eier dienten als Brutkästen. Die ersten Wohnformen erfüllten ihrerseits die Rolle von Inkubatoren. Die Menschen lebten in Höhlen, im Bauch der Erde selbst. Dann erfüllten runde Iglus und Jurten, Holzhütten und Wollzelte die Erfordernisse. Im sibirischen Wald wendet der Einsiedler ungeheuer viel Energie auf, um sein Obdach zu heizen. Der Körper wird darin immer Sicherheit und Wohlbehagen finden. Dann ist der in der Einsamkeit lebende Mensch bereit, durch die Wälder zu laufen und auf die Berge zu steigen, bei aller Kälte, bei allen Entbehrungen. Er weiß, dass ein sicherer Hafen auf ihn wartet. Die Blockhütte erfüllt die Funktion der Mutter. Die Gefahr ist, dass man sich in seinem Bau allzu wohlfühlt und in einen winterschlafartigen Zustand verfällt. Diese Neigung bedroht viele Sibirier, die es dann nicht mehr schaffen, die Hülle ihrer Hütte zu verlassen. Sie regredieren zu Embryonen und ersetzen das Fruchtwasser durch Wodka.

14. März

Heute ist es mild: minus 18 Grad. Ich laufe 20 Kilometer am Stück über den Eisteppich. Das Eis ist, wie die Lava, ein magisches Element. Beide haben den metamorphischen Einfluss eines anderen Elements erfahren. Die Kälte der Luft lässt Wasser zu Eis erstarren. Die Hitze des Feuers verflüssigt Stein zu Lava. Beide werden sich erneut verwandeln, wenn die Erwärmung der Luft das Eis zerstört und die Abkühlung des Wassers die Lava erstarren lässt. Über eine gefrorene Fläche zu gehen, ist nicht belanglos. Die Schritte treffen auf eine im Werden begriffene Fläche. Das Eis ist eines der alchemistischen Werke unserer Welt.

Ich ziehe meinen Schlitten nach Norden und bin noch etwa zehn Kilometer von Saworotny entfernt, als sie auf meiner Höhe ankommen. Sie schalten den Motor des Schneemobils ab. Sie wirken klamm vor Kälte. Natalja und Mika besitzen eine der Isbas von Saworotny. Sie haben mich von weitem gesehen und sind auf diese Gestalt zugesteuert, die sich entlang der Küste voranbewegte. Innerhalb von ein paar Sekunden breitet Natalja auf dem schwarzen Linoleum des Sees eine Decke aus und stellt Cognac, Fischpastete und eine Thermoskanne mit Kaffee darauf. Wir legen uns darum herum. Die Russen haben die Gabe, in null Komma nichts ein Festgelage aus der Tasche zu zaubern. Wie oft habe ich unterwegs irgendwelche Muschiks getroffen, die mich zu sich an den Wegrand riefen. Mit einer Handbewegung luden sie mich ein, mich zu setzen. Und immer lassen sich die Gäste in diesen Situationen auf den Boden fallen, stützen sich auf den Ellenbogen, die Beine übereinandergeschlagen, die Schapka nach hinten geschoben. Manchmal flammt ein Feuer auf, aus den Taschen kommen Esswaren zum Vorschein, man öffnet eine Flasche Wodka, es wird gelacht, die Gläser füllen sich. Man teilt ein Brot, man schneidet die Reste einer Elchleber auf. Das Gespräch wird lebhafter, es kreist immer um drei Themen: das Wetter des Tages, den Zustand der Straßen, die Brauchbarkeit der Verkehrsmittel. Manchmal wird auch das Thema der Stadt angeschnitten, und da sind sich alle einig: Man muss bescheuert sein, um so auf einem Haufen zu wohnen. Wo nichts war, ist eine Oase erstanden, abgesteckt durch das Rechteck der Decke. Diese Verwandlung können nur die nomadischen Völker vollbringen. Perow hat diese Szenen in einem berühmten Gemälde festgehalten, *Jäger auf der Rast.* Darauf sieht man drei im Gras lagernde Männer. Vor ihnen: die Enten und das Kaninchen, die sie gerade erlegt haben. Einer von ihnen raucht, sie lachen und erzählen sich vom Leben. Das Licht ist sanft und das Gras weich. Dieses Bild fasziniert mich, es sagt nichts von Hoffnung. Es ist eine Momentaufnahme unmittelbaren Glücks. Der Himmel könnte einstürzen, die drei Freunde würden sich nicht darum scheren, sie sind da, sitzen im Gras, vollkommen ungebunden. Wie wir auf dem Eis.

Natalja und Mika fahren weiter. Wir haben uns die Zeit genommen, sieben Trinksprüche auszubringen und die kleine Flasche Cognac zu leeren. Ich muss mich anstrengen, Saworotny zu erreichen. Die Sonne geht schon unter. Ein Leben am östlichen Ufer würde meinen Neigungen mehr entgegenkommen. Dort geht die Sonne spät auf, und die Abende ziehen sich in die Länge.

15. März

Bis nach Hause sind es noch 22 Kilometer. Ich schicke mich an, Saworotny zu verlassen. Da taucht am Horizont ein Geschwader Geländewagen auf, mit Blaulicht auf dem Dach. V. M., ein Geschäftsmann aus Irkutsk, nutzt den Sonderstatus der Enklave, die den Gesetzen des Reservats nicht unterliegt, und baut sich in Saworotny eine Isba. Das Bauwerk ist für seine Landpartien bestimmt. Nächstes Jahr wird er seine Freunde oder Kunden einladen, um zu angeln, zu trinken und auf Tiere zu schießen. Heute Morgen ist er mit seinem Hofstaat gekommen, um die Baustelle zu inspizieren. Sergej und Jura begleiten ihn. »Der General«, wie man ihn hier nennt, verteilt großzügige Geschenke an die Wächter des Reservats. Auf dem Eis vor dem Strand, wo die große Isba aus hellem Holz in die Höhe wächst, herrscht Gedränge. Alle sind betrunken. Kisten werden ausgeladen. Ein Handlanger von V. M. führt mir seine Saiga MK vor, eine 7,62er, von der er sich nie trennt, für den Fall, dass er auf dem Eis dem Faschisten oder dem Chinesen begegnen sollte. Deshalb strotzen die russischen Zeitungen von Berichten über solche Spritztouren, die böse enden. In Afghanistan sind es die Amerikaner, die Partys beenden, indem sie Marschflugkörper auf feiernde Menschen jagen, die ihre Magazine in den Himmel leerfeuern. Die Russen übernehmen es selbst, einander über den Haufen zu schießen.

Ein Trupp betrunkener Männer, Kriegswaffen, Wodka, dicke Autos und Techno: Zutaten, die den Tod anziehen. Jura beobachtet diese Zurschaustellung mit seinem resignierten Blick. In der Bucht ballt sich eine unheilvolle Energie. Hier trifft ganz Russland zusammen: die gefährlichen Lehnsherren, der tolstoische treue Diener, Sergej der Waldläufer. Die einfachen Leute wissen, welchen Profit sie aus der Verbindung mit den Mächtigen ziehen können, und schlucken ihren Ekel herunter. Dieses Land, in dem die Strukturen des Vasallentums weiterleben, war das Laboratorium des Kommunismus. Ich habe nur ein Verlangen: so schnell wie möglich in meine Wildnis zurückzukehren.

V. M. bietet an, mich in seinem Mercedes nach Hause zu bringen. Wir steigen mit Sergej und zwei anderen Russen in den riesigen Wagen. Der eine schläft sofort ein, der andere brüllt drei Minuten lang in ein Walkie-Talkie, bevor er kapiert, dass das Gerät ausgeschaltet ist. Das Radio spuckt Rap aus. Sergej spricht kein Wort. Sponsorengelder müssen teuer erkauft werden.

Dann trinken wir in meiner Hütte etwas. V. M. zeigt aufs Fenster und sagt: »Ich habe ein Jahr in den USA gelebt. Ich mag die Mentalität der Amerikaner nicht. Was ich will, ist das da: die Freiheit, die Anarchie, den See.« Wir trinken Glas auf Glas. Letztlich sind diese Typen rührend. Sie haben Visagen, als würden sie Tschetschenen aufschlitzen, und teilen ihren Zwieback behutsam mit der Meise. Sie und ich halten uns aus den gleichen Gründen an diesem Ufer auf, diese äußern sich allerdings in entgegengesetzten Verhaltensweisen. Als sie wieder gehen, atme ich auf. Sie haben das Blaulicht angemacht, falls es Stau geben sollte.

Es kehrt wieder Stille ein, die gewaltige Stille, die nicht Abwesenheit von Lärm ist, sondern das Verschwinden jedes Gesprächspartners. In mir steigt Liebe auf für die mit Hirschen bevölkerten Wälder, den mit Fischen gefüllten See, den von Vögeln durchquerten Himmel, die große Beatnik-Liebe überkommt mich mit einer Intensität, die proportional zur Entfernung von V. M. und seiner Bande wächst. Mit ihnen entschwindet alles, was ich fürchte: der Lärm, der Gruppenwahn, der Jagdhunger – kurz, das Fieber der menschlichen Meuten.

Ich bin betrunken und brauche Wasser. In den zehn Tagen meiner Abwesenheit sind alle Löcher wieder zugefroren. Ich gehe mit dem Eispickel auf den See los und brauche anderthalb Stunden, um ein schönes Becken herauszuhauen, 1 Meter breit und 1,10 Meter tief. Das Wasser schießt mit einem Schlag hervor, und ich schöpfe es glücklich heraus. Dieses Gefühl, sein Wasser *verdient* zu haben. Meine Armmuskeln schmerzen. Früher, auf dem Land und in den Wäldern, hielt das Leben einen fit.

16. März

In der Welt, die ich verlassen habe, übt die Gegenwart der Anderen über jede Handlung Kontrolle aus. Sie erhält eine Disziplin aufrecht. In der Stadt würden wir uns ohne die Blicke unserer Nachbarn weniger kultiviert verhalten. Wer hat nie allein im Stehen in der Küche zu Abend gegessen, froh, keinen Tisch decken zu müssen und einfach eine Dose kalter Ravioli herunterschlingen zu können? In der Blockhütte droht der Sittenverfall. Wie viele einsame Sibirier, die von jedem sozialen Imperativ frei sind und wissen, dass niemand sie sieht, liegen am Ende nur noch schlaff auf einem Bett voller Zigarettenkippen herum und jucken sich, weil sie die Krätze haben? Robinson kennt diese Gefahr und beschließt, um nicht auf den Hund zu kommen, jeden Abend am Tisch und im Anzug zu dinieren, als empfange er einen Gast.

Unsere Mitmenschen bestätigen die Realität der Welt. Wenn wir in der Stadt die Augen schließen: welche Erleichterung, dass die Wirklichkeit nicht endet – die Anderen nehmen sie weiter wahr! Der Einsiedler ist allein im Angesicht der Natur. Er bleibt der alleinige Betrachter des Realen, er trägt die ganze Last der Repräsentation der Welt, ihrer Offenbarung gegenüber dem menschlichen Blick.

Die Langeweile macht mir nicht die geringste Angst. Es gibt Schmerzhafteres: die Trauer, die Schönheit der erlebten Augenblicke nicht mit einem geliebten Wesen zu teilen. Die Einsamkeit: was die anderen versäumen, weil sie nicht bei demjenigen sind, der sie verspürt.

In Paris hatte man mich vor meiner Abreise gewarnt. Die Langeweile würde zu meinem Todfeind werden! Ich würde daran krepieren! Ich hörte höflich zu. Die Leute, die so redeten, hatten das Gefühl, selbst eine großartige Unterhaltung darzustellen. »Es ist wahr, dass ich, auf mich selbst eingeschränkt, mich von meiner eigenen Substanz nähren muss, aber sie erschöpft sich nicht ...«, schreibt Rousseau in den *Träumereien.*

Die Einsamkeit ist eine Bewährungsprobe – so erfährt sie Rousseau auf seinen Spaziergängen. Der Einsame muss sich der Pflicht der Tugend unterwerfen, sagt er, und darf sich keine Grausamkeit erlauben. Wenn er schlecht handelt, wird sein Einsiedlertum ihm eine doppelte Strafe auferlegen: Nicht nur wird er das durch seine eigene Bosheit verdorbene Klima zu ertragen haben, sondern er wird auch die Niederlage einstecken müssen, der menschlichen Gattung nicht würdig gewesen zu sein. »Der zivile Mensch will, dass die anderen mit ihm zufrieden sind; der Einsame muss dies selbst sein, sonst ist sein Leben unerträglich. Folglich ist Letzterer gezwungen, tugendhaft zu sein.« Rousseaus Einsamkeit bringt Güte hervor. Und in der Folge wird diese die Erinnerung an menschliche Schlechtigkeit tilgen. Sie ist Balsam auf der Wunde des Misstrauens gegen seinesgleichen: »Lieber will ich sie fliehen als sie hassen«, schreibt er im sechsten Spaziergang über die Menschen.

Es ist im Interesse des Einsamen, allem, was ihn umgibt, mit Wohlwollen zu begegnen und Tiere, Pflanzen und Götter auf seine Seite zu bringen. Warum sollte er der Kargheit seiner Lebensumstände das Gefühl der Feindseligkeit der Welt hinzufügen? Der Einsiedler verbietet sich jede Gewalttätigkeit gegenüber seiner Umwelt. Das ist das Syndrom des heiligen Franziskus von Assisi. Der Heilige spricht zu seinen Brüdern, den Vögeln, Buddha streichelt den rasenden Elefanten, der heilige Seraphim von Sarow füttert die Braunbären, und Rousseau sucht Trost im Herborisieren.

Mittags betrachte ich sehr aufmerksam, wie der Schnee auf die Zedern fällt. Ich bemühe mich, das Schauspiel tief in mich aufzunehmen und die Bahn der größtmöglichen Zahl von Schneeflocken zu beobachten. Eine extrem anstrengende Übung. Und es gibt Menschen, die so etwas Müßiggang nennen!

Am Abend schneit es noch immer. Angesichts eines solchen Schauspiels sagt sich der Buddhist: »Erwarten wir nichts Neues«; der Christ: »Morgen wird es besser werden«; der Heide: »Was soll das alles heißen?«; der Stoiker: »Wir werden schon sehen, was kommt«; der Nihilist: »Es möge alles begraben werden«. Und ich: »Ich muss Holz hacken, bevor die Stämme ganz bedeckt sind.«

Dann lege ich mich ins Bett, nachdem ich noch ein Scheit nachgelegt habe.

17. März

Fragen, die im Lauf der nächsten Monate zu klären sein werden:

Werde ich mich selbst ertragen?

Kann ich mich mit 37 Jahren von Grund auf verwandeln?

Warum fehlt mir nichts?

Der Himmel versiegt nicht, es schneit weiter. Vormittag am Fenster. In einer Blockhütte gruppiert sich das Leben um drei Tätigkeiten herum.

1. Die Beobachtung und das tiefere Kennenlernen seines Blickfelds (eingegrenzt durch den Rahmen des Fensters), das Verzeichnen von allem, was sich dort abspielt.
2. Die Hütte in Ordnung halten.
3. Das Empfangen der seltenen Gäste, sie bewirten, ihnen Auskunft geben, und manchmal das Gegenteil, das Abwehren unwillkommener Besucher.

Wenn ich mir schmeicheln wollte, würde ich sagen, diese Aufgaben machen aus mir einen Wächter und aus meiner Blockhütte einen Wachtturm vor dem Reich der Bäume. Tatsächlich ist es ein Hausmeisterjob, und meine Hütte ist eine Pförtnerloge. Daran denken, das »Komme gleich wieder«-Schild herauszuhängen, wenn ich in den Wald aufbreche.

Am Abend bricht die Sonne durch, der Schnee färbt sich stählern. Die weißen Flächen erstrahlen in Quecksilberglanz. Ich versuche das Phänomen zu fotografieren, aber das Bild gibt nichts von dem Strahlen wieder. Eitelkeit der Fotografie. Der Bildschirm reduziert das Reale auf seinen euklidischen Wert. Er tötet die Substanz der Dinge, presst ihren Körper zusammen. Die Wirklichkeit zerschellt an den Bildschirmen. Eine vom Bild besessene Welt versagt es sich, von den geheimnisvollen Emanationen des Lebens zu kosten. Kein fotografisches Objektiv wird je die Reminiszenzen einfangen, die eine Landschaft in unserem Herzen weckt. Und was ein Gesicht uns an negativen Ionen oder an kaum wahrnehmbaren Signalen sendet, welcher Apparat könnte das erfassen?

18. März

Meine Vorräte gehen zur Neige. Ich muss eine Möglichkeit finden zu angeln. Am Baikalsee wenden die Sibirier eine einfache Methode an. Sie werfen eine Handvoll lebendiger Wasserflöhe, genannt Bormasch, die sie in den Sümpfen sammeln, in ein Eisloch. Von diesem Manna angezogen, wimmeln die Fische unter dem Loch. Dann braucht man nur noch die Fliegenschnur auszuwerfen. Da ich keinen Sumpf in der Nähe und folglich keinen Bormasch habe, nutze ich eine alte Technik der Waldbewohner. Ich schlage in der Nähe des Strandes, wo der See etwa drei Meter tief ist, ein breites Loch und lasse ein paar abgesägte Zedernäste darin einweichen. In ein paar Tagen werden sich Tausende von Mikroorganismen an den Nadeln gesammelt haben. Dann brauche ich sie nur noch abzuernten, um damit die Fische zu ködern.

Der Wind kommt beständig aus Süden. Es ist weiter Schneewetter. Das Weiß verschluckt jedes Geräusch. Es herrscht eine seltene Stille, und die Luft ist mild. Das Thermometer zeigt minus 15 Grad an.

19. März

Heute Nacht hat mich das Krachen des Eises geweckt. Ein besonders heftiger Stoß hat die Balken der Blockhütte erzittern lassen. Die Wassermasse rebelliert gegen ihre Gefangenschaft und hämmert gegen den Deckel.

Immer noch Schnee. Immer noch Reglosigkeit. Bis jetzt reiste ich wie ein von einem Bogen abgeschossener Pfeil. Jetzt bin ich ein in den Boden gerammter Pflock. Im Übrigen werde ich zur Pflanze. Mein Wesen schlägt Wurzeln. Meine Bewegungen werden langsamer, ich trinke viel Tee, ich reagiere hochsensibel auf jede Lichtschwankung, ich esse kein Fleisch mehr. Meine Hütte: ein Treibhaus.

INNERE WELT	ÄUSSERE WELT
Mütterliche Hütte	Väterlicher See
Wärme	Kälte, Trockenheit
Weiches Holz	Hartes Eis
Sicherheit	Allgegenwärtige Gefahr
Schnurrender Ofen	Krachen
Harztränen auf den Balken	Eissplitter
Geistige Arbeit	Körperliche Arbeit
Der Körper setzt Fett an	Der Körper vertrocknet
Die Haut wird weiß	Die Haut wird rissig und zerfurcht

Ich hacke lange Holz. Wieder einen Baum zersägt, kleingehackt und gestapelt. Dann grabe ich mit der Schaufel Wege zum Ufer, zur Banja und zum Holzhaufen mit dem Hackklotz. Vier Stunden tägliche Arbeit empfiehlt Tolstoi, um Anrecht auf Kost und Logis zu erwerben.

Eine schlaflose Nacht. Ich stelle mir Tiere vor, die umherstreifen oder gerade in der Nähe der Hütte schlafen. Nerze, die niemand in Mäntel verwandeln will, Hirsche, die niemand vorhat zu Pasteten zu verarbeiten, Bären, an deren Tod niemand seine Männlichkeit misst.

20. März

Die Meisen klopfen jetzt jeden Morgen an die Scheibe. Die Schnabelhiebe sind mein Wecker. Es ist mild, ich stelle mir zwei Kilometer vom Ufer einen Hocker aufs Eis, schaue aufs Land und rauche eine Romeo y Julieta No. 2 (etwas trocken). Bis jetzt hatte ich gelernt, die Berge zu besteigen, sie hinunterzurasen, Routen durch sie hindurch zu suchen und ihre Höhenunterschiede abzuschätzen. Noch nie hatte ich sie *betrachtet.*

Abends Casanova. In den Bleikammern Venedigs gefangen, schreibt er: »Aber geben Sie zu, dass es, um frei zu sein, genügt, sich für frei zu halten.« Seine Vorliebe für Konfekt, das mit einem Pulver aus den Haaren der Geliebten gefüllt ist. So etwas hätte ich hierher mitbringen sollen. Seine Kritik an Voltaires humanistischen Utopien: »Ihre Sie beherrschende Leidenschaft ist die Liebe zur Menschheit. ... Lieben Sie die Menschheit, aber lieben Sie sie so, wie sie ist. Sie verträgt nicht die Wohltaten, die Sie an sie verschwenden wollen ... Ich habe nie so sehr gelacht, als wie ich Don Quijote genötigt sah, sich mühsam gegen die Galeerensträflinge zu verteidigen, die er aus Großherzigkeit befreit hatte.«

21. März

Frühlingsanfang, der Himmel ist blau und ich breche in die Wälder auf. Ich folge dem gefrorenen Fluss hinauf, der 500 Meter nördlich der Blockhütte in den See mündet.

Die Einsamkeit der Natur begegnet der meinen. Und unsere beiden Einsamkeiten bestätigen einander ihre Existenz. Während ich mich durch den Pulverschnee kämpfe, denke ich an

Michel Tourniers Betrachtung über das Glück, einen anderen Menschen an seiner Seite zu haben, um sich von der Existenz der Welt zu überzeugen. Ich bin allein, um diese Eschen mit ihrer längsgeäderten Rinde zu betrachten. An den Sträuchern hängen Schneeklumpen wie Christbaumkugeln. Verkrüppelte Lärchen verleihen dem Tal etwas Holzschnittartiges (auf chinesischen Zeichnungen sieht es immer so aus, als würden Berge und Flüsse leiden). Der Blick ist eine Taufe, aber in der jetzigen Situation steht niemand meinen Augen bei, um diesen Formen Leben zu verleihen. Ich habe nichts als den Kegel meines Blicks, um die Welt erstehen zu lassen. Zu zweit würden wir mehr Dinge hervorbringen.

Ich gehe weiter, lasse das Wäldchen hinter mir, es verschwindet aus meinem Blickfeld. Ist es noch da? Wenn ich einen Gefährten hätte, würde ich ihn bitten aufzupassen, dass die Welt nicht hinter mir erlischt. Schopenhauers Behauptung, die Welt existiere allein durch die Vorstellung des Subjekts, ist ein amüsanter Gedanke, aber es ist Quatsch. Spüre ich nicht mit aller Macht, wie der Wald in meinem Rücken strahlt?

Das Tal verengt sich auf etwa 800 Höhenmetern, und ich erklimme den Gipfel des Granitkammes. Götter der Hänge! Was für eine Anstrengung, in diesem schneebedeckten Zwergkiefernmeer 200 Meter zu überwinden! Durch die bronzegrüne Masse der Taiga schlängelt sich eine helle Linie. Es sind die Eschen mit ihren gelblichen Ästen. Sie begleiten den Lauf des Wildbachs mit einem Honigstrom.

Ich steige in zwei Stunden wieder ab, durch lange weiße Alleen, leere Esplanaden und stille Straßen. Im Winter ist der Wald eine tote Stadt. In der Blockhütte vertiefe ich mich wieder in Casanova. Nach seinem Besuch im Kloster Einsiedeln: »Um glücklich zu sein, brauchte ich, so schien es mir, nur eine Bibliothek nach meinem Geschmack.« Über eine junge Italienerin: »Ich bin in Verzweiflung, von dir scheiden zu müssen, ohne deinen Reizen die höchste Huldigung dargebracht zu haben, die sie verdienen.« Casanova reist, hält sich in Rom, Paris, München, Genf, Venedig und Neapel auf. Er spricht Französisch, Englisch, Italienisch und Latein. Er begegnet Voltaire, Hume und Goldoni. Er zitiert Kopernikus, Ariost und Horaz. Seine Geliebten heißen Donna Lucrezia, Hedwig oder Henriette. Und zwei Jahrhunderte später meinen Technokraten, man müsse dringend »Europa erschaffen«.

Um acht Uhr decke ich den Tisch. Heute Abend eine Suppe, Nudeln, Tabasco, Tee, einen Viertelliter Wodka und eine in einer Alu-Röhre verpackte kubanische Partagas. Mit Tabasco kann man egal was hinunterschlingen und doch das Gefühl haben, etwas zu essen. Bevor ich schlafen gehe, zünde ich vor dem Foto meiner Liebsten eine Kerze an und betrachte die Flamme, die auf ihrem Gesicht tanzt, während ich rauche. Worüber beklagen sich Liebende, die weit voneinander entfernt sind? Um sich zu trösten, genügt es, an die Verkörperung des dargestellten Wesens in der Ikone zu glauben. Ich puste die Öllampen aus und gehe ins Bett.

Heute habe ich keinem Lebewesen auf dieser Erde geschadet. *Nicht schaden.* Seltsam, dass die Wüstenväter dieses schöne Bestreben nie anführen in den Erklärungen zu ihrem Rückzug. Pachomius, Antonius, Rancé bringen ihren Hass auf das Jahrhundert vor, ihren Kampf gegen die Dämonen, ihr inneres Brennen, ihr Dürsten nach Reinheit, ihre Ungeduld, das Himmelreich zu erlangen, aber nie den Gedanken, zu leben, ohne irgendjemandem Schaden zuzufügen. Nicht schaden. Nach einem Tag in der Nördlichen Zedernhütte kann man das sagen und sich dabei im spiegelnden Eis anschauen.

22. März

Die ganze Nacht über Sturm. Die Russen nennen den Wind, der die westlichen Baikalhänge herabrast, Sarma. Das Klappern des Werkzeugs unter dem Vordach hat mich lange wachliegen lassen. Wie halten sich die Vögel in ihrem Nest? Werden sie morgen noch da sein, am Leben?

Der Wind hat den Schnee von der Oberfläche des Sees gefegt und mir das Eis wiedergegeben. Ich laufe zwei Stunden unter der kalten Sonne Schlittschuh und höre dabei Maria Callas.

Am Abend habe ich nicht mehr viel zu tun, da ich für fünf Tage Holz hereingeholt habe, also schreibe ich die Gründe für meinen Rückzug auf.

GRÜNDE, WARUM ICH MICH ALLEIN IN EINE BLOCKHÜTTE ZURÜCKGEZOGEN HABE

Ich war zu geschwätzig
Ich wollte Stille
Zu viel unbearbeitete Post
und zu viele Leute zu treffen
Ich beneidete Robinson
Es ist hier besser geheizt als in meiner Pariser Wohnung
Weil ich nicht mehr einkaufen gehen wollte
Um herumbrüllen und nackt leben zu können
Aus Abscheu vor Telefon und Motorenlärm

23. März
Mit Schneeschuhen an den Füßen laufe ich den ganzen Tag am Ufer entlang und durch die Wälder. Der Gedanke, dass Landschaften ein Gedächtnis haben. Eine ländliche Ebene erinnert sich an das Angelusläuten. Eine Klatschmohnwiese an Kinderlieben. Aber hier? Die Wälder haben keine Erinnerungen. Sie sind frei von Veränderungen, frei von Geschichte, sie sagen nichts, kein Echo einer menschlichen Handlung hallt unter ihren Wipfeln nach. Die Taiga liegt um ihrer selbst willen da. Sie bedeckt Hänge, stürmt die Berge empor, ohne etwas schuldig zu sein. Der Mensch erträgt die Gleichgültigkeit der Natur ihm gegenüber schlecht. Angesichts eines Urwalds träumt er von Urbarmachung und Aussaat. Der Blick des Menschen auf die Taiga geht dem Lärm der Abholzung voraus. Ach, die Beklommenheit der betriebsamen Menschen, wenn sie plötzlich begreifen, dass die Wildnis sehr gut auf sie verzichten kann … Wer liebt die Natur um ihrer selbst und nicht um ihrer Segnungen willen? In *Die Wurzeln des Himmels* schildert Romain Gary einen Häftling im Todeslager, der widerstandsfähiger ist als die anderen. Wenn er abends auf seiner Bettstelle liegt, schließt er die Augen und stellt sich Herden von wilden Elefanten vor. Zu wissen, dass irgendwo in der Savanne diese freien Ungeheuer leben, genügt, um seine Seele zu stärken. An die Dickhäuter zu denken verleiht ihm Kraft. Solange es menschenleere Taigas gibt, werde ich mich gut fühlen. Das Wilde tröstet.

Ich steige auf den Gipfel der Anhöhe und baue dort oben im Schutz eines Granitblocks eine große Feuerstelle. Die Suppe, die ich zum Kochen daraufstelle, liefert mir den Vorwand, reglos dazusitzen und das leichenhafte Gesicht des Sees zu betrachten, mit seinen Zyanosen, seinen Marmorierungen, seinen Flecken und seinen Flechten.

24. März

Heute Morgen wage ich es nicht aufzustehen. Mein Wille läuft frei über das weite Feld der jungfräulichen Tage. Die Gefahr: bis zum Abend wie gelähmt ins Weiße hinauszuschauen und zu sagen: »Götter! Wie bin ich frei!«

Es hat wieder angefangen zu schneien. Es ist niemand da. Nicht mal ein Fahrzeug in der Ferne. Das Einzige, was hier vorüberzieht, ist die Zeit. Das Glück in meinem Leben: die Meisen auftauchen zu sehen … Ich werde mich nie wieder über die alten Damen lustig machen, die auf den Bürgersteigen von Auteuil ihre Pudel hätscheln oder einen Kanarienvogel zu ihrem Lebensmittelpunkt machen. Oder über die Alten in den Tuilerien, die eine Tüte mit Körnern umklammern und damit die Tauben füttern. Der Umgang mit Tieren ist ein Jungbrunnen.

Lady Chatterley. Im siebten Kapitel ist Clifford wirklich sehr schmierig. Er widert die arme kleine Constance an: »… redete er und redete. Die endlos kleine Analyse von Menschen und Motiven, von Ereignissen, Charakteren und Persönlichkeiten – sie hatte inzwischen genug davon … Sie war dankbar, allein zu sein.« Ich schließe das Buch, gehe hinaus, hole die Axt unter dem Schnee hervor und haue zwei Stunden lang, von Lady Constance elektrisiert, wumm! wumm! wie besessen auf die Holzklötze ein. In den Schlägen meiner Axt und im Hohngelächter der Eichelhäher steckt mehr Wahrheit als in allem psychologischen Geschwafel. Wumm! Wumm! »Was sich erst beweisen lassen muss, ist wenig wert.« (Nietzsche in der *Götzen-Dämmerung*). Das Leben soll sich durch das Blut, den

Schnee, die Schneide der Axt und den Glanz der Sonne auf dem Gefieder einer Saatkrähe ausdrücken.

Heute sehe ich im Schneetreiben nach meiner Bormasch-Falle. Ich schlage das Eis vorsichtig auf, um die Zweige nicht zu erschüttern, breite eine Decke aus, ziehe die Äste heraus und schüttele sie über einem Eimer ab. Tausende von Mikroorganismen zappeln im klaren Wasser. Ich fülle sie in eine Flasche um. Jetzt habe ich meinen Köder, in ein paar Tagen werde ich angeln gehen.

Man muss schon verkorkst sein, um in *Lady Chatterleys Liebhaber* ein erotisches Buch zu sehen. Der Roman ist ein Requiem auf die verletzte Natur. Das England der friedlichen Heckenlandschaften, der Wälder voller Erinnerungen ringt vor Constances Augen mit dem Tod. Die Entwicklung des Bergbaus verwüstet die britische Erde. Minenschächte reißen die Weiden auf. Schornsteine ragen in den verschmutzten Himmel. Die Luft ist verpestet, der Backstein färbt sich schwarz, sogar das Gesicht der Menschen verhärtet sich. Das Land verkauft sich an die Industrie, und eine neue Gattung von Businessmen-Technikern schwadroniert über abstrakte soziopolitische Themen und spekuliert über die Technik. Es ist der Todeskampf einer Welt. »Das industrielle England *löscht* das ländliche aus.« Constance spürt, wie in ihrem Körper der Saft aufsteigt; sie begreift, dass der Fortschritt die Welt ihrer Substanz beraubt. Lawrence legt der jungen Frau prophetische Worte über die Verschandelung der Landschaften in den Mund, über die Abstumpfung des Geistes, die Tragödie eines Volkes, das im Takt der Maschinen seine Vitalität verliert (»seine Männlichkeit«, sagt sie). Die primitive, heidnische Liebe erblüht bei Lady Chatterley zur gleichen Zeit, wie sie dem Schiffbruch der modernen Seelen beiwohnt, die von einer »unheimlichen Willenskraft« abgesaugt werden. Der prometheische »Wahnsinn« schwächt den Menschen im Gedröhn der Maschinen. Gorki führt in *Eine Beichte* entgegengesetzte Reden. Der Revolutionär freut sich über die ungeheuren Fortschrittsanstrengungen Russlands. Für ihn wird die monströse Energie, die sich in den industriellen Zentren konzentriert, eine magnetische Wolke über die ganze Welt verbreiten. Diese »psychophysiologische« Kraft wird alle Völker der Erde dazu bringen, die Ärmel hochzukrempeln, um eine strahlende Zukunft zu erschaffen. Lawrence war beunruhigt über die titanische Spannung, die die Nerven der Welt entflammte. Gorki wünschte sie mit aller Macht herbei. Lawrence wusste um die Sanftheit der ländlichen Fluren, die ein Gesicht der Schönheit ist. Gorki glaubte nur an die Pracht von Himmeln, durchzuckt von stählernen Blitzen. Und Constance, vor Begehren schwitzend und unter der Passion der Erde leidend, schreit unter dem Blätterdach des Waldes diese Tragödinnenfrage heraus, die aber schon vom Dröhnen der Maschinen überdeckt wird: »Was hat der Mensch dem Menschen angetan!«

Heute Abend sitze ich unter der Zedernkuppel auf der Holzbank und schaue auf den See. Hauptsache eine schöne Landschaft vor den Augen. Dann kann sich alles einrenken, das Leben kann anfangen. Lady Chatterley hat recht. Ich würde sie gern für ein paar Tage hier beherbergen, sage ich mir, bevor ich hineingehe und mich schlafen lege.

25. März

Mit der Sonne aufgestanden. Dann lege ich mich angesichts solcher Erhabenheit noch einmal eine Weile hin. Heute Morgen erlaubt es das Wetter zum ersten Mal seit Tagen hinauszugehen. Ich nehme einen anderen Weg zum Wasserfall hinauf, am rechten Ufer des Wildbachs entlang. Der Wald, in dem sich der Schnee angehäuft hat, stellt mich auf die Probe. Zwei Stunden, um die 400 Höhenmeter zu überwinden. Spechte trommeln gegen tote Stämme. Dann kommen 200 Meter gutes, festes Gelände. Danach jedoch ein Leidensweg, um eine Senke voller Zwergkiefern zu durchqueren. Ich breche in hüfttiefe Fallgruben ein. Ich peile einen Granitvorsprung 100 Meter über dem gefrorenen Wasserfall an. Von unten, durchs Fernglas, sah es aus, als wäre da eine Plattform, auf der man gut biwakieren könnte.

Feiner Schneefall trübt den Blick auf den See, der brav am Fuß des Berges daliegt. Meine Intuition war richtig, auf 1100 Höhenmetern bietet der Felsrücken eine perfekte Terrasse, den schönsten Beobachtungsposten. Man könnte hier eine idyllische Liebesnacht verbringen. Den Ort dafür zu kennen, ist immerhin etwas.

Bis zu den Oberschenkeln im Schnee steige ich ab, mal ächzend wie ein Russe, dann wieder still, um den Schnee auf dem Rücken der weißen Bäume knistern zu hören.

An der Mündung des Baches angelangt, lockere ich meine Muskeln auf dem ebenen See, indem ich den Spuren eines Fuchses folge. Er ist drei Kilometer weit hinausgelaufen und dann in einem Bogen zurückgekommen. Ein Fuchs, der einfach spazieren ging.

Der Schnee fällt jetzt dicht. Diese Verschleierung der Welt verstärkt die beißende Einsamkeit. Was ist die Einsamkeit? Eine Gefährtin, die zu allem gut ist.

Sie ist Balsam auf alle Wunden. Sie wirkt als Resonanzkörper: Alle Eindrücke sind wesentlich stärker, wenn man allein ist.

Sie erlegt einem Verantwortung auf: Im menschenleeren Wald bin ich Botschafter der menschlichen Gattung. Ich muss dieses Schauspiel für alle genießen, denen es versagt ist. Sie lässt Gedanken entstehen, weil die einzig mögliche Unterhaltung mit mir selbst stattfindet. Sie wäscht alles Geschwätz von mir ab, erlaubt es, mein Innerstes zu sondieren. Sie lässt Erinnerungen an geliebte Menschen aufsteigen. Sie verbindet den Einsiedler in Freundschaft mit Pflanzen und Tieren und manchmal mit einem kleinen Gott, wenn einer vorbeikommt.

Am späten Nachmittag schaue ich nach, ob es meinem Bormasch gut geht. Die kleinen Lebewesen schwimmen in der Flasche herum. Morgen oder übermorgen werden sie als Köder dienen.

Es ist acht Uhr abends. Ich ruhe mich in meinem Würfel am Waldrand aus, am Fuß des Berges auf der Uferlinie, voller Liebe für alles, was mich umgibt.

Vor dem Einschlafen lese ich noch etwas chinesische Dichtung. Ich lerne einen Vers auswendig, den ich einmal in einem Gespräch gebrauchen könnte, in dem mir die Argumente ausgehen: »In all dem liegt ein tiefer Sinn. Gerade wollte ich ihn aussprechen, da entfielen mir die Worte.«

26. März

Schnee. Ich gehe über den See und strecke mit offenem Mund das Gesicht nach oben. Ich trinke die Flocken an der Brust des Himmels.

Abends mache ich mit dem Handbohrer ein Loch ins Eis, eine Kabellänge vom Ufer entfernt, wo der See etwa vier Meter tief ist. Ich werfe meinen Bormasch aus. Die Wolke von Krustentieren trübt das Wasser. Nun bleibt nur noch zu warten, bis die gefleckten Saiblinge kommen. Ich habe langsam genug von Nudeln mit Tabasco.

27. März

Ein Morgen mit chinesischer Dichtung. Ich bin mit Schneeschuhen, Schlittschuhen, Steigeisen, einem Eispickel und Angelruten hier angekommen und finde mich beim Lesen von Geschichten über Einsiedler wieder, die auf Steinbänken sitzen und zuschauen, wie der Wind die Bambushaine bewegt. Ach, das chinesische Genie! Das Prinzip des »Nichthandelns« erfunden zu haben, um zu rechtfertigen, dass man den ganzen Tag vor einer Hütte sitzt und sich die Sonne Yunnans auf den Pelz scheinen lässt …

Abends Angeln. Ich sitze auf dem Hocker und lasse meine Fliegen senkrecht ins Wasser. Durch das Loch sehe ich die Saiblinge vorbeiziehen, der Bormasch hat sie angezogen. Angeln ist eine chinesische Tätigkeit: Man lässt den Fluss der Stunden durch sich hindurchziehen, ohne die Angel aus den Augen zu lassen, von der man hofft, sie möge zucken. Was den ganzen Abend lang nicht geschieht.

Ich ertränke meinen Kummer, mit leeren Händen zurückzukehren, in einem Viertelliter Wodka und lasse den Alkohol in meinen Adern wirken. Ihr chinesischen Dichter, ich komme!

28. März

Seltsam, dieses Bedürfnis nach Transzendenz. Warum der Glaube an einen Gott außerhalb seiner Schöpfung? Das Krachen des Eises, die Zärtlichkeit der Meisen und die Gewalt der Berge begeistern mich mehr als die Vorstellung vom Gestalter dieser Phänomene. Sie genügen mir. Wenn ich Gott wäre, hätte ich mich in Milliarden Facetten aufgesplittert, um im Kristall des Eises, in der Nadel der Zeder, dem Schweiß der Frauen, der Schuppe des Saiblings und den Augen des Luchses zu wohnen. Viel begeisternder, als in unendlichen Räumen zu schweben und von weitem zuzuschauen, wie der blaue Planet sich selbst zerstört.

Über den See hat sich dichter Nebel gesenkt. Der Horizont existiert nicht mehr. Ich ziehe mich an und gehe zu Fuß auf den See hinaus. Nach zwei Kilometern ist das Ufer verschwunden. Ich laufe zwei Stunden lang. Nur meine Spuren verbinden mich mit der Hütte. Ich habe weder Kompass noch GPS mitgenommen, und wenn Wind aufkommt und meine Spuren verweht, werde ich nicht mehr zurückfinden. Ich weiß nicht, was mich dazu treibt, immer weiterzugehen. Eine etwas morbide Macht. Ich tauche ins Nichts ein. Nach zwei Stunden sage ich plötzlich: »Das reicht« und mache mich mit großen Schritten auf den Rückweg. Zwei Stunden später taucht der Berg hinter dem weißen Schleier auf, und ich erreiche die Hütte.

In der chinesischen Tradition zogen sich manche Greise zum Sterben in eine Hütte zurück. Einige hatten dem Kaiser gedient, einen Regierungsposten innegehabt, andere waren Gelehrte, Dichter, einfache Einsiedler. Ihre Hütten glichen einander. Ihr Standort entsprach genau festgelegten Übereinkünften. Die Hütte musste auf einem Berg stehen, in der Nähe einer kühlenden Quelle. Der Wind strich über einen Strauch. Manchmal ging der Blick auf das Tal hinaus, wo die Menschen hin und her liefen. Der Rauch eines Räucherstäbchens half, die Zeit zu vertreiben. Abends kam ein Freund vorbei. Man empfing ihn mit einem Glas Tee und zurückhaltenden Worten. Nachdem sie in der Welt hatten wirken wollen, schotteten diese Männer sich ab, entschlossen, nun die Welt auf sich einwirken zu lassen. Das Leben ist eine Pendelbewegung zwischen zwei Versuchungen.

Aber Vorsicht! Das chinesische Nichthandeln ist nicht Acedia, Trägheit des Herzens. Das Nichthandeln schärft die Wahrnehmung aller Dinge. Der Einsiedler nimmt das Universum in sich auf, er schenkt auch der kleinsten seiner Facetten höchste Aufmerksamkeit. Im Schneidersitz unter dem Mandelbaum sitzend hört er, wie das Blütenblatt auf der Teichoberfläche landet. Er sieht das Zittern der Federn eines fliegenden Kranichs. Er spürt das Aufsteigen des süßen Blumendufts, in den sich der Abend hüllt.

Heute Abend lerne ich die Grabrede von Tao Yuanming, gestorben 427, auswendig: »Voll Würde in meiner bescheidenen Hütte trinke ich nach Belieben Wein und schreibe Gedichte, im Einklang mit dem Lauf der Dinge, meines Schicksals bewusst, von jedem Hintergedanken nunmehr frei« …

Und ich lege mich mit dem Gedanken schlafen, wie sinnlos es ist, ein Tagebuch zu führen, wenn andere in der Lage sind, ihr Leben in dreißig Worte zu fassen!

29. März

Heute Morgen minus drei Grad. Der erste frühlingshafte Tag. Die Meisen sammeln sich unter dem Südfenster. Plötzlich schütteln Windböen die Zedern, der Schnee fällt herab. Die Landschaft überzieht sich mit grauen Striemen.

Ich lese chinesische Verse und nippe an einem Glas Wodka. Die Welt könnte zusammenstürzen, würde ich etwas davon mitbekommen? Eine Hütte ist ein Holzbunker. Wie gut die Rundstämme mich abschirmen! Die Kiefernbalken, der Alkohol und die Gedichte bilden eine dreifache Panzerung. *»Meine Hütte liegt weitab, und ich weiß von nichts«:* ein in der Taiga geborenes russisches Sprichwort.

Diametral entgegengesetzt, die Pariser Diktate: »Habe zu allem eine Meinung! Geh ans Telefon! Empöre dich! Sei immer erreichbar!«

Das Credo der Hütten: nicht reagieren … niemals auf etwas anspringen … nicht abheben … leicht betrunken in der verschneiten Stille dahintreiben … dem Los der Welt gleichgültig gegenüberstehen … und die Chinesen lesen.

Der Wind wird stärker. Die Welt klopft ans Fenster, damit ich ihr aufmache. Beschützt mich, meine Bücher! Beschütze mich, meine Flasche! Beschütze mich, meine Hütte, vor diesem Nordostwind, der mich ablenken will. Wenn man mir in diesem Augenblick eine Zeitung voller Neuigkeiten brächte, würde ich das als Erdbeben empfinden.

Ich war mir fast sicher, dass ich sie finden würde. Ich stoße auf diese Verse von Tu Mu, einem Dichter aus dem 9. Jahrhundert:

Der kleine Pavillon fasst kaum ein waagerecht stehendes Bett
Den ganzen Tag betrachte ich die Berge und schenke mir zu trinken nach
Herrlich, wenn in der Nacht mit dem Wind der Regen kommt
In meiner Trunkenheit klopft der Lärm vergeblich ans Fenster.

30. März

Auf einen Sprung zum gefrorenen Wasserfall, heute über einen neuen Weg. Ich folge dem ersten Tal südlich meiner Hütte hinauf und umgehe die Bergschulter auf 1000 Meter Höhe in einem weiten Bogen. Ich überwinde den Grat, aus der Schneedecke ragen ein paar Gendarmen aus verwittertem Granit. Ich gehe quer zum Hang über harten Schnee weiter. Manchmal macht eine Reihe von Zwergkiefern meine Anstrengungen zunichte. Ich mühe mich fünf volle Stunden ab, bis ich die linke Kante der Rinne erreiche, an deren oberem Ende der Wasserfall ist. Ich hege die geheime Hoffnung, dass ich, wenn ich so lange oberhalb der Baumgrenze bleibe, vielleicht einen Hirsch erblicken werde. Aber außer der Spur eines Vielfraßes, die im Wald verschwindet und mich in Hochstimmung versetzt, ist da nichts.

Zurück am See fange ich um fünf Uhr abends meinen ersten Fisch. Drei Minuten später einen zweiten, und nach anderthalb Stunden einen dritten. Drei quecksilbrige Saiblinge glänzen, vom Zorn elektrisiert, auf dem Eis. Ihre Haut wird von elektrischen Impulsen durchzuckt. Ich töte sie und blicke auf die Ebene, während ich die Worte des Dankes murmele, die die Sibirier früher an das Tier richteten, dem sie das Leben nahmen, oder an die Welt, die zu entleeren sie mithalfen. In der modernen Gesellschaft ersetzt die CO_2-Steuer dieses »Danke und Verzeihung«.

Das Glück, auf dem Teller vor sich den Fisch zu haben, den man selbst geangelt hat, in der Tasse das Wasser, das man geholt, im Ofen das Holz, das man gehackt hat: Der Einsiedler schöpft alles an der Quelle. Das Fleisch, das Wasser und das Holz zucken noch.

Ich erinnere mich an meine Tage in der Stadt. Am Abend ging ich hinunter, um einzukaufen. Ich lief zwischen den Regalen des Supermarkts herum. Mit einer freudlosen Bewegung nahm ich die Ware, warf sie in den Wagen: Wir sind die Wildbeuter einer denaturierten Welt geworden.

In der Stadt bezahlen der Liberale, der Linke, der Revolutionär wie der Großbürger ihr Brot, ihr Benzin und ihre Steuern. Der Einsiedler dagegen bittet den Staat um nichts und gibt ihm nichts. Er vergräbt sich in den Wäldern und entnimmt ihnen, was er braucht. Sein Rückzug stellt für die Regierung einen *Gewinnausfall* dar. Zum Gewinnausfall zu werden, das sollten die Revolutionäre sich zum Ziel setzen. Eine Mahlzeit aus gebratenem Fisch und im Wald gepflückten Blaubeeren ist staatsfeindlicher als eine mit schwarzen Fahnen gespickte Demonstration. Diejenigen, die die Zitadelle sprengen wollen, brauchen die Zitadelle. Sie sind gegen den Staat, in dem Sinn, dass sie sich gegen ihn lehnen. Walt Whitman: »Aber in Wahrheit bin ich weder für noch gegen Institutionen. (Was überhaupt hab ich mit ihnen gemein? oder was mit ihrer Zerstörung?)« An jenem Oktobertag vor fünf Jahren, an dem ich die *Grashalme* des alten Walt entdeckte, wusste ich nicht, dass diese Lektüre mich in eine Blockhütte führen würde. Ein Buch zu öffnen ist gefährlich.

Rückzug ist Revolte. In eine Hütte zu ziehen bedeutet, von den Kontrollschirmen zu verschwinden. Der Einsiedler löscht sich. Er sendet keine digitalen Spuren mehr, keine Telefonsignale, keine Bankkartenimpulse. Er entledigt sich jeder Identität. Er praktiziert ein umgekehrtes *Hacking*, er tritt aus dem großen Spiel aus. Es ist im Übrigen keineswegs notwendig, dafür in den Wald zu gehen. Der revolutionäre Asketismus wird auch im urbanen Kontext geübt. Die *Konsumgesellschaft* bietet die Wahl, danach zu handeln. Etwas Disziplin genügt. In der Welt des Überflusses steht es den einen frei, als Fettkloß zu leben, den andern aber, Mönch zu spielen und ihr Dasein abgemagert im Gemurmel der Bücher zu führen. Letztere nehmen Zuflucht zu den inneren Wäldern, ohne ihre Wohnung zu verlassen. In der

Mangelgesellschaft dagegen gibt es keinerlei Alternative. Man ist zum Mangel verdammt, wird von ihm konditioniert. Der Wille kann daran nichts ändern. Es gibt diesen berühmten sowjetischen Witz über den Mann in der Metzgerei: »Haben Sie Brot?« Antwort: »Nein, hier ist der Laden, wo es kein Fleisch gibt, der Laden, wo es kein Brot gibt, ist die Bäckerei, gleich nebenan.« Die ungarische Dame, die mich großgezogen hat, hat mich diese Dinge gelehrt, und ich denke oft an sie. Die *Konsumgesellschaft* ist ein etwas widerwärtiger Ausdruck, geboren aus der Phantasie von großen Kindern, die enttäuscht sind, zu sehr verwöhnt worden zu sein. Sie haben nicht die Kraft, sich zu ändern, und wünschten, man würde sie zur Enthaltsamkeit zwingen.

Um sieben Uhr abends nehme ich es in Angriff, mir aus der wasserdicht verpackten Mehlreserve Blinis zu machen. Eine Stunde später lege ich einen verkohlten Fladen auf mein Holzbrett. Ich gehe eine halbe Stunde nach draußen, bis der Rauch aus der Hütte abgezogen ist, dann öffne ich ein Päckchen China-Nudeln.

31. März

Seit ein paar Tagen stelle ich ein pawlowsches Experiment an, das zu fruchten beginnt. Um neun Uhr stelle ich mich ans Fenster und spiele etwas auf der Flöte, bevor ich den Meisen ein paar Krümel hinauswerfe. Heute Morgen kamen sie bei den ersten Noten angeflogen, lange bevor ich ihnen ihre Ration hinlegte. Von Vögeln umflattert, atme ich die Morgenluft ein. Fehlt nur noch Schneewittchen.

Ein Tag in höheren Lagen. Ich folge dem »weißen Tal« hinauf, einer breiten, mit japanisch aussehenden Lärchen bewachsenen Senke im Norden meiner Hütte. Nach fünfstündigem Kampf mit dem Tiefschnee erreiche ich die 1600 Höhenmeter. Manchmal komme ich mir vor wie ein Elch, der bis zur Brust im Kleister steckt. Ich glaube, bis zum Gipfel sind es nur noch 300 Meter, aber das Wetter ist sehr kalt und es ist spät. Ich steige wieder ab zum Nördlichen Zedernkap. Eine Luchsspur quert die Linie meiner Fußstapfen. Der Luchs muss vor ein oder zwei Stunden vorbeigekommen sein und streift nun in der Nähe umher. Ich beuge mich über die Spuren und schnüffele daran, kann aber keinen Geruch ausmachen. Ich fühle mich weniger allein. Wir waren zwei, die heute hier herumstreunten.

Am Abend hackte ich in der Lichtung Holz. Zuerst muss man die Spaltaxt mit einem mächtigen Schlag ins Fleisch des Holzes versenken. Steckt das Metall einmal tief darin, hebst du in einer Bewegung die Axt mit dem Holzstück daran hoch und lässt sie mit aller Kraft auf den Hackklotz niedergehen. Hat der Schlag gesessen, spaltet sich der Stamm in zwei Teile. Dann braucht man nur noch mit dem Beil kleine Scheite zu schlagen. Langsam habe ich die Bewegung drauf, und es kommt nicht mehr vor, dass ich mein Ziel verfehle. Vor einem Monat brauchte ich dreimal mehr Zeit, um mein Holzpensum zu schaffen. In ein paar Wochen werde ich eine Spaltmaschine sein. Wenn das Metall genau die richtige Stelle trifft und das Scheit sich mit einem Faserschnalzen spaltet, rede ich mir ein, dass Holzhacken eine Kampfkunstart ist.

APRIL

Der See

1. April
Es ist neun Uhr, und ich lese gerade diesen Satz von Michel Déon: »... aber Sie wissen ja, trotz all meines guten Willens ist Einsamkeit das, was am schwersten zu bewahren ist«, als die Tür auffliegt. Vier Fischer platzen ungebeten in die Hütte herein – mit der den Russen eigenen Energie. Wenn die Typen vorhätten, mich zusammenzuschlagen, würden sie auch nicht anders auftreten.

Sie grüßen laut und fröhlich. Ich habe den Motor ihres Lastwagens nicht gehört. Sie sind unterwegs nach Sewerobaikalsk, um ihren im Süden des Reservats gefangenen Fisch zu verkaufen. Vor Schreck habe ich den Tee über meine Ausgabe des *Irischen Intermezzo* verschüttet. Da ist Sania mit den abgeschnittenen Fingern, mein alter Bekannter Igor (dem auch ein paar Fingerglieder fehlen), den ich vor fünf Jahren auf dem Eis kennengelernt habe, Wolodja T. und Andrej, ein Burjate, den ich noch nie gesehen habe. Ich tue, was zu tun ist: ein paar Scheiben von der Wurst abschneiden, die sie auf den Tisch gelegt haben, eine Flasche öffnen und Gläser auf den Tisch stellen. Wir machen uns daran, uns zu betrinken.

Ich bitte jeden, mir zu erzählen, wo er seine Militärdienstzeit verbracht hat. Wolodja war Panzersoldat in der Mongolei (ein Glas auf die Panzersoldaten), Sania Funker an den Ufern des Nördlichen Eismeers (ein Glas auf die Ufer des Nördlichen Eismeers), Igor Matrose auf der Krim (ein Glas auf die Flotte) und Andrej Artillerist in Tscherkessien (ein Glas auf die russische Politik der Befriedung des Kaukasus). Die Posten der russischen Wehrpflichtigen klingen wie Gedichte von Cendrars. Meine Kamera steht auf dem Regal, ich drücke auf den Knopf. Das Gespräch kommt in Fahrt, angeheizt vom Brennen des 40-prozentigen Kedrowaja.

TRANSKRIPTION DES GESPRÄCHS VOM 1. APRIL

Sania: Da sag ich doch: Verdammte Scheiße!

Ich: Morgen ist Morgen.

Sania: Meine lieben Saufbrüder und Zecher! (Zu Igor, während er ihm nachschenkt:) Und du, trinkst du gar nicht? Na bravo!

Andrej: Alles möge gut gehen! Alles heißt alles: Liebe, Familie und so weiter.

Ich: Wo kommt ihr her?

Sania: Vom Kap Schartla. Da ist dieser arme Kerl am Krepieren. Den ganzen Winter lang krepiert er schon vor sich hin.

Igor: Ohne Frau, ohne sonst wen! Allein.

Sania: Sein Chef ist schuld. Er hat ihn vor dem Winter sitzen gelassen und versorgt ihn nicht mit Nachschub!

Ich: Wer ist denn sein Chef?

Sania: Es ist dieser verfluchte … Dingsda … dieses Schwein … der Jäger.

Igor: Neulich hab ich ihn gefragt: »Hast du keine Patronen für das Gewehr?« Er: »Nein, die Wölfe kommen auf ein paar Meter heran, ich werfe Steine nach ihnen, um sie zu verjagen.«

Sania: In der Nähe von Schartla haben wir Wolfsspuren auf der Straße gesehen.

Andrej: Riesengroß, so breit und ganz frisch, meine Fresse!

Sania: Und er, der Typ, geht um vier Uhr morgens raus und sieht zehn Meter vor sich ihre Augen leuchten. »Und dann? Warum hast du nicht geschossen?«, frage ich ihn. Und er: »Ich hab keine Patronen.« Im Januar haben wir ihn wieder besucht. Sein Hund war krepiert. Er hatte nichts zu fressen bekommen. Der Hund lag an der Kette und ist verhungert. Und die Welpen …

Andrej: Die sahen aus wie Skelette.

Ich: Und er, was isst er?

Sania: Keine Ahnung.

Igor: Ich versteh nicht, dass er nicht versorgt wird. Was ist das denn, ein Mann, der im Wald hungert?

Sania: Scheiße. Und den ganzen Winter über fahren da Lastwagen vorbei und keiner hält, keiner schickt ihm irgendwelche Vorräte.

Igor: So was sehe ich zum ersten Mal. Ein Typ lebt da ganz allein. Und es ist allen scheißegal. Nicht einmal ein Schwanz würde in seinem verdammten Loch bleiben.

Sania: Und dabei sieht er glücklich aus!

Ich: Er ist ein Sklave.

Sania: Stimmt, stimmt! Ich traute mich nicht, das Wort zu sagen. Er ist ein Sklave.

Wolodja: Ein Neger, sagt man auf Russisch auch.

Andrej: Nicht mal einen Sklaven quält man so.

Igor: Nein.

Sania: Er hat einen sehr schlechten Herrn. Er ist ein Scheißherr. Kein Herr.

Ich: Aber er hatte keine Wahl. Er hätte nicht in seinem Dorf bleiben können, ohne Arbeit, ohne Geld …

Igor: Aber da verdient er auch nichts.

Sania: Vielleicht ist er hier besser dran. Wenn er in seinem Dorf geblieben wäre …

Igor: Hätte er sich schon totgesoffen.

Sania: Ja! Er hätte sich totgesoffen.

Igor: Klar! Na klar!

Sania: Und da ist er wenigstens am Leben …

Andrej: Genau. Am Leben.

Wolodja: Übrigens, Sylvain, es ist Krise, Europa geht es gar nicht gut, heißt es. Vor allem Griechenland: zusammengebrochen. Auf den Knien. Alles futsch.

Ich: Alles futsch?

Igor: Futsch.

Wolodja: Du wirst nicht mehr heimkönnen.

Sania: Daran ist Griechenland schuld. Griechenland steckt bis zum Hals in der Scheiße.

Wolodja: Ja, in der Scheiße.

Igor: Ja, es ist eine große Katastrophe!

Wolodja: Alles im Arsch, und es gibt da Aufstände.

Sania: Ja, Aufstände, Leute, die rumrennen und schreien!

Igor: Ein demokratischer Saustall.

Sania: Was für ein Glück, dass unsere Kosaken den Franzosen 1812 beigebracht haben, sich zu waschen und den Hals sauberzumachen. Davor gingen die nie ins Bad. Könnt ihr euch das vorstellen? 1812 haben die Kosaken ihnen Banjas gebaut. Das ist eine historische Tatsache. Deswegen hatten sie das Parfum erfunden: Um die schlechten Gerüche der Körper und die schlechten Gerüche der Städte zu überdecken, Frankreich stank an allen Ecken und Enden! Unsere Kosaken, die 1812 hingekommen sind, haben ihnen beigebracht, sich in Bädern zu waschen. Ich schwöre euch, das ist wahr.

Igor: Katastrophe! Albtraum! He, Jungs, unsere Wörter dafür kommen aus dem Französischen, *cauchemar, catastrophe, cataclysme.* Hat Sylvain mir gesagt.

Sania: Kein Wunder.

Wolodja: Meine Fresse.

Hier endet die Aufnahme. Die Russen bringen noch ein paar extravagante Trinksprüche aus, dann stehen sie auf, ohne zu schwanken, schreien, sie müssten »abhauen, verdammte Scheiße«, ziehen ihre Jacken wieder an, beschimpfen ihre Handschuhe, Mützen und Schals, einer von ihnen versetzt der Tür einen Fußtritt und schreit dabei »du Drecksau«, die übrige Hälfte der guten Wurst lassen sie auf dem Tisch liegen und dann fahren sie los, während ich etwas benommen am Ufer stehe, an der Schwelle eines vom Wodka versauten Tages.

Jedes Mal wenn die russischen Fischer meine Hütte besuchen, kommt es mir vor, als hätte eine Kavalleriedivision in meinem Gemüsegarten kampiert. Fatalismus, Spontaneität, Despotismus: Diese mongolischen Charakterzüge sind den Slawen ins Blut übergegangen. In jedem Holzfäller steckt auch ein Nomade. Der schreckliche Marquis de Custine hatte recht: Russland hat »die Aufgabe, die europäische Zivilisation für die Asiaten zu übersetzen«. Weshalb ich eine Stunde damit zubringe, mein verwüstetes Heim wieder in Ordnung zu bringen.

2. April

Heute Nacht waren es minus 20 Grad, und ich habe endlich Filzstreifen unter die Tür genagelt. Am Morgen betrachte ich beim Teetrinken die Botschaften des Reifs auf den Fensterscheiben. Wer kann sie entziffern? Verbirgt sich in diesen Dingen eine Schrift?

Heute Abend gelingen mir endlich meine Pfannkuchen. Pfannkuchen sind wie Kinder: Man darf sie nie unbeaufsichtigt lassen. Ich erfinde den mit geflecktem Saibling gefüllten Blini. Als Erstes einen Saibling angeln. Holz hacken. Feuer machen. Den Fisch mit Dill auf der Glut braten. Blinis anfertigen (mit ein paar Tropfen Bier, wenn keine Hefe zur Hand ist). Das Fischfleisch auf dem Rücken eines Blinis verteilen. Einen zweiten darüberlegen. Das Ganze mit einem Viertelliter temperiertem Wodka herunterspülen.

Ich lasse den Blick durchs Fenster schweifen, während ich esse. Es gibt Leute, deren Nahrung ausschließlich aus der Landschaft stammt, die sich vor ihren Augen erstreckt. Das ist eine Definition des Garten Eden: zurückgezogen in einer Umgebung leben, die du überblickst, die du in einem Tagesmarsch durchwandern kannst und die dein Geist zu erfassen vermag.

Meine Abendessen am Baikal enthalten nur wenig *graue Energie.* Graue Energie steigt explosionsartig an, wenn der Brennwert der Nahrungsmittel niedriger ist als der Energieaufwand, der zu ihrer Herstellung und ihrem Transport notwendig war. Die Orange, die man früher zu Weihnachten verschenkte, war eine Kostbarkeit. Man wusste, dass sie mit grauer Energie angefüllt war, und würdigte den Preis der Reise. Die graue Energie eines von einem laotischen Fischer aus dem Mekong geangelten Wels, der am Flussufer über dem Feuer gebraten wird, ist gleich null. Die meiner Saiblinge, die ich ein paar Meter vom Angelloch entfernt brate, ebenfalls. Aber das argentinische Steak, das von Rindern stammt, die in den Estancias der Pampa mit Soja gefüttert werden, und über den Atlantik bis nach Europa transportiert wird, ist ein Frevel. Die graue Energie ist der Schatten des Karmas: die Abrechnung unserer Sünden. Eines Tages werden wir dafür bezahlen müssen.

LISTE EINIGER HISTORISCHER MAHLZEITEN
MIT NIEDRIGER GRAUER ENERGIE
(ZU ERGÄNZEN)

Das Manna, das dem jüdischen Volk vom Himmel vor die Füße fiel.
Die Jungfrauen, die die Athener dem Minotaurus darbrachten.
Brot und Wein des Abendmahls.
Der Wein bei der Hochzeit von Kana.
Das Blut, das die tatarischen Steppenreiter aus einem Einschnitt am Hals ihres Pferdes saugen.
Die getrockneten Eidechsen des heiligen Pachomius in der Wüste.
Die christlichen Missionare, die mit ihren Segelschiffen auf den malayo-polynesischen Inseln anlegten und von Wilden in den Kochtopf gesteckt wurden.

Anders, als man denken könnte, enthielten die Bären, die ausgehungerte Ukrainer nach dem Fall der Sowjetunion im Kiewer Zoo töteten, eine beträchtliche Menge an grauer Energie: Sie hatten aus Sibirien herangeschafft und in Gefangenschaft gehalten werden müssen. Vor vierzig Jahren überlebten die Überlebenden eines Flugzeugabsturzes, weil sie das Fleisch ihrer Mitpassagiere aßen. Das war ein Schmaus mit hohem Gehalt an grauer Energie: Das Fleisch war mit dem Flugzeug gekommen.

Über dem Kamin von Diane de Poitiers ist folgender Spruch eingraviert: »Keine Speise von weither.« Sich von den Erzeugnissen aus der Region zu ernähren, war damals Ehrensache. Pikardisches, lothringisches *Blut* oder solches aus der Touraine zu haben, bedeutete: seine Adern mit den Früchten der Heimat zu nähren.

Das Blut der Baikalfischer reichert sich mit den Nährstoffen des Sees und des Waldes an. Der Humus, das Wasser und die Luft Sibiriens pulsieren in ihren Adern. Das Geburtsortprinzip sollte im Licht dieser biologischen Feststellungen betrachtet werden. Da das Blut aus der Substanz des Bodens schöpft, verwurzelt sich die Identität eines Menschen in dem geographischen Raum, der ihn ernährt. Wer importierte Konserven vertilgt, ist Weltbürger.

3. April

Ich habe Defoes *Crusoe* angefangen und Tourniers *Freitag* sowie Tom Neales *Südsee-Trauminsel,* seinen Bericht über seine sechs Jahre auf der einsamen Insel Suwarrow, fertig gelesen.

Man kann eine Liste von Eigenschaften erstellen, die allen Schiffbrüchigen eigen sind. Diese gemeinsamen Züge bilden die archetypische Figur des ans Ufer gespülten Einsiedlers.

– Gefühl der Ungerechtigkeit im Moment des Schiffbruchs, gefolgt von Verwünschungen der Götter, der Menschen und der Segelschifffahrt im Allgemeinen.
– Anflüge von leichtem Größenwahn: Der Schiffbrüchige bildet sich ein, er sei auserwählt.
– Gefühl, Herr eines Reiches zu sein und über Untertanen aus der Tier-, Pflanzen- und Mineralwelt zu herrschen: »Wenn es mir beliebte, konnte ich mich König oder Kaiser des Landes nennen, das ich in Besitz genommen hatte. Es gab keinen Rivalen …«, sagt Defoes Robinson.
– Unablässiges Bedürfnis, das Einsiedlerleben zu rechtfertigen, indem man sich bei jeder Gelegenheit die Schönheit dieses Daseins vor Augen führt.
– Widersprüchliches Schwanken zwischen der Hoffnung auf baldige Erlösung und der Abscheu vor jedem Kontakt mit seinesgleichen.
– Panik bei jedem Vordringen von Menschen auf die Insel.
– Empathie mit der Welt der Natur (bis dahin können mehrere Jahre vergehen).
– Bestreben, einen bestimmten Rhythmus für die Zeiten des Tätigseins, des Nachsinnens und der Muße festzulegen.
– Versuchung, jeden Moment des Lebens in ein inszeniertes Spiel zu verwandeln.
– Leicht euphorisierendes Gefühl, am Rande einer irregeleiteten Menschheit eine Wächterrolle zu spielen.
– Gefahr, dem *Elfenbeinturmsyndrom* zu verfallen, dessen schwere Form darin besteht, dass man zugleich meint, man habe die universelle Weisheit inne und könne die Menschen von ihren Sünden erlösen.

4. April
Heute viel gelesen, drei Stunden lang in einem Wiener Licht Schlittschuh gelaufen und dabei die *Pastorale* gehört, einen Saibling geangelt und einen halben Liter Köder eingeholt, durch den Dampf eines schwarzen Tees den See betrachtet, in den Strahlen der 16-Uhr-Sonne etwas geschlafen, einen drei Meter langen Stamm zerlegt und für zwei Tage Holz gehackt, eine gute Kascha gekocht und gegessen und gedacht, das Paradies sei nichts anderes als die Abfolge von all dem.

5. April
In der Nacht Windböen. Der Nordwind rüttelt bis mittags am Waldrand. Das Thermometer zeigt minus 23 Grad. Ein hübscher Frühling! Am Nachmittag wird es etwas milder, und ich mache mich daran, einen Tisch zu bauen. Dicke Zedernäste für die Beine, ein paar Balken als Rahmen und darüber vier Bretter, die unter dem Vordach schlummerten. Ich arbeite drei Stunden, und als es Abend wird, habe ich meinen Tisch. Ich stelle ihn am Strand in den Schnee, da wo die Lichtung auf die kuppelförmige Zeder trifft. Dann setze ich mich auf einen Holzklotz, den Rücken gegen den Stamm gelehnt. Ach, diese Leute, die einem verbieten, die Füße auf den Tisch zu legen. Sie haben keine Ahnung vom Stolz des Tischlers.

Am Abend rauche ich in der Kälte eine Partagas, an meine neue Reling gelehnt. Dieser Tisch und ich, wir lieben uns bereits sehr. Es tut gut, sich auf dieser Erde auf etwas stützen zu können.

Dieses Leben schenkt Frieden. Nicht dass jedes Verlangen in einem erlöschen würde. Die Blockhütte ist kein buddhistischer Baum des Erwachens. Aber die Einsiedelei begrenzt alle Bestrebungen auf das Maß des Möglichen. Indem sich das Spektrum der Tätigkeiten einschränkt, verstärkt sich die Tiefe jeder Erfahrung. Lesen, Schreiben, Angeln, Bergsteigen, Schlittschuhlaufen, Streifzüge durch den Wald … das Leben beschränkt sich auf ein gutes Dutzend Tätigkeiten. Der Schiffbrüchige erfreut sich absoluter Freiheit, aber nur innerhalb der Grenzen seiner Insel. Am Anfang der Robinsonaden versucht der Held stets ein Boot zu bauen, um zu entkommen. Er ist überzeugt, dass alles möglich ist, dass das Glück direkt hinterm Horizont liegt. Wieder ans Ufer gespült, begreift er, dass er nicht entfliehen kann, er kommt zur Ruhe und entdeckt, dass die Begrenzung ein Quell der Freude ist. Man sagt dann, er ergibt sich in sein Schicksal. Der Einsiedler, ergeben? Nicht mehr als der verstörte Städter, der unter den Lichtern des Boulevards plötzlich begreift, dass sein Leben nicht genügen wird, um alle Versuchungen des Partylebens auszukosten.

6. April

Im Ägypten des 4. Jahrhunderts tummelten sich in den Dünen des Wadi an-Natrun eine Menge zerlumpte Mönche. Die Anachoreten rannten in der Nachfolge des heiligen Antonius und des heiligen Pachomius in die Wüste. Ihre irr leuchtenden Blicke erhellten sonnengegerbte Gesichter. Die Wirklichkeit flößte ihnen Entsetzen ein. Für sie war es entwürdigend zu leben. Sie waren Eidechsen essende Gespenster, die die Welt ablehnten und deren Reize fürchteten. Ihre Gefühle waren ihre Feinde. Wenn sie von einem Krug Wasser träumten, dachten sie, Satan führe sie in Versuchung. Sie wollten sterben, um in jenes andere Reich einzugehen, von dem die Heiligen Schriften versichern, es sei ewig.

Die Haltung des Einsiedlers in der Taiga ist das absolute Gegenteil dieser Entsagungen. Die Mystiker versuchten, aus der Welt zu verschwinden. Der Waldmensch will sich mit ihr versöhnen. Jene warteten auf etwas, das nicht von dieser Welt war, er dagegen sucht das Aufblitzen kurzer Freuden, hier und jetzt. Jene wollten die Ewigkeit, er jagt der Erfüllung nach. Jene hofften zu sterben, er strebt nach Lust. Jene hassten ihren Körper, er schärft seine Sinne. Kurz, wenn man eine schöne, mit einer Flasche Wodka begossene Stunde verbringen will, ist es besser, man trifft einen Waldeinsiedler als einen Gottesnarren auf seiner Säule.

In jenen Wüsten stellte die Begegnung mit einem anderen Menschen ein Ereignis dar. Die Anachoreten vergaßen, wie ein menschliches Gesicht aussah, und wenn ein Besucher auftauchte, sanken viele von ihnen auf die Knie, überzeugt, ihnen erscheine ein Dämon.

Genau das dachte ich auch, als heute Morgen Wolodja T. hereinschneite. Er ist mit dem Jeep gekommen, um seine Sachen abzuholen. Warum öffnet sich diese verdammte Tür nie für eine dänische Skimeisterin, die an den Ufern des Baikals ihren 23. Geburtstag feiern will?

»Wodka?«, frage ich Wolodja.

»Nein«, sagt er.

»Trinkst du nicht?«

»Ich habe aufgehört.«

»Wann?«

»Vor zwanzig Jahren, bevor ich hierherkam. Eines Tages war ich aufgewacht, und meine Frau und meine Kinder waren weg. Familie ist besser als Alkohol. Seither sind sie zurückgekommen, aber ich habe nicht wieder angefangen.«

»Und dein neues Leben in Irkutsk, gut?«

»Nicht besonders.«

»Warum?«

»Das Geld. Ich muss immer noch Bären schießen. Für ein Fell bekomme ich 6000 Rubel … ein Monatsgehalt! Ich habe zwei oder drei Leuten welche versprochen, die mir das Geld schon gegeben haben.«

»In Frankreich haben wir ein Sprichwort über Leute, die die Bärenhaut verkaufen, bevor …«

»Ich weiß, red mir nicht davon. Wir auch.«

»Wirklich keinen kleinen Wodka?«

»Nein, sag ich dir, verdammt noch mal.«

7. April

Eine volle Stunde lang die Hütte geputzt. Mein Schilfbesen wirkt Wunder. Ich wische das Wachstuch auf dem Tisch mit dem Schwamm ab und poliere die Fensterscheiben mit Wodka. Und da schon mal Reinemachtag ist, heize ich die Banja an. Am Abend sitze ich blitzsauber mit einem Glas Wodka am Tisch, die Kascha kocht, der Tee steht auf dem Ofen, die Kerzen weinen und der See knarrt: Alles ist an seinem Platz und erfüllt seine Aufgabe. Das Barometer fällt plötzlich, ich höre die Zedernwipfel pfeifen …

8. April

Sturm.

Alles, was von meinem Leben bleibt, sind die Aufzeichnungen. Ich schreibe Tagebuch, um gegen das Vergessen anzukämpfen, um dem Gedächtnis eine Stütze zu bieten. Wenn man über sein Tun und Treiben nicht Buch führt, wozu dann leben? Die

Stunden fließen dahin, jeder Tag entschwindet, und das Nichts triumphiert. Das Tagebuch, ein Kommandounternehmen gegen die Sinnlosigkeit.

Ich archiviere die Stunden, die vergehen. Ein Tagebuch zu führen befruchtet die Existenz. Das tägliche Stelldichein mit der leeren Tagebuchseite zwingt mich, den Ereignissen des Tages größere Aufmerksamkeit zu schenken – besser zuzuhören, lauter zu denken, intensiver zu schauen. Es wäre unhöflich, am Abend nichts zu haben, was ich in mein Notizbuch eintragen könnte. Mit dem täglichen Schreiben verhält es sich wie mit einem Abendessen mit seiner Verlobten. Um zu wissen, was man ihr abends anvertrauen will, ist es besser, man denkt schon am Tag darüber nach.

Draußen herrscht Chaos. Der Wind mit seinen scharfen Zähnen formt neue Schneeverwehungen. Die Böen rütteln an der Waldfront. Die Zedern stecken die Stöße in vorderster Linie ein. Abgerissene Äste segeln über die Wipfel. Der Sturm versucht, die Bäume zu entwurzeln. Was für eine traurige Macht der Wind ist: Er wütet vergeblich. Das Toben eines Sturms zu betrachten, während man an seinem Ofen im Warmen sitzt, ist eine Definition der Zivilisation.

Am Abend betrinke ich mich langsam. Die Blockhütte, eine Entnüchterungszelle.

9. April

Immer noch Sturm. Der Wind läßt nicht nach. Er rennt gegen den Waldrand an. Wofür rächt er sich? Sein Zorn auf das, was bleibt … Der See liegt vollkommen blankgefegt da und glänzt. Ich gehe ein paar Schritte aufs Eis und werde auf den See hinausgetrieben. Eine Böe reißt mir die Schapka vom Kopf. Sie verschwindet innerhalb von zehn Sekunden, mit 100 Stundenkilometern davongetragen. Ich bin drei Kilometer vom Ufer entfernt. Ich wickele mir den Schal wie einen Turban um den Kopf und vergrabe mich in meiner Kapuze. Ich hatte nicht vorhergesehen, dass der Rückweg ohne Steigeisen so schwierig werden würde. Gegen den Wind habe ich alle Mühe, wieder ans Ufer zu gelangen. Ich muss auf die Knie gehen, um dem Wind weniger Angriffsfläche zu bieten. Ich arbeite mich voran, indem ich den Fuß gegen den Rand der Spalten stemme. Vom Wind zu Boden gestreckt über das Eis eines Sees zu robben ist eine Lektion in Demut.

Noch ein paar Stundenkilometer mehr, und der Wind hätte mich wie einen Hockeypuck bis zur Seemitte hinausgetrieben. Dann wäre ich gezwungen gewesen, am anderen Ufer um Hilfe zu bitten, 80 Kilometer weiter in einem burjatischen Dorf: »Hallo, Entschuldigung, ich bin mit dem Wind gekommen.«

Heute Nacht hat die Hütte in allen Fugen gekracht. Das Stöhnen des Holzes verband sich mit den Explosionen des Eises. Wäre ich abergläubisch, hätten mich diese Geräusche in Furcht und Schrecken versetzt.

Ich sitze fest, das macht mich rasend. Ich beruhige mich, als ich in Defoes *Crusoe* lese: »Den 24. Dezember. Es regnete die ganze Nacht, sowie den ganzen Tag, und ich konnte daher nicht ausgehen.«

10. April

Die Dämmerung weicht einem blauen, kalten Tag. Der See reingewaschen. Die Welt ist neu, blankpoliert von 48 Stunden rasenden Windes. Ich trinke meinen Tee in der erneuerten Atmosphäre draußen an meinem Tisch. Kein Lüftchen. Ich nehme ein dumpfes Brummen wahr, das Ohrensausen der Einsamkeit.

Ich untersuche meine Holzkisten. Die Vorräte gehen zur Neige. Ich habe noch Nudeln für einen Monat und genug Tabasco, um sie darin schwimmen zu lassen. Ich habe Mehl, Tee und Öl. Kaffee wird knapp. Der Wodka müsste bis Ende April reichen.

Am Nachmittag probiere ich eine neue Angelstelle aus, eine Stunde Fußmarsch weiter nördlich, an der Mündung eines kleinen Flusses am Fuß einer mit mächtigen Nadelhölzern bewachsenen Böschung. Das Loch ist nicht sehr ergiebig: eine Stunde für einen Saibling. Ich bleibe bis zum Einbruch der Dunkelheit auf meinem Hocker sitzen und hoffe auf ein Zappeln an der Schnur. Das Angeln, letzte Klausel des mit der Zeit geschlossenen Pakts. Wenn man mit leeren Händen zurückkommt, hat die Zeit ihren Fang gemacht. Ich lasse mich darauf ein, stundenlang regungslos dazusitzen. Vielleicht wird am Ende der Geduld ein Fisch anbeißen. Und wenn nicht, egal. Ich werde es den Stunden nicht übelnehmen, dass sie mich umsonst haben warten lassen. Es gibt nicht viele Tätigkeiten, die sich auf eine so unbestimmte Hoffnung gründen. Für mich, der ich nicht mehr an Messiasse glaube, sind die Fische die Einzigen, auf deren Ankunft ich hoffe.

Am Abend, nachdem ich mir den einen Saibling des Tages zubereitet habe, lese ich den *Robinson* zu Ende und beginne *Die Geschichte der Justine oder Die Nachteile der Tugend.* Man muss diese beiden Bücher zusammen lesen. Nicht, um sich Justines Landung auf der Insel eines Schiffbrüchigen auszumalen. Sondern weil Robinson versucht, die Zivilisation neu zu erschaffen und die Moral neu zu erfinden, während der Marquis de Sade versucht, Erstere in die Luft zu sprengen und Letztere zu beschmutzen. Zwei Diener der Kultur auf entgegengesetzten Wegen.

11. April
Nach einer ruhigen Nacht hat der Wind noch stärker wieder eingesetzt. Um zwei Uhr geht ihm erneut die Luft aus. Die Wolken reißen auf, und Sonnenstrahlen ergießen sich über den Baikal. Wenn eine Wolke zum Gegenangriff ansetzt, verschleiert sich das Eis. Die gleißenden Platten überziehen sich mit Schattenstreifen. Die scharfe Klinge gleitet über das Elfenbein und gewinnt an Boden. Dann schwingt sich die Sonne wieder auf und durchbricht die Front. Das Dunkel weicht. Das Licht ist Teil des Spiels von Wind und Zufall.

Inmitten des Schillerns tauchen vier Punkte auf. Durchs Fernglas erkenne ich Radfahrer. Einen Moment lang überlege ich, den Ofen auszumachen, damit der Schornstein meine Gegenwart nicht verrät, dann schäme ich mich für diesen Gedanken.

Die Typen haben das Mittlere Zedernkap hinter sich gelassen und fahren einen Bogen. Sie rollen auf mich zu. In zwanzig Minuten werden sie da sein.

Sergej, Iwan, Sweta und Igor arbeiten im Wasserkraftwerk von Bratsk. In den Winterferien steigen sie auf ihr Fahrrad und fahren über die gefrorenen Pisten. Ich biete ihnen Tee an, sie packen Unmengen Wurstwaren und einen Riesentopf Mayonnaise aus, mit der sie sorgfältig jede Scheibe Wurst bestreichen.

»Wollt ihr noch Tee?«, frage ich.

»Nein«, sagt Igor und tunkt ein Würstchen in die Sauce, »wir essen in einer Stunde in Jelochin zu Mittag …«

»Sie haben hier viele Meisen«, sagt Sweta.

»Ja, sie sind meine Freundinnen und bringen mir Russisch bei.«

Sie schauen mich seltsam an und ziehen schließlich wieder ab.

12. April

Ich breche nach Jelochin auf. Ich habe Lust auf eine dieser Banjas, wie Wolodja sie zu bereiten weiß, mit einer Temperatur von 100 Grad und draußen getrunkenem Bier, wenn die Körper im Angesicht der Berge unter dem Holzvordach dampfen. Zwei Stunden nördlich von meinem Kap lasse ich meinen Schlitten an der Mündung eines gefrorenen Flusses liegen, dessen blankes Eis den Wald entzweischneidet. Die Steigeisen greifen gut, und ich steige 800 Meter zwischen Schieferwänden auf, die mit fast kahlen Tannen gespickt sind. Die Eisdecke ist nur eine Brücke: Ich höre unter dem Gewölbe das Wasser plätschern. An den Ufern wachsen rote Baumtriebe. Ihre im Eis gefangenen Zweige bilden Blutströme in einem Kristallkörper. Der Winter ist ein Schraubstock.

Von der Flussmündung sind es noch sieben Kilometer bis Jelochin. Breite Spalten zwingen mich zu einigen Umwegen. Ich muss mir durch das Labyrinth der Brüche meinen Weg suchen und manchmal über einen Graben springen. Windstöße jagen Schlangen von feinem Schnee vor sich her. Ich laufe gern auf dem Eis: Zusammen mit dem Mond ist das einer der seltenen Orte, wo man sich sicher sein kann, keine Tiere zu zertreten. Ein perfekter Boden für diese Jain-Mönche, die sich bemühen, nicht der kleinsten Mücke etwas zu Leide zu tun …

Die Äderungen des Eises. Sie gleichen dem Faden eines Gedankens. Wenn die Natur denkt, sind die Landschaften Ausdruck ihrer Gedanken. Man müsste eine Psychophysiologie der

Ökosysteme erstellen und jeder Landschaft ein Gefühl zuordnen. Es gäbe die Melancholie der Wälder, die Freude der Gebirgsbäche, das Zögern der Sümpfe, die hohe Strenge der Gipfel, die aristokratische Leichtigkeit der Kabbelsee ... Eine neue Disziplin: Anthropozentrismus der Landschaft.

Wolodja scherzt, als ich an die Tür klopfe: »Hast du Irina keine Blumen mitgebracht?«

»Frauen Blumen zu schenken ist Blasphemie. Blumen sind obszöne Scheiden, sie symbolisieren das Vergängliche und die Untreue, sie stehen weit offen am Wegrand und bieten sich allem an, was vorbeikommt, Insektenrüsseln, Samenwolken, Tiermäulern; man tritt sie mit Füßen, man pflückt sie, man steckt die Nase hinein. Der Frau, die man liebt, müsste man Steine schenken, Fossilien, Gneis, irgendetwas, das ewig hält und das Verblühen überlebt.«

Das hätte ich Wolodja gern geantwortet, aber mein Russisch reicht dafür nicht aus, ich sage: »Doch! Aber sie sind unterwegs verwelkt. Und die Banja, Wolodja, hast du sie vorbereitet?«

»Sie wartet auf dich, Kumpel.«

Am Abend setze ich mich auf die Bank, Wolodjas Kater auf dem Schoß, und schaue zu, wie Burjatien erlischt. Es sind minus zwölf Grad, der Horizont ist ein Satinlaken. Ein Krachen, der Kater stellt die Ohren auf. Ein Hund bellt.

Es ist elf Uhr. Wolodja hat das Radio nicht ausgeschaltet. Ich liege in der warmen Hütte auf dem Boden und wir hören das erste Programm. Da wird die Katastrophe gemeldet. Bei Smolensk ist die Tupolew der polnischen Regierung abgestürzt. Der Präsident ist tot, zusammen mit Dutzenden offiziellen Vertretern. Es soll keine Überlebenden geben. Die Maschine sollte den

Präsidenten zu einer Gedenkveranstaltung zu Ehren der Opfer von Katyn bringen, für die Moskau endlich die Verantwortung übernommen hat.

»Wolodja?«

»Was?«

»Es ist nicht das erste Mal, dass ein russisches Flugzeug eine Menge Polen erledigt!«

»Das ist nicht komisch, verdammte Scheiße, das ist nicht komisch.«

13. April

Die ganze Nacht hat das Radio seine Meldungen ausgespuckt. Im Halbschlaf habe ich gehört, wie die Zahlen immer höher wurden: 95 Tote … 96 Tote … 97 Tote. Gegen zwei Uhr habe ich mir mit zerkautem Papier die Ohren zugestöpselt. Ich habe eine Seite aus *Lord Jim* herausgerissen, langsam zermahlen (schlecht schmeckende Tinte) und mir Conrads Werk tief ins Ohr gestopft – ich dachte, ich würde vielleicht das Meer rauschen hören.

Am Morgen nimmt Wolodja mich mit, und wir gehen seine Fallenlinie ab. Der Auftrag eines Forstinspektors besteht darin, Wilderer daran zu hindern, Tiere niederzumetzeln. Wolodja erfüllt diesen innerhalb der territorialen Grenzen des Reservats. Seine Blockhütte steht am linken Ufer des Flusses Jelochin, an der nördlichen Grenze des Naturparks. Auf der anderen Seite ist die Taiga nicht geschützt, dort stellt er seine Fallen auf.

Er hat seine Skier angeschnallt: zwei mit Pferdefellen beschlagene Holzbretter. Ich folge ihm mit meinen Schneeschuhen. Es braucht drei Stunden, alle Fallen zu prüfen. Wir sinken im Pulverschnee ein. Wir folgen der Linie, wo Berghang und bewaldete Ebene aufeinandertreffen. Eichelhäher stoßen Warnrufe aus. Wolodjas junger Hund schlägt ständig falschen Alarm. Er weiß noch nicht, dass man sein Herrchen nicht wegen eines Eichhörnchens stört. Wolodja bringt ihm das Handwerk bei, indem er ihn anbrüllt: »Diese Hunde sind völlig unerzogen, verdammte Scheiße!« In fünfzehn Fallen zwei Nerze. Wolodja flucht, der Wald sei leer und früher sei alles besser gewesen. Was die Amerikaner mit den Bisons der Prärie getan haben, das haben die Russen mit ihren Mardern gemacht. Sie haben die Pelztiere ausgerottet, um sie den Menschen umzuhängen. Sobald der Mensch in den Wald eindringt, ziehen die Götter sich zurück.

Das werde ich gelernt haben: Man kann am Rand einer Rieseneisbahn leben und sich von Kaviar, Bärentatzen und Elchleber ernähren, sich mit Nerz kleiden, mit umgehängtem Gewehr durch die Hochwälder laufen, jeden Morgen einem der schönsten Schauspiele der Erde beiwohnen, wenn die ersten Sonnenstrahlen das Eis berühren, und doch von einem Leben in einer mit aller Robotertechnik und Hightech-Schnickschnack ausgestatteten Wohnung träumen. Die Versuchung des Einsiedlerlebens folgt einem unwandelbaren Zyklus. Man muss erst den Überdruss am modernen Stadtleben erfahren haben, um sich nach einer rauchenden Hütte in einer Lichtung zu sehnen. Erst wenn man sich im Fett des Konformismus nicht mehr bewegen kann, wenn das Schmalz des Komforts einen eingekapselt hat, ist man reif für den Ruf des Waldes.

Um die Mittagszeit mache ich mich auf den Rückweg. Das Eis ist mit Schneestaub bedeckt und meine Sohlen rutschen. Ich sehne mich nach einem einsamen Abend. Der Nebel verschleiert die Berghänge. Das Ufer bildet sich immer wieder neu.

14. April

Der Winter nimmt kein Ende. Heute Nacht minus 15 Grad. Keine Anzeichen für Tauwetter. Es schneit von morgens bis abends. Man hört die Schneeflocken rascheln. Ich verbringe den Tag in meiner mütterlichen Hütte, meinem Ei, meinem Bau, ich betrete sie voller Dankbarkeit, spüre, wie ihre Wärme mich umhüllt. Die Stunden ziehen langsam vor meinem Fenster vorbei. Ich langweile mich etwas. Dieser Tag ist ein schlecht zugedrehter Wasserhahn, die Stunden tröpfeln hervor. Die Langeweile ist eine aus der Mode gekommene Gefährtin. Dabei gewöhnt man sich an sie. Mit ihr schmeckt die Zeit nach Lebertran. Dann plötzlich verfliegt der Geschmack, und man langweilt sich nicht mehr. Die Zeit wird wieder diese unsichtbare, leichte Prozession, die sich ihren Weg durchs Sein bahnt.

15. April

Ich brauche zweieinhalb Stunden, um aus dem Wald aufzutauchen. Ich folge dem zweiten Tal südlich meiner Hütte hinauf und suche eine Biwakstelle. Trotz der Schneeschuhe sinke ich bis zum halben Oberschenkel ein. Jeder Schritt ein harter Kampf. Ich erreiche den oberen Saum des Waldes um sieben Uhr abends, klatschnass. Ich wähle einen Absatz auf 1200 Meter Höhe, oberhalb eines Geröllfelds. 100 Meter tiefer quert die Spur eines Vielfraßes den Hang. Das Tier macht keinen Winterschlaf. Es ist bitterkalt. Vom Wind freigewehte Zwergkiefern kriechen über rostfarbene Felsblöcke. Burjatien ist ein roter Streifen im Osten. Ich schneide mehrere Armvoll Kiefernzweige, die mir als Matratze dienen werden, und mache im Dunkeln ein Feuer. Ich baue das Zelt auf, werfe die Matratze und meinen Schlafsack hinein. Ich koche mir auf dem Feuer

Nudeln, dann räkele ich mich auf meinem Reisigbett, weicher als ein Sofa des spätrömischen Reichs. Mein Feuer brennt zwischen zwei anderthalb Meter hohen Felsblöcken, deren Wände die Wärme zurückstrahlen. Es herrschen minus 25 oder 30 Grad, aber ich sitze in meinem von den Flammen beheizten Felsengewölbe im Warmen. Und ich starre auf den genauen Punkt, wo die gen Himmel fliegenden Funken verblassen und ein letztes Mal blinken, bevor sie zwischen den Sternen verschwinden. Ich kann mich kaum losreißen, um in mein Zelt zu kriechen, wie ein Kind, das den Fernseher nicht ausschalten will. In meinem Schlafsack höre ich das Holz knistern. Es geht nichts über die Einsamkeit. Um vollkommen glücklich zu sein, fehlt mir nur jemand, dem ich das erklären könnte.

16. April

Ich ziehe den Reißverschluss auf, kneife wegen der grellen Sonne die Augen zusammen, freue mich über das Blau, richte mich auf und empfange das Bild der großartig leeren Ebene tief in ihrem Becken, 800 Meter weiter unten: So beginne ich diesen Tag. In der Nacht hat ein Luchs dem Lager einen Besuch abgestattet. Er hat rund um das Zelt Spuren hinterlassen.

Euphorie des Biwak-Morgens. Man steht da, über dem Wald, man hat die Nacht überlebt und ein kleines Mehr an Leben gewonnen.

Ich klettere weitere 400 Meter nach oben. Um zehn Uhr morgens bin ich nur noch 500 Meter von den Gipfelkämmen entfernt. Die Küste zeichnet eine Sinuskurve – die Kaps sind die Kämme, die Buchten die Täler. Die schwarzen Zacken der Felsvorsprünge ragen wellenartig in die Eisebene hinein, ähnlich jenen Schlachtmustern, in denen die feindlichen Linien eingedrückt und zurückgedrängt werden. Ich kehre an mein Feuer zurück, fache es wieder an, koche Tee, breche das Lager ab und gehe nach Hause. Der Luchs hat in den Spuren des Vielfraßes herumgewühlt, ehe er in den Wald zurückkehrte. Auf dem Schnee kreuzen sich Spuren von Nerzen, Hasen und Füchsen. Der Wald rauscht vor unsichtbarem Leben. Flechten streichen mir übers Gesicht. Vor den Lärchen kneife ich die Augen leicht zusammen: Sie sehen aus wie mit Keulen bewaffnete Riesen. Hätten sich die Wüsteneinsiedler in die Taiga zurückgezogen, sie hätten Religionen voll fröhlicher Geister und Tiergötter erfunden. Die Wüste trocknet aus, und ich denke an den heiligen Bernhard, der sich nach einem Spaziergang beglückwünschte, nichts von der äußeren Welt bemerkt zu haben.

Innerhalb von drei Stunden bin ich zurück bei meiner Hütte. Es sind minus zwei Grad, und ich esse draußen zu Mittag, an meinem Tisch am Strand. Die Meisen wirbeln herum, trunken vor Wärme. Die Eiszapfen am Vordach tropfen. Der erste echte Frühlingstag ist ein wichtiges Datum in einem Menschenjahr.

Der Schatten steigt herab, zieht über den See, zehrt allmählich die weiße Ebene auf und verhüllt die burjatischen Berge, die sich am anderen Ufer aalten, überzeugt, die Dämmerung würde sie nicht betreffen.

17. April

Ein Einsiedler bedroht die Gesellschaft der Menschen nicht. Er verkörpert lediglich die Kritik daran. Der Landstreicher stibitzt. Der Berufsrebell äußert sich im Fernsehen.

Der Anarchist träumt davon, die Gesellschaft zu zerstören, in der er lebt. Der Hacker zettelt heute von seinem Zimmer aus den Zusammenbruch virtueller Zitadellen an. Der Erstere bastelt in Tavernen an seinen Bomben, der Zweite rüstet am Computer Programme auf. Beide brauchen sie die ihnen verhasste Gesellschaft. Sie ist ihr Ziel, und die Zerstörung des Ziels ihr Lebensinhalt.

Der Einsiedler dagegen hält sich abseits, in höflicher Ablehnung. Er gleicht einem Tischgast, der mit sanfter Geste eine Speise ablehnt. Verschwände die Gesellschaft, der Einsiedler würde sein Einsiedlerleben weiterführen. Die Aufrührer dagegen wären arbeitslos. Der Einsiedler widersetzt sich nicht, er nimmt eine Lebensform an. Er prangert keine Lüge an, er sucht nach einer Wahrheit. Er ist körperlich keine Gefahr, und man toleriert ihn, als gehöre er einer Zwischenordnung an, einer mittleren Kaste zwischen Barbaren und Zivilisierten. Iwein, der liebestolle Ritter, irrte nackt durch den Wald. Er begegnete einem Einsiedler, der ihn aufnahm, pflegte, wieder zur Vernunft brachte und zurück in die Stadt führte. Der Einsiedler, Fährmann zwischen den Welten.

Um vier Uhr klappe ich Chrétien de Troyes zu und gehe am Eisloch Nummer 2 angeln, eine Wegstunde nach Norden. Das Eisloch Nummer 1 liegt direkt vor der Hütte. Das Ufer zieht streng an mir vorbei. Diese Wälder strahlen eine Art Freude aus, aber keine Spur Humor. Vielleicht ist es das, was Einsiedlergesichter so gemessen macht und Thoreaus Schriften so ernst. Ich fange drei 20 Zentimeter lange Saiblinge. Sie landen in der Pfanne, mit Preiselbeeren gefüllt und einem Schuss Öl. Ihr Fleisch ist köstlich. Frisch harmoniert es gut mit Wodka. Alles harmoniert gut mit Wodka. Außer die Küsse eines Mädchen. Aber davor bin ich sicher.

18. April

Um acht Uhr morgens steht Sergej in meiner Hütte. Er war bei Wolodja in Jelochin zu Besuch, und ich habe sein Auto auf dem See nicht gehört. Wie immer platzt er herein, ohne anzuklopfen, ich schreie vor Schreck auf und brauche eine gute Minute, bis ich mein inneres Gleichgewicht wiedergefunden habe. Der Tee ist nicht einmal fertig, darum kann ich ihn diesmal auch nicht verschütten.

»Deine Hütte ist ordentlich. Mit Wolodja sagen wir, es ist eine ›deutsche Hütte‹.«

»Ach ja?«

»Willst du mit nach Pokoiniki kommen? Ich bring dich danach zurück.«

»Gut … Machen wir trotzdem noch Tee?«

»Nein, komm, wir hauen ab.«

Zehn Minuten später mache ich das Vorhängeschloss zu und steige in den Wagen. Wir gleiten nach Süden. In Russland geht alles überstürzt vor sich: Das Leben ist ein von Zuckungen unterbrochener Dämmerschlaf. In Pokoiniki sind Bauarbeiten im Gange. Sergej und Jura mit den verwaschenen Augen haben den Frost genutzt, um mitten in den großen Sumpf, in den die Bucht im Norden übergeht, einen Ponton auf Pfählen zu bauen. Sie nennen ihn »die Insel«. Mit Hilfe von Holzhebeln, Wagenhebern und Seilen verbringen wir den Nachmittag damit, einen Metallwaggon auf die Holzplattform zu hieven. Darin ein Bettgestell und ein Ofen.

»Das Reservat endet an der Uferlinie. Was dahinter ist, unterliegt nicht mehr dem Gesetz. Also wird die Insel ein autonomes Gebiet sein«, sagt Sergej.

»Frei?«, frage ich.

»Ja, autonom und frei. Wir haben soeben das ›autonome und freie Gebiet von Pokoiniki‹ gegründet.«

Im Lärchenwald gleiten Schatten vorüber. Es sind Pferde, die geschickt die herumliegenden Stämme umgehen, dumpf dringen ihre Hufe in den Schnee, es klingt, wie wenn einer mit der Faust in ein Federkissen boxt, aus ihren Nüstern dringen Dampfstöße. Die Tiere gehörten zu einem Gestüt, das von den Angestellten der Wetterstation von Solnetschnaja betrieben wurde, zwei Kilometer nördlich von Pokoiniki. Sie sind nach 1991 verwildert, als die Sowjetunion zusammenbrach und die Leute die Station verließen. Bei Einbruch der Nacht irrt ein vier- oder fünfjähriges Pferd mit gesenktem Kopf um die Hütten herum. Es hat sich von den anderen abgesondert, um zu sterben. Es legt sich mit Blick auf den See nieder. Sergej seufzt und gibt ihm mit seinem Dolch den Gnadenstoß. Wir zerlegen es mit dem Beil. Die Innereien dampfen in der Kälte, Eichelhäher beziehen hoch auf den Kiefern Stellung, die Gedärme quellen mit einem leisen Knistern heraus, vollkommen ineinander verschlungen, seidig. Der Abend senkt sich über diese Ergüsse. Die Hunde, die auf ihre Stunde warteten, dürfen sich satt fressen.

Dann ist es dunkel, und ganz Pokoiniki wird von einem großen Ereignis in Aufregung versetzt. Der neue Direktor des Reservats, S. A., ist gekommen, um seine Inspektoren zu besuchen. Er wird von ein paar Handlangern begleitet, die Wodka und Cognac ausladen. Ich schiele auf die Kisten, denn sie enthalten, was ich brauche, um das Bild des Pferdes, wie es schnaufend dem Tod entgegensah, aus meinem Gedächtnis zu vertreiben. Natascha hat Hirschsuppe gekocht. Auf dem Tisch wird ein Buffet nach russischer Art angerichtet: ein wildes Durcheinander von gebratenen Welsfilets, Elchvierteln und sibirischer Dauerwurst. Es wird getrunken bis zur Besinnungslosigkeit.

»Wo sind Sie geboren, Direktor?«, frage ich.

»In der Republik Tuwa«, antwortet er.

»Das ist die Geburtsgegend von Lenin«, sagt Sergej.

»Dann lasst uns auf die Diktatoren trinken, die Staaten und Naturreservate regieren«, sage ich.

»Und auch auf die Tupolews«, meint einer von S. A.s Handlangern.

»Warum?«, frage ich.

»Das beste Flugzeug der Welt, die Polen sind gerade damit abgestürzt.«

Natascha schenkt dem Direktor eine Tüte mit tiefgefrorenem Fisch. Businessman hin oder her, in S. A.s Augen strahlt Freude auf. Hier ist die Erinnerung an die schweren Zeiten noch lebendig.

19. April

Ich vertrage den Cognac schlecht. Es ist neun Uhr morgens, und ich habe einen Druck auf der Stirn, als läge mir eine Eisenbahnschwelle quer über dem Kopf. Jura mit den packeisgrauen Augen weckt mich: Die Netze müssen eingeholt werden. Sascha mit den abgeschnittenen Fingern begleitet uns. Im Lieferwagen lasse ich mich auf einen Haufen Seile fallen und baue weiter meinen Alkohol ab, während ich die beiden Männer über ihr Lieblingsthema palavern höre: »Warum gibt es bei euch so viele Moslems?«

Für einen Muschik bietet Frankreich zwei Gründe zum Staunen: dass das Volk der Großen Armee seine Regierung um Hilfe anfleht, sobald zwei Zentimeter Schnee fallen, und dass es

Vorstädte brennen lässt, während 3000 Soldaten in den Bergen Afghanistans stationiert sind. Jedes Mal, wenn wir uns sehen, fängt Sascha wieder damit an.

Der Waggon steht 15 Kilometer von Pokoiniki auf dem Eis. Im Bretterboden der Blechkabine ist eine Öffnung, die mit einem Eisloch verbunden ist. Ein Gasofen beheizt den Raum, wir arbeiten im Wollhemd. Als Erstes ziehen wir mit einer handbetriebenen Winde, die bei jeder Umdrehung quietscht, Hunderte Meter Seil hoch. Zwei Stunden lang dreht Jura die Kurbel und schaut dabei ins Leere. Dann taucht das Netz aus der Tiefe auf. Die beiden Russen ziehen das Nylonhaar aus dem Wasser und klauben die Omule heraus. Die Plastikwannen füllen sich mit Hunderten von Fischen. Im türkisblauen Licht schenkt der See uns seine Früchte. Das Seltsamste ist, dass er sie nach Tausenden Jahren der Herausforderung weiter schenkt. Das Mittagessen: fünf Fische, in einen Topf geworfen und begossen mit drei Gläsern Samagon, dem karamellfarbenen Schnaps, den Sascha in seiner Datscha in Sewerobaikalsk selbst brennt. Dann bringt Sergej mich zurück nach Hause. Wir schweigen, während wir langsam über die malerische Fläche gleiten. Die Marmorierung des Eises, die Packeisträmmer, die Armee der Kiefern unter ihrer Schneelast und die Faltenwürfe des schwarzen Granits ergeben auf der Leinwand des Himmels ein Bild des Leidens. Daneben wirkt Caspar David Friedrich wie haitianische Volkskunst. Eine Spalte versperrt uns den Weg.

»Die hat sich heute geöffnet«, sagt Sergej.

»Wie kommen wir da drüber?«, frage ich.

»Trampolin …«, antwortet Sergej.

»Und was machst du auf der Rückfahrt?«

»Einen Umweg.«

Die beiden Ränder der Bruchstellen sind oft nicht auf gleicher Höhe. Das Eis wirft sich und hebt einen der Ränder an, und indem sie diesen Höhenunterschied nutzen, schaffen es die Fahrer manchmal, ihre Autos über die Spalten zu bringen. Ich vertraue Sergej, aber ich spüre ein Stechen in der Magengegend, als er sich 50 Meter vor dem Riss bei voller Fahrt bekreuzigt. Wir schaffen es.

20. April

Hier bricht das Tagebuch aus verwaltungstechnischen Gründen für neun Tage ab. Die russischen Behörden zwingen mich, in die Zivilisation zurückzukehren, um mir eine Visumsverlängerung zu holen. Ich reiße mich vom See los, steige in Flugzeuge, belagere Diplomaten und Kulturbeamte, die das ganze Jahr in einem tieferen Winterschlaf verbringen als die Bären, erhalte den gewünschten Stempel, schließe Augen und Ohren, um mich nicht von der Großstadt einsaugen zu lassen, schlafe in höchster Anspannung fünf Stunden pro Nacht, betrinke mich fürchterlich, werfe erneut eine Ladung Lebensmittel und Sommerausrüstung in einen Lastwagen, kehre dahin zurück, wo ich hergekommen bin, erreiche gegenüber der Südspitze der Insel Olchon wieder das Seeufer, wo mich das Gleitboot erwartet, das mich hier abgesetzt hat.

28. April

Die Gleitboote sind Glanzstücke der russischen Stahlindustrie. Diese propellerbetriebene Maschine bewegt sich auf einem Luftkissen vorwärts. Sie fliegt über die Spalten hinweg, die Ende April die Eisfläche mit Narben überziehen. Mit einem Getöse wie von einer Antonow erreichen wir Pokoiniki binnen vier Stunden. Seit meiner Abreise ist das Eis milchig geworden. Es ist etwas angeschmolzen, mattes Perlmutt kräuselt die Oberfläche und bröckelt unter den Schritten. Als wir an Saworotny vorbeikommen, schaue ich bei V. E. herein, der mir zwei von seinen zwölf Hunden anvertraut. Aika ist ein schwarzes Weibchen, Bek ein weißes Männchen. Sie sind vier Monate alt. Sie werden bellen, wenn Ende Mai die Bären bis an die Hütte herankommen werden. Für den Notfall habe ich auch meine Leuchtpistole. Im Fall eines Angriffs braucht man dem Tier nur zwischen die Pfoten zu schießen. Das Knallen und die Lichtgarben genügen in der Regel, um den Bären zur Vernunft zu bringen.

Ich finde die Blockhütte mit der Freude eines Infanteristen wieder, der zurück in seinem Bunker ist. Je nach Stimmung ist meine Behausung ein Ei, eine Gebärmutter, ein Sarg oder ein Schiff aus Holz. Ich verabschiede mich von den Freunden. Oh, welch ein Glücksgefühl, als das Dröhnen ihres Motors verhallt.

29. April

Der Winter ist noch da. Nur die bleich gewordene Fläche des Sees deutet darauf hin, dass der Frühling seine Waffen poliert.

Der Schnee in der Lichtung ist etwas geschmolzen und enthüllt weitere Abfälle, die mein Vorgänger zwanzig Jahre lang angehäuft hat. Das russische Volk, das zu übermenschlichen Anstrengungen fähig ist, um den Feind abzuschlagen, bringt nicht die Energie auf, seinen Müll in eine Grube zu werfen. Ich schaffe Reifen, Maschinengerippe und Motorenwracks hinter die Wände der Banja. Ich schaffe auf der Lichtung wieder Leere. Nebel zieht über die Ufer, bleibt an den Kiefern hängen und lässt sich manchmal von einem goldenen Strahl durchbrechen. In dieser märchenhaften Stimmung gehe ich angeln. Die Hunde folgen mir überallhin. Mein Schatten ist Hund geworden. Die beiden kleinen Wesen sind mir völlig ergeben. Der Hund, dieses humanistische Tier, glaubt an uns. Stellenweise dringt das Wasser durch das Eis und sprenkelt die cremeweiße Glasur mit lapislazuliblauen Flecken. Vor dem Loch warten die Hunde geduldig. Ich gebe ihnen die Innereien der drei Saiblinge, die ich fange.

Der Abstecher in die Stadt hat mich in meiner Liebe zum Blockhüttenleben bestärkt. Die Hütten sind von der Decke der Nacht herabhängende Laternen.

30. April

Die Taiga ist schwarz. Der Schnee verschwindet von den Ästen der Bäume. Die Berge überziehen sich mit dunklen Flecken. Aika und Bek kommen im ersten Licht der Dämmerung unter mein Fenster gelaufen. Wenn einen morgens zwei kleine Hunde freudig begrüßen, bekommt die Nacht die Würze der Erwartung. Die Treue des Hundes fordert nichts, verpflichtet zu nichts. Seine Liebe begnügt sich mit einem Knochen. Die Hunde? Man lässt sie draußen schlafen, man beschimpft sie, man keift sie an, man füttert sie mit Resten und manchmal, zack!, ein Tritt in die Rippen. Was sie an Schlägen abkriegen, geben sie uns an Sabber zurück. Und ich verstehe plötzlich, warum die Menschen den Hund zu ihrem besten Freund gemacht haben: Er ist ein armes Tier, dessen Unterwerfung mit keiner Gegenleistung bezahlt werden muss. Ein Geschöpf also, das genau dem entspricht, was der Mensch zu geben in der Lage ist.

Wir spielen am Strand. Ich werfe den Hirschknochen, den Aika irgendwo gefunden hat. Sie werden nie müde, ihn mir zurückzubringen. Sie würden dafür sterben. Diese Meister lehren mich, die einzige Heimat zu bewohnen, die etwas wert ist: den Augenblick. Unsere Sünde, unsere menschliche Sünde ist, dass wir diesen Eifer des Hundes verloren haben, immer wieder den gleichen Knochen zurückzubringen. Um glücklich zu sein, müssen wir Dutzende von immer raffinierteren Dingen anhäufen. Die Werbung ruft uns ihr »Hol's Stöckchen!« zu. Der Hund hat das Problem des Verlangens auf bewundernswerte Weise gelöst.

Lange Wanderung mit den beiden kleinen Tieren bis zum Südlichen Zedernkap. Über den Himmel ziehen weiße Fetzen, es ist Wind aufgekommen. Durch die Wolken hindurch streichen fahlgelbe Strahlen über die Taiga und besetzen sie mit goldenen Flicken. In den Bergen leuchtet hier und da eine verwitterte Felswand auf. Die schlecht wieder zugefrorenen alten Spalten sind Fallen. Das Auge kann die Dicke der Eisschicht nicht ermessen. Die Hunde bleiben vor einer mit Wasser bedeckten Zone abrupt stehen, sie winseln und weigern sich weiterzugehen, also gehe ich mit vorsichtigen Schritten voran, um ihnen zu zeigen, dass sie durchkönnen. Ein Adler kreist, weit oben. Der Wind wirbelt Paillettengarben auf. Wenn sie einem Sonnenstrahl begegnen, werden sie zu Pyritstaub. Der Wald tost unter den Windstößen. Die Frühlingskräfte sind da. Ich spüre sie, sie sind zum Angriff bereit, wagen sich aber noch nicht an die Wiedereroberung.

Der Himmel ist wild, von der reinen Luft zerzaust, vom Licht aufgewühlt. Bilder von tiefer Schönheit entstehen und vergehen wieder. Ist das die Erscheinung eines Gottes? Ich bin unfähig, auch nur ein Foto zu machen. Es wäre eine doppelte Lästerung: Ich würde durch Unaufmerksamkeit sündigen; und ich würde den Augenblick beleidigen.

Als wir das Kap erreichen, wo ich zehn Kilometer von meiner Hütte entfernt einen Angelversuch machen wollte, habe ich nicht einmal Zeit, meinen Eisbohrer auszupacken. Der wütende Wind gebietet sofortigen Rückzug. Ich renne zurück, die Hunde hinter mir her. Windböen halten uns auf. Sie wirbeln schneidende Kristallpartikel auf. Die Hunde schützen ihre Schnauze mit den Vorderpfoten. Zwei Stunden lang kämpfen wir uns gegen die unsichtbare Hand zur Hütte vor.

Morgen beginnt der Mai. Gibt es in der Taiga Maiglöckchen?

MAI

Die Tiere

1. Mai

Letzten Februar hat Wolodja T. zwei Kilometer nördlich der Hütte im Bogen einer Bucht eine Welsreuse vorbereitet. Sie liegt auf dem Eis, an Holzpflöcken befestigt. Ich bohre das alte Loch auf und versenke das Netz darin, in dem ich zwei Saiblingsköpfe festgehakt habe. Die Hunde halten Wache für den Fall, dass Sirenen aus dem Loch steigen und sich auf mich stürzen sollten.

Ich bin Kaiser eines Ufers, Herr meiner Welpen, König der Nördlichen Zedern, Beschützer der Meisen, Verbündeter der Luchse und Bruder der Bären. Ich bin vor allem etwas blau, weil ich mir nach zwei Stunden Holzfällen einen Schluck Wodka genehmigt habe.

In einem Naturreservat zu leben ist symbolisch: Der Mensch gleitet nur hindurch. Die Spur, die er hinterlässt? Seine Fußstapfen im Schnee. Gegenüber am burjatischen Ufer gibt es ein *»Biosphärenpolygon«*, das niemand betreten darf. Die Idee, Gebiete der Erde zu Heiligtümern zu erklären, in denen sich das Leben ohne die Menschen fortentwickelt, erscheint mir poetisch. Tiere und Götter könnten sich darin unbeobachtet entfalten. Wir wüssten, dass dort wie in einem Refugium wildes Leben fortbesteht, und die bloße Vorstellung gliche einem Elixier. Es ginge nicht etwa darum, dem Menschen die Nutzung der Wälder, der Heiden und der Meere zu verbieten! Sondern ein paar ausgewählte Flecken vor unserer Gier zu schützen. Aber die Kleingeister wachen. Sie feilen an ihren Reden über die Notwendigkeit einer Ökologie im Dienste des Menschen. Sie können es nicht dulden, dass den sieben Milliarden Menschen die Nutzung auch nur der winzigsten Fläche entzogen wird …

2. Mai

Der Hagel lässt die Bronze der Taiga verschwimmen. Der Himmel beschließt, etwas anderes herabzuschicken als Schneeflocken. Ich verbringe den Tag damit, Mircea Eliade zu lesen (ein Buch zum Warten auf den Frühling: *Der Mythos der ewigen Wiederkehr*) und die Lichtung von Wolodja T.s letztem Schrott zu befreien. Am Abend probiere ich ein neues Loch an der Mündung des Flusses der Nördlichen Zedern aus. Ich habe inzwischen vier Angelstellen: vor der Hütte, an der Kapspitze, eine Wegstunde nach Norden und in der Bucht, wo ich gestern die Welsfalle wieder in Gebrauch genommen habe. Ich rauche, während ich auf meinem Hocker sitze und die Fliegenschnur beobachte.

Die Hunde wuseln die ganze Zeit zwischen meinen Beinen herum. Sie haben in mir jemanden gefunden, der ihre Zärtlichkeit erwidert. Sie berechnen nichts und suhlen sich nicht in Erinnerungen. Zwischen Verlangen und Bedauern gibt es einen Punkt, der Gegenwart heißt. Man müsste es trainieren, sich darauf im Gleichgewicht zu halten, wie die Jongleure, die auf einem Flaschenhals stehend ihre Bälle durch die Luft wirbeln. Die Hunde schaffen das.

V. E. aus Saworotny sagte, als er sie mir gab: »Lass sie dir nicht zu nahe kommen.« Ich bin der kläglichste Hundeabrichter östlich des Urals, vollkommen unfähig, Aika und Bek ihre überschwänglichen Liebesbekundungen zu verbieten. Die Leute bringen dem Hund bei, sich hinzulegen, und verkünden, sie würden ihn *dressieren*. Ich akzeptiere die Eskapaden dieser beiden kleinen Wesen, und ein paar Pfotenabdrücke auf den Hosenbeinen nehme ich gern in Kauf.

Wir gehen mit dem Abendessen nach Hause: drei gefleckte Saiblinge. Die Hunde werden heute Abend die Köpfe und die Innereien bekommen, unter ihr sonstiges Futter aus Mehl und Schmalz gemischt. In der Ferne bricht die Sonne durch. Das Paradies hätte hier angesiedelt sein sollen: eine unfehlbare Herrlichkeit, keine Schlangen, die Unmöglichkeit, nackt zu leben, und zu viele Dinge zu tun, um Zeit zu haben, einen Gott zu erfinden.

3. Mai

Heute Morgen wickelt sich die Dämmerung in Tüllschleier. Ich gehe das »weiße Tal« flussaufwärts. Im Wald ist der Schnee mit Wasser vollgesogen. Die Hunde haben die größte Mühe, mir zu folgen, sie brechen in den Spuren meiner Schneeschuhe ein. An der Stelle, wo ich den Fuß des Hangs erreiche, der zum Granitgrat hinaufführt, hat ein Bär die Talsohle durchquert. Der Winterschlaf ist zu Ende. Das Erwachen der Bären, die Rückkehr der Bachstelzen und das Bröckeln des Eises sind die Botschafter des Frühlings. Ich habe die Pistole am Gürtel, die Hunde als Vorhut, mir droht keine Gefahr. Die Bären wissen außerdem, dass der Mensch des Bären Wolf ist, und gehen Begegnungen aus dem Weg.

Ich befinde mich auf 1000 Meter Höhe auf der Gratschneide. Ich sitze gegen einen Felsblock gelehnt auf einem Zwergkiefernast, die Füße über einer Reihe goldgelber Lärchen ins Leere baumelnd, und schaue zu, wie der Nebel die Ufer erreicht. Gleich einer cremigen Walze stößt er gegen den Waldrand. Ich schneide eine Partagas an. Einem Havanna-Liebhaber bereitet es Lust, sich mit Rauch zu umhüllen. Die Rauchwolken, Zeichen eines harmlosen Opfers, verbinden den Menschen mit den Göttern. Ich mag den Nebel, diesen Weihrauch des Bodens. Jeder Raucher träumt davon, in seinen Schwaden zu verschwinden.

4. Mai

Heute Morgen ist die Landschaft wieder unter ihrem Schnee von einst begraben. Am nördlichen Horizont taucht ein Motorradgespann auf und hält an meinem Ufer. Die Hunde bellen nicht – kein gutes Zeichen in Bezug auf ihre Fähigkeit, Bären abzuwehren! Es ist Oleg, ein Fischer, dem ich ein oder zwei Mal begegnet bin. Er ist unterwegs von Jelochin nach Saworotny. Er fährt eine uralte 350er Izh Planeta, eine Maschine aus den achtziger Jahren, die besser ist als die Ural 650, was die Mechanik angeht, aber nicht den Schick der Militärgespanne hat. Oleg stimmt mir darin zu.

Der Wodka ist gut, es schneit, und Oleg hat Gurken mitgebracht. Wir schneiden sie in Scheiben und essen mit jedem Schluck eine davon. Oleg hat lange nicht mehr geredet.

»Wenn ich daran denke, dass ich vor Kapitalisten Angst hatte, dabei bist du so nett. Du musst öfter nach Jelochin kommen. Wir werden noch vierzehn Tage über den See fahren können, bevor es überall bröckelt und man keinen Schritt mehr machen kann, ohne zu riskieren, dass man einbricht. Die Gänse und die Enten kommen jetzt bald, wirst sehen, eines Morgens sind sie da, eingeflogen aus China oder Thailand oder aus irgendeinem dieser verdammten Paradiese. Einmal sind die Gänse bei mir gelandet, gleich am See, und haben in meinem Kahn genistet. Da sind Jäger gekommen und wollten sie abknallen. Ich habe mich dazwischengestellt und zu ihnen gesagt: Versucht es nur, und ich hau euch in die Fresse. Ich mag es nicht, wenn man auf die Vögel schießt, die in meinem Boot schlafen. Letztes Jahr habe ich ein Robbenbaby gefunden, das an meinem Kieselufer gestrandet war, ich habe es den ganzen Sommer gefüttert.«

Ich stelle mir Oleg mit seinen groben Pranken vor, wie er dem kleinen Tier die Flasche gibt. Vorhin, als das Motorrad herankam, habe ich gedacht: »Hoffentlich fährt dieser Mistkerl, der meine Stille stört, weiter.« Jetzt sind wir zwei Brüder und leeren einträchtig unsere Wodkaflasche.

»Übrigens«, sagt er, »Irina schenkt dir dieses Päckchen Hefe.«

Nachdem wir den Liter Gift geschafft haben, fährt Oleg wieder, und ich lasse mich auf mein Bett fallen.

5. Mai

Burjatien gibt uns die Sonne um 6 Uhr 30 wieder.

Die Hefe ändert bei den Blinis alles.

Die Hunde haben den Bachstelzen den Krieg erklärt.

Mit seiner dünnen Schneeschicht erinnert der See an den Salar de Uyuni.

Ich brauche drei Minuten, um einen der Kiefernklötze zu spalten, die Sergej vor drei Monaten von einem Stamm abgesägt hat.

Nachts sind es minus zehn Grad, und am Tag steigen die Temperaturen kaum über null.

Birkenrinde ist besserer Zunder als trockenes Moos.

Der schwarze Hund ist auf dem Eis von Weitem zu sehen.

Im Sommer wird er auf den hellgrauen Stränden auch weniger gut getarnt sein als der weiße.

Um die Axt zu schärfen, genügt ein geduldig über die Klinge gezogener Kiesel.

Die Fische sammeln sich natürlicherweise am Nadir der Angellöcher.

Mit Wasser verdünnter Wodka ergibt ein ordentliches Fensterputzmittel.

Es ist dumm, die Sturmlampe an die Decke der Hütte zu hängen, wie ich es gestern getan habe: Die Dachbalken könnten Feuer fangen.

Es ist durchaus eine Freude, sein Zuhause in Ordnung zu halten.

Den Saibling in Pergamentpapier zu garen, ohne ihn zu schuppen und auszunehmen, verstärkt seinen Geschmack.

Um sieben Uhr berührt das Tageslicht meinen Tisch, um 14 Uhr das Fußende meines Betts und um sechs Uhr abends verschwindet die Sonne hinter den Bergkämmen.

Noch ist kein Insekt aus dem Schlaf erwacht.

Beim fünften Glas Wodka wird es schwierig, dem nächsten zu widerstehen.

Wenig zu tun zu haben, bringt einen dazu, allen Dingen Aufmerksamkeit zu schenken.

Das waren die Feststellungen des Tages.

6. Mai

Das Eis ist der Zeitmarker. Der Frühling wird ihm bald den Gnadenstoß geben. Das Wasser hat die Eisdecke infiltriert und winzige senkrechte Furchen hineingegraben. Das Eis ist wurmstichig. Man muss den Tag abpassen, an dem sie zu Kristall-

Grissini zerfallen wird. Die pockennarbige Schicht hat ihre schöne, metallharte Obsidianoberfläche verloren. Das Perlmutt bröckelt.

Ich mache endlose Spaziergänge mit Aika und Bek. Ich komme und gehe von Kap zu Kap, und die Raben lachen jedes Mal höhnisch.

7. Mai

Diese mit Welsen überfüllte Reuse im eisigen Wasser ist ein Albtraum. Sie sitzen zu sechst in der Falle. Mir wird klar, warum so viele Völker den Fisch als dämonisches Wesen betrachten. Die Katzenfische haben ein Maul wie chinesische Ungeheuer und einen glitschigen Körper in Bronzegrün und Gelb ... Sie haben etwas von Tolkiens Gollum. Vier lasse ich wieder frei, die beiden größten behalte ich und töte sie mit einem Schlag in den Nacken. Nicht einmal die Hunde wagen es, sich den schlaffen Leibern zu nähern. Ach, welche Freude, einem Tier die Freiheit wiederzugeben. Ein Gruß in Gedanken an den Kommandanten Charcot, der, kurz bevor er mit seinem Schiff vor Island sank, den Käfig seiner Möwe öffnete. Auf dem Holztisch am Strand nehme ich die Fische aus und heize dann den Ofen ein. Welsfleisch ist gummiartig, intensiv im Geschmack, leicht abstoßend. Es gibt viele Arten, es zuzubereiten, aber am Besten brät man es in Mehl an, damit die fette Panade den modrigen Geschmack überdeckt. So machen es die Engländer mit allem, was sie in die Finger bekommen. Ich erinnere mich noch an die öligen Zeitungsseiten, die uns in den Fish-&-Chips-Buden von Brighton als Unterlage dienten. Die kleinen Hunde bekommen einen Eintopf. Und mir behalte ich eine Delikatesse vor: Welsleber, in der Pfanne gebraten und mit einem Schluck Wodka begossen.

Seit Monaten verzehre ich in rauen Mengen Fisch, und ich beginne mich zu verwandeln. Mein Charakter wird lakustrisch, ich werde schweigsamer, träger, meine Haut wird weiß, ich verströme einen Geruch nach Fischschuppen, meine Pupillen weiten sich, und mein Herz schlägt langsamer.

Lange Wanderung über den See bis zum Mittleren Zedernkap. Der Wind trägt den Geruch von nassem Holz auf den See hinaus. Die leichten Plustemperaturen haben den Duft der Taiga freigesetzt. Der Frühling ist erst ein leichtes Beben, aber die Sonne am noch kalten Himmel bildet einen warmen Punkt. In den Spalten ist das Wasser getaut. Wenn eine von ihnen zu breit ist, kommen die Hunde nicht darüber. Dann nehme ich einen auf den Arm, springe über die Bruchstelle, komme zurück, um den anderen zu holen, der leise winselnd darum fleht, dass man ihn nicht zurücklässt …

Bei den Mittleren Zedern eine verfallene Blockhütte. Dort versteckte sich ein Mann bis zum Fall der Sowjetunion 1991. Wenn der KGB nahte, flüchtete er in die Berge und blieb ein paar Tage dort, bis die Gefahr vorüber war. Ich konnte nicht in Erfahrung bringen, ob er ein Dissident oder ein Deserteur war. Heute ist da nur noch eine Hütte mit eingestürztem Dach. Wenn ich sie betrete, denke ich an den Mann. Nach Jelzins Aufstieg ging er zurück nach Irkutsk und starb dort sehr schnell. Ich hätte ihn gern kennengelernt, er hätte bei mir jederzeit einen gedeckten Tisch vorgefunden. Zwischen den Trümmern der Dachbalken finde ich einen Öllampensockel und eine Tasse.

In Russland streckt der Wald allen Gestrandeten seine Äste entgegen. Aufständische Bauern, Banditen, reine Herzen, Widerständler, alle, die nur ungeschriebene Gesetze ertragen, gehen in die Taiga. Ein Wald hat noch nie jemandem das Asyl verweigert. Die Fürsten dagegen schickten ihre Holzfäller aus, um die Wälder abzuholzen. Ein Land zu verwalten, heißt in der Regel, es zu roden. In einem ordentlichen Königreich ist der Wald die letzte Bastion der Freiheit, die es niederzureißen gilt.

Der Staat sieht alles; im Wald lebt man versteckt. Der Staat hört alles; der Wald ist eine Kathedrale des Schweigens. Der Staat kontrolliert alles; hier gelten nur uralte Regeln. Der Staat will gefügige Untertanen, trockene Herzen in vorzeigbaren Körpern; die Taiga lässt die Menschen verwildern und entfesselt die Seelen. Die Russen wissen, die Taiga ist da, wenn die Dinge schieflaufen. Diese Vorstellung ist im Unbewussten verankert. Die Städte sind zeitweilige Phänomene, die von den Wäldern eines Tages wieder überwuchert werden. Im Norden, in den unermesslichen Weiten Jakutiens, hat dieser Verdauungsprozess bereits begonnen. Dort erobert die Taiga Minenstädte zurück, die im Zuge der Perestroika verlassen wurden. In hundert Jahren werden von diesen Gefängnissen unter freiem Himmel nur noch von dichtem Laub verborgene Ruinen übrig sein. Eine Nation prosperiert auf der Grundlage eines Ersetzungsprozesses: Die Menschen verdrängen die Bäume. Eines Tages wendet sich die Geschichte, und die Bäume wachsen nach.

Refuseniks aller Länder, zieht in die Wälder! Ihr werdet dort Trost finden. Der Wald urteilt über niemanden, sein Gesetz gilt einfach. Sein jährliches Fest gibt er Ende Mai: Das Leben kehrt zurück, und das Dickicht schwillt fieberhaft an. Im Winter fühlt man sich nie allein: Der Schrei eines Rabenvogels, der Besuch der Meisen und die Spur der Luchse vertreiben die Angst. Falls man melancholisch wird, braucht man nur an das schöne Prinzip der Regeneration zu denken: Die Bäume sterben, fallen und verfaulen. Und auf dem Humus, dem Gedächtnis des Waldes, wachsen neue Bäume und beginnen ihren ein oder zwei Jahrhunderte währenden Aufstieg gen Himmel.

Bek, der weiße kleine Hund, blutet. Das Eis hat ihm die rechte Vorderpfote aufgeschürft. Ich massiere sie mit einer Mischung aus Öl und Welsfett. Hat die Evolution vorgesehen, dass Katzenfischleber die Wundheilung sibirischer junger Hunde fördert?

8. Mai

Über die weißgraue, mit sprudelnden Verletzungen durchzogene Ebene breche ich zu einem Höflichkeitsbesuch bei Wolodja in Jelochin auf. Beks Pfote geht es besser. Die Hunde trotten Seite an Seite voran, und wir schaffen die Strecke in fünf Stunden. In der Bucht von Jelochin müssen wir uns einen Weg durch das Labyrinth der Spalten suchen. Ein großer Adler kreist, vielleicht bewacht er eine tote Robbe.

Ich sitze an Wolodjas Tisch und schaue durchs Fenster, wo Bilder des ewigen Russlands vorbeiziehen. Um die abgelegenen Gebiete zu bezeichnen, verwenden die Russen den Begriff *Glubina:* Tiefe. Irina mit ihrem Kopftuch füttert im Gemüsegarten die Gans. Ein Ziegenbock kommt vorbei, gefolgt von einer Katze. Dieses Fenster gleicht einem Gemälde von Repin. Es könnte heißen: *Ein Tag in Sibirien.* Die Hunde streiten. Als wir in Jelochin angekommen sind, haben sich Bek und Aika mit ihren vier Monaten auf die fünf Fleischerhunde von Wolodja gestürzt, um ihnen die Kehle durchzubeißen. Sie haben ordentlich was einstecken müssen, aber ich habe sie für ihren Schneid gelobt. Wolodja hält eine Tasse Tee in seiner riesigen Pranke und beißt in eine Zitrone. Im Radio singt Yves Montand *Les feuilles mortes,* es knistert ein wenig. Ein Moderator setzt zu einer

Rede zum Ruhm der Roten Armee an. Morgen ist der 9. Mai, Tag des Sieges. Die Russen von 2010 können es noch immer nicht fassen, dass sie die Faschisten geschlagen haben. 65 Jahre fallen nicht ins Gewicht: Es wird über den Sieg geredet, als wäre es gestern gewesen.

»Wolodja, was gibt es sonst für Neuigkeiten, außer dass ihr vor 65 Jahren gewonnen habt?«

»Nichts. Doch, in Florida, eine Ölpest: Alle amerikanischen Küsten sind versaut.«

Wir gehen die Elchfallen ab. Das Verfahren ist schlicht. Ein Stück Blech, mit fünf Sägestichen sternförmig eingeschnitten, wird über ein Loch gelegt und mit Gras zugedeckt. Ein Salzblock lockt das Tier an. Wenn es das Bein auf die Falle stellt, bricht es durch und ist gefangen. Elchtrophäen werden in der Stadt hoch gehandelt. Der Mensch fühlt sich berufen, den Wald zu leeren.

Am Abend: »Hast du ein Schachspiel, Wolodja?«

»Ja. Das zweitintelligenteste Spiel nach Tauziehen.«

Wir spielen, ich verliere und lese Morands *Fouquet* zu Ende. Ich übe mich darin, mich in Lektüren zu vertiefen, deren Kolorit mich genau ins Gegenteil meines derzeitigen Lebens befördert. Der Exotismus besteht darin, durch politische Intrigen zu navigieren, durch die Chinoiserien des Hofs von Versailles, durch die Hassgefühle Mazarins und die Leidenschaften der Jansenisten, während der Wind sanft durch die sibirischen Zedern streicht. Frage: Wer hätte es länger ausgehalten, Wolodja am Hof Ludwigs XIV. oder der Prinz von Condé in der Taiga? »Vor Fouquet zittert die Natur«, schreibt Morand. »Man möchte meinen, sie krieche am Boden, damit man sie vergesse, so oft haben die Prediger und Tragöden ihr vorgesagt, sie habe keine Rechte über den Menschen.« Ich bin in eine Hütte gezogen, um zu vergessen, was Prediger und Tragöden uns vorbeten.

9. Mai

Morand im zweiten Kapitel: »Es gibt drei Arten, das Leben anzugehen: Erst das Vergnügen, der Ernst dann später; oder am Anfang hart arbeiten, um sich gegen Ende zu belohnen; oder aber Vergnügen und Arbeit miteinander verbinden.« Die Hütte ist der Ort der dritten Art.

Um acht Uhr morgens taucht südlich der kleinen Lichtung von Jelochin ein 300 Kilo schwerer Bär auf und streift auf der Sandböschung herum. Um die Tiere anzulocken, hat Wolodja ein paar Kanister mit Robbenfett gefüllt. Er murmelt: »Ach, wenn er nur 500 Meter weiter nördlich wäre, außerhalb des Reservats, dann könnten wir ihn schießen.« Mich überkommt Verzweiflung. Man müsste uns gleich bei der Geburt ein Stückchen Neocortex entfernen. Um uns das Verlangen zu nehmen, die Welt zu zerstören. Der Mensch ist ein launisches Kind, das meint, die Erde sei sein Zimmer, die Tiere sein Spielzeug, die Bäume seine Rasseln.

Die gestrige Lektion hat gefruchtet, Aika und Bek bleiben dicht bei mir und nähern sich den anderen Hunden nicht mehr. Aber als wir das eingezäunte Gelände der Isba wieder betreten, fällt Wolodjas heulende Meute über meine beiden Lieblinge her. Ich stürze mich ins Gewühl und versuche mit Fußtritten in haarige Flanken meine Welpen zu beschützen, während Wolodja das Bellkonzert übertönt und mir zubrüllt, ich solle sie »ihre verdammte Rangordnung selbst ausmachen lassen«. In dem Moment kommt der schwarze Kater angeschossen, der sich gestern mit Aika angefreundet hat, und schlägt die Rudelführer mit ein paar Krallenhieben in die Flucht. Ich verleihe ihm umgehend den »kaiserlichen Orden der Nördlichen Zedern für geleistete Dienste an der Leibgarde«, und nachdem ich Irina auf die frischen Wangen geküsst habe und Wolodjas Umarmung mir fast die Rippen gebrochen hätte, mache ich mich auf den Heimweg.

Unterwegs eine Robbe. Sie sonnt sich am Rand einer Spalte, von wo sie sich im Notfall ins Wasser fallen lassen kann. Im Schutz einer überstehenden Packeiskante krieche ich übers Eis. Hat sie mich gehört? Ist es der schwarze Fleck, den Aika auf der elfenbeinernen Fläche bildet? Als ich noch 200 Meter entfernt bin, verschwindet sie.

Es ist wärmer geworden, und die Rauchfahne meines Ofens zeichnet lang anhaltende Spiralen in die Luft, beruhigend wie der Schleier der Zigaretten am Abend.

10. Mai

Heute Morgen hat die Dämmerung ihr frühes Versprechen wieder gehalten: Die Sonne ist pünktlich erschienen, und der Himmel ist operettenblau. Ich gehe auf den See hinaus, um die vom Schnee befreiten Berge ganz in den Blick zu bekommen. Nur die Gipfel und der Grund der Schluchten sind noch weiß. Auf dem See bricht der Rand einer Spalte, über die ich setze, glatt ab. Ich bin zu kurz gesprungen und falle ins Wasser. Das Wichtigste ist, nicht unter die Eisdecke zu geraten. Auf dem Rückweg wird es frisch. Die Spalten des Sees, wie Gletscherspalten auch, erwarten allzu leichtsinnige Menschen mit tödlichen Küssen.

Nachmittags steige ich zum Wasserfall auf. Im Unterholz bleibt der Schnee noch an den Schneeschuhen kleben, und die

Zwergkiefern erschweren das Gehen mehr denn je. Ich muss mich auf die Geröllfelder stützen, um voranzukommen. Die Hunde machen Fortschritte in der Kunst des Felsenkletterns. Am Rand des Einschnitts, der zum Wasserfall führt, bereitet der Frühling seine Weihe vor. Zarte Kräfte brechen durch. Haarige Berg-Kuhschellen zittern in der Sonne. Zwischen den Firnfeldern sind Gräser gewachsen. An einer Stelle ist noch eine alte Spur von mir. Ein Bär ist ihr gefolgt, bevor er zum Bach hinuntergegangen ist. Ameisen rieseln über die Seiten ihrer Nadelstädte. Man könnte meinen, sie wären unterwegs zu einem Sonnenkult am Fuß einer (leicht erodierten) präkolumbianischen Pyramide. Der Wildbach hat sich befreit und verschwindet an der Mündung des Tals wieder unter dem Eis. Der Berg taut. Die Abhänge sind voll sprudelnder, mädchenflinker Ströme, die eilig dem See entgegenlaufen. Die Erlenknospen haben ihre Schuppen durchbrochen. Die Azaleenbüsche sind mit lila Blüten bedeckt. Die wächsernen Blätter verströmen den Duft von Möbelpolitur. Die Schüchternheit der Natur bildet den Auftakt ihres Triumphes.

Zwei gegensätzliche Impulse führen zur Wiedergeburt. Das Hervorbrechen dessen, was in der Erde begraben, und das Sich-Ergießen dessen, was in den Höhenlagen gefangen war.

Was sich ergießt: das Wasser, das von den Gipfeln herabstürzt, die Wildbäche, die das Gesicht der Abhänge reinwaschen, die Ameisen, die aus ihren Kesseln hervorquellen, der Baumsaft, der auf der Rinde der Kiefern perlt, die Eiszapfen, die dem Boden entgegentropfen, die Bären und Hirsche, die die Hochplateaus verlassen, um an den Ufern Nahrung zu finden.

Was hervorbricht: die Larven im Boden, die zu Milliarden ausschlüpfen, die Stängel, die Blüten am Ende der Stängel, die

Fischschwärme, die nach dem Winter in der Tiefe an die Oberfläche zurückkehren. Und ich werde heute Abend ruhig in meiner Hütte sitzen und rauchen, am Schnittpunkt zwischen Aderlass und Erstehen …

Oben ist der Wasserfall noch gefroren, aber seine Befreiung ist nah. Eine Frage von Tagen.

Am Abend fange ich in einer Stunde drei Saiblinge. Seltsamerweise gibt der See mir nie mehr, als sehe er stets einen meinen Bedürfnissen entsprechenden Fang vor. Darin liegt ein Geheimnis, das vor sündigem Übereifer bewahrt. Eines Tages, in der Steinzeit, muss einmal ein Mensch mehr geangelt haben, als er essen konnte. Er war der Vorbote der Hybris und der heutigen Plündereien. Die andere – wahrscheinlichere – Erklärung für meine magere Ausbeute ist, dass ich ein miserabler Fischer bin.

Heute eine Möwe gesehen. Und ein Birkhuhn an der Spitze des Nördlichen Zedernkaps. Mein Blick fiel zufällig darauf, sonst wäre ich ein paar Zentimeter an ihm vorbeigegangen, ohne es zu bemerken.

Der Abend lässt die burjatischen Kämme in rosa und blauen Pastelltönen schillern. Die Berge? Zum Anbeißen.

Das Eis wird nicht mehr lange halten. In der Nähe meines Wasserlochs schlage ich binnen einer halben Stunde ein neues Loch von einem Meter Durchmesser, mit einem Gefühl, als würde ich in Zucker graben. Beim Licht der Sturmlampen tauche ich in diesen neuen Brunnen ein. Das tun die Russen im Januar zum Epiphanias-Fest um ihres Seelenheils willen. Das zwei oder drei Grad kalte Wasser beißt mich in die Beine und schnürt schließlich meinen ganzen Körper ein. Die Zigarre gibt eine Illusion von Wärme. Das Herz wirkt überrascht, dass man es einer derartigen Behandlung unterzieht. Das menschliche Gehirn ist eine Art aristokratischer Generalstab, dem es gefällt, dem Körper Sträflingsarbeiten aufzuerlegen. Die graue Substanz schwimmt im angenehm warmen Nervenwasser, während der Rest sich quält.

Ich steige Hals über Kopf wieder aus dem Loch, weil ich plötzlich Visionen habe von riesigen Welsen, die durchs Wasser gleiten, und von *Epischura* auf der Suche nach Nahrung. Der Baikal verdankt seine Sauberkeit seinen Aasfressern.

11. Mai

Von meinem früheren Leben fehlt mir nichts. Diese Gewissheit schießt mir plötzlich durch den Kopf, während ich meine Blinis mit Honig bestreiche. Nichts. Weder mein Besitz noch meine Lieben. Diese Vorstellung hat nichts Beruhigendes. Entledigt man sich denn so einfach der Kleider, die einem 38 Lebensjahre auf den Leib geschneidert haben? Aber man hat alles, was man braucht, wenn man sein Leben rund um die Vorstellung organisiert, nichts zu besitzen.

Ich entdecke durchs Fernglas eine Robbe, zwei Kilometer entfernt. Ich pirsche mich in weitem Bogen an und achte darauf, immer im Gegenlicht zu bleiben. Zwischen ihr und mir liegt eine fünf Meter breite Spalte. Darin treiben Eisschollen, die als schwimmende Brücke dienen. Ich springe von Scholle zu Scholle. Ich bin noch 100 Meter von der Robbe entfernt, als sie mit einem kurzen Platschen in ihrem Loch verschwindet.

Am Abend rennen die kleinen Hunde zwei Stunden lang hinter einer Bachstelze her, die eine erstaunliche Geduld an den Tag legt. Dann balgen sie sich um ein Rehbein.

12. Mai

Ein Tag am Nördlichen Zedernkap:

Um sechs Uhr morgens in den Himmel schauen. Das Feuer anzünden (ihm dabei freundliche Worte zuflüstern) und hinausgehen, um Wasser zu holen. Feststellen, dass das Thermometer minus zwei Grad anzeigt. Einen Blini essen, dazu kochend heißer Tee. Durch den Teedampf hindurch den See betrachten. Ihn noch einmal betrachten, aber durch den Rauch des ersten Zigarillos. *Frühes Versprechen* fertig lesen, dazu Irinas Beeren essen. Die vier Ameisenhaufen besuchen, die 300 Meter voneinander entfernt meine Hütte umgeben, und deren Befestigungsarbeiten beaufsichtigen. Mit dem Fernglas nach den schwarzen Flecken der sich sonnenden Robben suchen. Die Öllampe zeichnen und versuchen, die Transparenz des Glases wiederzugeben. Die Messerscheide reparieren, die bei der vorgestrigen Wanderung gelitten hat. Holz hacken. Die Hunde mit Welsresten füttern. Die abendliche Kascha kochen. Binnen 40 Minuten am nächstgelegenen Loch die zwei Fische angeln, die es dazu geben wird. Daran denken, was dieser Tag hätte sein können, wenn meine Liebste hier wäre, der einzige Mensch auf Erden, der mir fehlt, selbst wenn er bei mir ist. Nicht an die Gründe denken, die sie davon abgehalten haben herzukommen. Sich wegen der Unmöglichkeit, nicht daran zu denken, langsam betrinken. Sich über die hereinbrechende Nacht freuen, die den Pelz meines Katers verbergen wird.

13. Mai

Es regnet und ist kalt, und von den Zweigen der Zedern rieselt es lackartig herab. Schönheit wird die Welt nie retten, höchstens gibt sie für die Massaker der Menschen eine schöne Kulisse ab.

Über dem See liegt graue Stille. Was brütet dieser schlaffe Tag aus? Ein Aufbäumen des Winters? Nein, der Frühling ist schon zu weit fortgeschritten. Das Schöne an den Jahreszeiten ist, dass jede der nächsten höflich ihren Platz überlässt. Keine klammert sich fest. Gegen fünf Uhr passiert endlich etwas: Die Wolken reißen auf. Das Blau des Himmels löst die Watte auf. Die graue Masse bricht auseinander, und Nebelbänder packen die Taiga am Hals. Schnell, ein Glas! Möge der Wodka mir helfen, die Nuancen dieser Verwandlungen besser zu erfassen! Ach, wenn ich Wein hätte … Aber der Kedrowaja wird es auch tun. Beim fünften *Shot* verstehe ich, was *im Inneren* der Wolke vor sich geht.

14. Mai
Die Zeit die Zeit die Zeit die Zeit die Zeit die Zeit die Zeit die Zeit die Zeit.

Ach?

Sie ist vergangen!

15. Mai
Der Gedanke, man müsste ein Foto machen, ist das beste Mittel, die Intensität eines Moments zu töten. Ich bleibe eine Stunde lang am Fenster, während die Morgendämmerung eine Riesenschau abzieht.

Die Blockhütte ist der Waggon, in dem ich meinen Waffenstillstand mit der Zeit geschlossen habe: Ich bin versöhnt. Die Höflichkeit gebietet schlicht, sie vorbeiziehen zu lassen. Von einem Fenster zum anderen, von einem Glas zum nächsten, zwischen den Seiten eines Buchs, hinter den geschlossenen Lidern – immer geht es darum, beiseitezutreten, um ihr den Weg frei zu machen.

Die grauen Bachstelzen bauen an der nordöstlichen Ecke des Dachs ihr Nest. Die Hunde haben es aufgegeben, sie zu verfolgen. Ich sitze an meinem Tisch und sehe dem Eis beim Sterben zu. Die Fläche ist verwüstet. Die Masse ist vom Wasser infiziert. Die Ebene ist mit schwarzen Flecken marmoriert. Der See leidet und weiß nicht, dass Menschen an seinem Lager wachen. Ich gehöre zur Armee der Wächter.

Der Tag ist durch Takte unterteilt, ihr Schlagen bildet eine Partitur. Die Ankunft des Vogels um acht Uhr, der erste Sonnenstrahl auf dem Wachstuch um 9 Uhr 30, das Auftauchen der Robben zur Nachmittagsmitte, das Spiel der kleinen Hunde in der Abenddämmerung, das Spiegelbild des Mondes im Eimer: Die Mechanik ist vollkommen. Diese unbedeutenden Begegnungen sind die großen Ereignisse des Lebens in den Wäldern. Ich warte, ich hoffe auf sie. Wenn sie eintreten, erkenne und begrüße ich sie. Sie bestätigen mir, dass das Gedicht die Metrik respektiert. Die alten Griechen lauerten auf derartige Veränderungen der Atmosphäre: Plötzlich wirkte etwas, ein Gott offenbarte sich. Diese Ergriffenheit der Seele angesichts des Erscheinens eines Lichtstrahls: Vertrottelung oder Weisheit? Das Glück wird diese einfache Sache: auf etwas warten, von dem man weiß, dass es geschehen wird. Die Zeit wird zum wunderbaren Ordner dieser Ereignisse. In der Stadt herrscht das Gegenprinzip: Es wird gefordert, dass ständig unvorhersehbare Neuheiten erblühen. Unablässig muss das Feuerwerk der Neuheiten den Lauf der Stunden unterbrechen und die Nacht mit ihren flüchtigen Bouquets erleuchten. In der Hütte lebt man eher im Rhythmus des Metronoms als im Schein bengalischer Feuer.

Die Hunde sind mit ewigen Wiederholungen zufrieden. Sobald das Ereignis sich ankündigt, sabbern sie vor Ungeduld.

Kaum aber passiert etwas Unvorhergesehenes oder es taucht ein Besucher auf, dann knurren und bellen sie, greifen an. Der Feind ist das Neue.

Manchmal entspringen plötzliche Erkenntnisse dem tiefsten Inneren. Dann handelt es sich nicht um einen von Signalen der Welt ausgelösten Schauder, sondern um einen inneren Impuls, um das Aufblitzen einer Idee, eines jähen Verlangens. Dann fühlt sich der Mensch als Schauplatz von Kämpfen zwischen Göttern und Dämonen.

Am Nachmittag erneut Regen. Die Wolken kommen von Westen und bleiben über dem Becken hängen. In der russischen Ebene, wo sie herkommen, scheinen die Feuchtigkeitsreserven unerschöpflich zu sein. Raben fliegen dicht über der Oberfläche und stoßen Schreie aus, Tropfen prasseln auf die Schindeln, die Taiga erscheint wie eine stehende Armee. Die Natur macht eine depressive Phase durch.

Für mich, der ich lebendig in meinem Holzsarg feststecke, kommen die bedrohlichen Stunden gegen Abend. Gespenster und Schuldgefühle nutzen die Dämmerung, um sich in mein Herz zu schleichen. Sie starten ihre Manöver, wenn das Licht abnimmt, um 19 Uhr. Es braucht Wodka, um sie abzuwehren. Bestandsaufnahme der Reserven: Ich habe noch 22 Liter Kedrowaja und drei Liter Pfefferwodka, zwölf Partagas und fünf Schachteln Zigarillos (20 pro Schachtel). Genug, um die Dämonen ein paar Monate zu bekämpfen.

Mutig wäre es, den Dingen ins Gesicht zu sehen: meinem Leben, meiner Zeit und den anderen. Die Nostalgie, die Melancholie, die Träumerei geben der romantischen Seele die Illusion eines tugendhaften Auswegs. Sie gelten als ästhetische

Mittel des Widerstands gegen die Hässlichkeit, sind jedoch nur das Feigenblatt der Feigheit. Was bin ich? Ein Drückeberger, der sich aus lauter Angst vor der Welt in eine Hütte tief in den Wäldern zurückgezogen hat. Ein Waschlappen, der sich im Stillen besäuft, um nicht Gefahr zu laufen, dem Schauspiel seiner Zeit ins Auge zu sehen oder seinem Gewissen über den Weg zu laufen, das am Strand auf und ab geht.

16. Mai

Endlich reißt der Himmel auf. Ich verhalte mich wie ein Russe: Drei oder vier Tage habe ich stumpf an meinem Fenster gesessen. Und jetzt stürze ich mit einem Satz hinaus, die Hunde hinter mir her, den mit Vorräten für drei Tage vollgepackten Rucksack geschultert. So teilen sich die Russen ihre Zeit ein: lange Tage der Trägheit, durchbrochen von Aktivitätsausbrüchen. Das Eis hält noch. Ich nehme den direkten Weg zum Mittleren Zedernkap, mit dem Ziel, dem dort mündenden Tal hinaufzufolgen. Beim Sprung über die Spalten berechne ich eine immer größere Sicherheitsspanne ein, denn die Eisdicke an den Rändern verringert sich. Ein Schauer geht nieder, ich suche im Urwald auf dem Mündungskegel Schutz, der seit Millionen Jahren von dem Fluss, den ich anpeile, gespeist wird. Ich sinke im Moos ein. Girlanden aus Flechten hängen filzartig von den Bäumen. Der Wald hat etwas von einem Moor à la Walter Scott und vom Unterholz in *Die vergessene Welt.* Die Sonne bricht durch und schießt Strahlen in den aufsteigenden Dampf. Birken bilden elfenbeinerne Kathedralen. Daurischer Rhododendron verbreitet den Geruch einer sehr sauberen alten Frau, der sich von den Ausdünstungen der von den Bären aufgerissenen Baumstümpfen absetzt. Der Wald verströmt seinen Atem. Die Hunde geraten ob dieser Fülle ganz aus dem Häuschen und wissen nicht mehr, wo ihnen der Kopf steht. Die Büchse der Pandora hat sich einen Spalt geöffnet und die Gerüche sind entwichen. Die sibirische Taiga ist ein kalter Dschungel. Würde die Elfenkönigin den Vorhang der Flechten beiseiteschieben und mit ihrem Gefolge erscheinen, wäre ich kaum erstaunt.

Hinter einer seltsam geraden Reihe von Weiden entdecke ich eine von Sträuchern wiederbesiedelte Schneise. Vor zwanzig Jahren führte hier eine Piste von einem Geologenlager zum See. Die auf der Karte verzeichnete Station ist noch immer da, auf 700 Metern Höhe: vier verfallene Isbas und zwei rostige Blechbauwagen zwischen den jungen Bäumen. Nördlich davon öffnet sich ein doppeltes Tal, dessen zwei Verläufe durch einen Felskamm getrennt sind. Ich kämpfe mich über ein Geröllfeld, das mit Zwergkiefern überwuchert ist. Die Äste kriechen über die Steine und setzen mir eine biegsame, unüberwindliche Wand entgegen. Ich steige wieder bis in die Talsohle ab, ziehe die Schneeschuhe an und schaffe es bis zum Fuß des Felsrückens. Auf etwa 1000 Meter finde ich eine Abflachung für ein Biwak. Ein Gewitter geht nieder. Alles Wasser des Himmels ergießt sich über unsere Terrasse aus Schiefer und Granit. Die Blitze versetzen Aika und Bek in Angst und Schrecken. Ich verstecke die Eispickel und die Steigeisen 100 Meter tiefer. Die Hunde haben sich unter einer Birke zusammengerollt. Ich bewundere sie, diese kleinen Geschöpfe, die frohgemut, ohne Vorräte und ohne Rückkehrpläne, in die Berge ziehen.

Ich schneide Zwergkiefernzweige, um die Terrasse zu polstern, und versuche dann drei Stunden lang, mit durchnässtem Holz ein Feuer zu entfachen. Ein paar Seiten von *Rameaus Neffe* bringen es schließlich in Gang. Nicht das erste Mal, dass

Diderot Brände auslöst. Eine blutarme Flamme steigt aus einem Häufchen geraspelter Rinde auf, die ich an meiner Haut getrocknet habe. Das Feuer, ein armes, vom Gewitter verletztes Tier. Ich lasse es Zweig für Zweig anwachsen. Die Flamme flackert, ich habe Adrenalinstöße wie ein Arzt bei der Reanimation. Sie schwillt an, der Kampf ist gewonnen. Ich puste, bis mir schwindelig wird, und habe schließlich ein prasselndes Feuer. Die Hunde kommen, um sich in seinem Schein zu wärmen. Und als ich gerade mein Zelt aufbaue: ein neuer Guss. Ich ziehe mich unter meine schlecht gespannte Plane zurück. Der Hagel lässt im Licht der Blitze Tausende von Diamanten aufleuchten. Das Zelt biegt sich, reißt nicht, läuft voll Wasser. Während der Sturm gegen den Berg und meine Nylonwand wütet, lese ich, dass Diderot sich gern jeden Abend im sanften Licht des Palais Royal ausruhte. Der Wind beruhigt sich, das Gewitter zieht weiter, die Sterne kommen wieder hervor, die Hunde schütteln sich, ein sanfter Wind trocknet das Zelt und es ist sogar, größte Freude, etwas Glut übrig. Ich fache das Feuer wieder an und lege mich schlafen, mit einer entsicherten Bärenabwehrrakete neben meinem Kopf, falls Besuch kommen sollte. Aika und Bek haben sich ineinander verschlungen und bilden in der sibirischen Nacht das Symbol von Yin und Yang.

17. Mai

Die Sonne steht schon hoch am Himmel. Die kleinen Hunde begrüßen mein Erwachen freudig. Sie hoffen wohl auf Futter, aber ich habe nichts als ein bisschen Brot. Das Beste wäre, wenn sie zurück zur Hütte gingen. Aber das werden sie nicht tun, sie laufen mir weiter zwischen den Beinen herum. Die Hunde halten uns für ihren Gott und ihre Mutter. Ich breche das Lager ab und folge fünf Stunden lang dem Grat nach oben. Die Hunde winseln, wenn ein Vorsprung sie aufhält. Dann findet Aika einen Weg, ihn zu umgehen, und lotst ihren ungeschickteren Bruder vorbei. Der Grat wird steiler, und auf 1600 Meter erreiche ich die harte Schneedecke. Aika und Bek sitzen auf einem Felsblock und betrachten den See.

Auf dem Gipfel, 2100 Meter hoch, herrscht Gulag-Kälte. Im Osten wird das Herz des Naturreservats sichtbar. Die Bergkette, die den Baikal säumt, sinkt auf der Rückseite des Kamms sofort ab. Die Perspektive verengt sich nach Norden, parallel zum Ufer. Der Baikal: eine in einem Schrein eingefasste Kamee. Nach Osten ziehen sich graue Kiefernwälder über die Hügel, durchsetzt mit Seen und ihren Zuflüssen. Das Klima, das in diesen Taiga-Gebieten herrscht, ist rauer als am Seeufer. Asiatische Holzfällergesellschaften haben es bereits auf diese jungfräulichen Gebiete abgesehen. Die Chinesen träumen davon, sich diese Holz- und Wasserreserven anzueignen. Sie würden ihnen als zweite Mandschurei dienen, nachdem sie die Früchte der ersten aufgebraucht haben. Noch nie in der Geschichte der Menschheit hat eine Bevölkerungsmasse lange neben einem unbesiedelten und rohstoffreichen Gebiet hergelebt. Die Geschichte gehorcht den Gesetzen der Hydraulik. Sollte es je zu kommunizierenden Röhren zwischen China und Sibirien kommen, wäre die Mongolei das Ventil. Wenn diese Taiga-Gebiete zum Austragungsort eines Territorialkrieges würden, gäbe mein Gipfel einen guten Sperrposten ab. Die Chinesen hätten den Vorteil der größeren Zahl und des Hungers, die Russen den der Widerstandsfähigkeit und des Hasses auf alles, was *Mat Rodina*, Mutter Heimat, bedroht. Die kleinen Hunde haben die Nase in ihr Fell vergraben und schlafen tief und fest.

Wir steigen durch die nördliche Schlucht wieder ab. Auf halbem Weg verengen sich die Wände, und ein Steilabfall mit einer Neigung von 45 Grad zwingt mich, Stufen in den Schnee zu hauen. Die Hunde winseln, sie trauen sich nicht weiter. Dann stürzt sich Aika den Hang hinunter, im Vertrauen darauf, dass ich sie schon halten werde. Ich fange sie auf, dann blocke ich Beks Fall ab. Die von der kleinen Hündin ersonnene Technik ist die richtige, und wir erreichen den Fuß der Wand. Tiefer im Tal finde ich meine gestrige Spur wieder. Sie ist von der Spur eines Bären gekreuzt worden. Es ist nicht lange her, die Tatzenabdrücke sind tief, und das Tier scheint sich nicht im Geringsten für meine Spur interessiert zu haben. Am Waldsaum beginnt der Wildbach sich zu befreien. Die Schneezunge, die ihn bedeckte, ist abgebrochen, klares Wasser sprudelt hervor. Ich mache ein Feuer, um mich zu trocknen, und schlafe in der wohltuenden Sonne.

Über die Piste der Geologen zurück zum See. Sonne und Wolken spielen Schach. Sie schieben ihre Figuren über das marmorne Schachbrett: Die weißen und schwarzen Gebilde preschen im Tempo von Springerangriffen darüber hinweg.

18. Mai

Mittags verlasse ich die Blockhütte, um das »weiße Tal« hinaufzuwandern, das einen Kilometer nördlich in einem mit Lärchen bewachsenen Bogen den Berg zerteilt. Auf dem Felsgrat angelangt, von dem die Geröllfelder talwärts strömen, überblicke ich das Ausmaß der Verheerungen des Frühlings. Der See ist verwüstet.

Um den Gipfel zu erreichen, der hinter meiner Hütte aufragt, brauche ich nur dem Grat zu folgen. Unter einer libanesischen Sonne gehe ich vorbei an völlig verwitterten Türmchen und Gendarmen aus herzynischem Granit. Felsbrocken, die nicht von den Zwergkiefern am Hang festgehalten werden, rollen unter meinen Füßen weg, und ich habe Angst, die Hunde zu verletzen. Gegen Abend erreiche ich, nach 500 letzten Metern über den mit Schneerinnen gespickten Grat, den 2000 Meter hohen Gipfel und blicke auf die Arkaden der Baikalkette, die 100 Kilometer weiter nördlich der Pik Tscherski krönt. Felsgrate ziehen sich sternförmig in alle Richtungen. Die getauten Gebiete sind mit einer Tundra von Flechten bedeckt, die die Hirsche besonders schätzen. Über den schmalen kleinen Pass etwas weiter unten ist vor ein paar Tagen ein Bär gelaufen.

Hier stehen, auf dem Gipfel. Ich bewundere die Berge. Sie liegen da, gleichgültig, sie begnügen sich damit, zu sein. Hegels *Es ist so* ist das Intelligenteste, was angesichts dieser Unermesslichkeit je gesagt wurde. Mir gefällt die Vorstellung, hier heraufgekommen zu sein, um zu entdecken, was auf der anderen Seite meines Reichs liegt. Der Baikal ist ein geschlossenes Becken, mit eigenen Tier- und Pflanzenarten, eigenem Klima. Die Bewohner leben an seinen Ufern wie um einen Dorfplatz. Die meisten von ihnen sind nie weit genug aufgestiegen, um einen Blick hinter die Mauern ihrer Festung zu werfen. Man kann sich damit begnügen, nie aus seinem Loch herauszukommen. Oder aber beschließen, loszugehen und über den Rand zu schauen.

Iwanows Kosaken, die mit Gewehren und Dolchen bewaffnet von Westen her kamen, erreichten eines Tages diese Kämme. Sie stellten sich auf den Grat und entdeckten mit einem Blick, vier oder fünf Wegstunden entfernt, das Baikalmeer, von dem die Völker der Taiga ihnen schon am Jenissei erzählt hatten …

Über schwierige Hänge und unsichere Schneerinnen erreiche ich eine schöne, mit Zwergkiefern bewachsene Terrasse auf 1600 Meter und verbringe dort eine himmlische Nacht zwischen den Hunden, dem See, den Gipfeln und einem Feuer, dessen Sterne zu ihren Schwestern am Himmel auffliegen möchten.

19. Mai

Der Weg zurück geht schnell: Wir rutschen die Rinnen herunter, bis wir die ersten Bäume des »weißen Tals« erreichen. Ein starker Wind weht von Norden her und reizt die Hunde. Es braut sich ein Gewitter zusammen. Ich liege mit einer Zigarre zwischen den Lippen und Gionos *Lied der Welt* vor den Augen in der Hängematte, als es losbricht. Innerhalb von ein paar Sekunden fährt der Sturm von den Bergen herab. Der Wind reißt mit seinen Zähnen die Eisebene auf. Binnen zehn Minuten macht der Eisgang alle Bemühungen des Winters, die Welt zu ordnen, zunichte. Der Frühling ist ein Schauspiel, das die preußischen Generäle bestürzt haben muss. Es war ein Russe, der ihn mit seinem *Sacre du printemps* gefeiert hat.

Das Eis bricht auseinander, das Wasser erlangt die Freiheit wieder. Es bahnt sich Kanäle zwischen den Schollen und überflutet Packeisbrocken. Der Regen findet den Weg zur Erde nicht. Er wird in Schlieren vom Wind in den Himmel hochgewirbelt. In dem Durcheinander senden die Zedern mit winkenden Ästen Schreckenssignale. Aika und Bek haben sich unter die Stufen des Vordachs geflüchtet. Die Wasserschneisen heben sich anthrazitgrau von den treibenden Eisschollen ab. Böen kräuseln das befreite Wasser. Von der Kapspitze steigt ein Regenbogen auf und stützt sich am anderen Ende mitten auf den See. Unter seiner Wölbung sammeln sich im Norden ebenholzschwarze Wolken. Die Blitze schießen in dem Moment herab, als der Himmel sich wieder schließt. Ein einziger Sonnenstrahl überzieht die burjatischen Kämme noch mit einer Blutspur. Eine Linie, die den Sockel des tintenschwarzen Himmels trägt. In diesen letzten zehn Minuten habe ich dem Tod des Winters beigewohnt.

Das Gewitter trägt seine Verheerungen weiter nach Süden. Der See erholt sich. In der frischen Luft, unter einem seidig glänzenden Himmel, heben die befreiten Wellen die treibenden Eisschollen an. Die Stücke des ehemaligen Kirchenfensters brechen bei der geringsten Berührung mit trockenem Seidenrascheln auseinander. Der Eisgang hat das Pulsieren des Sees freigesetzt. Ich stelle meinen Hocker auf eine Eisscholle und lasse mich den ganzen Abend langsam treiben. Die Fluten sind wieder da! Die Fluten sind wieder da! Nichts wird mehr sein wie vorher.

20. *Mai*

An diesem ersten Morgen der Befreiung der Fluten üben sich die Bachstelzen in einem Zaubertrick: Sie hüpfen über den unsichtbaren, einen Millimeter dicken Eisfilm, der die freien Wasserflächen bedeckt. Gegen Mittag fällt dichter Regen, und sein Trommeln auf dem Humus ist voller Lust. Die Erde löscht ihren Durst. Die Flüsse erreichen fast den See. Nur ein Eissaum verhindert noch die Begegnung von Wildbächen und Seewasser. In vielen Jahren, in ein paar Jahrhunderten werden sich diese Gewässer, von denen ich trinke, mit den Fluten des Polarmeers vermischen. Wenn man bedenkt, welchen Weg eine Schneeflocke zurücklegt, von den Bergkämmen in den See und vom See über die Flüsse zum Meer, empfindet man sich selbst als armseligen Reisenden.

Ich entferne Aika zwei Zecken, die sich mit ihrem Blut vollsaugen. Das Leben ist eine Sache von erhobenem Tribut, und am Ende sind es die Pflanzen, die für alle zahlen.

21. Mai

Die Brocken des aufgebrochenen Packeises werden einen Monat lang über den See treiben, je nach Wind und Strömung. Die Masse wird kommen und gehen, und es kann sein, dass meine Bucht sich eines Tages wieder verschließt. Heute Morgen ist der See eine flüssige Ebene. Nicht eine Eisscholle auf der ölglatten, schwarzen Fläche. Ich ziehe mit den Hunden los zum Fluss Ledjanaja, auf halbem Weg zwischen meiner Hütte und der von Wolodja, um es dort mit dem Angeln zu versuchen.

Am Strand haben die Ereignisse der letzten Tage das Leben freigesetzt. Der Tag ist voller Fliegen. Ich halte auf gewärmten Kieseln Siesta. Auf den Böschungen ist der Sand mit Kuhschellengrüppchen übersät. Enten haben sich auf den eisfreien Flächen niedergelassen, nach Liebe und frischem Wasser dürstend. Sie hatten es sich im Süden gut gehen lassen. Wenn die Hunde auf sie zurennen, heben sie schwerfällig ab. Die Menschen haben zuerst die Vögel imitiert, um Flugzeuge zu bauen, jetzt imitieren die Enten ihrerseits die ersten Flugzeuge. Über dem Ufer findet ein Flugtag statt, eine Vorführung folgt auf die andere. Adler gleiten, Gänse patrouillieren in Scharen, Möwen üben sich im Sturzflug und Schmetterlinge gaukeln durch die Luft und staunen, dass sie am Leben sind. 48 Stunden haben dem Frühling genügt, um sich mit seinem Putsch durchzusetzen.

Im Wald ist der von Bären und Hirschen angelegte Pfad jetzt frei. Er führt ein paar Meter hinter dem Waldsaum am Ufer entlang. Die Ledjanaja ist noch mit einer breiten Eisallee bedeckt.

Plötzlich bellen die Hunde. Oberhalb der felsigen Böschung streckt ein Bär den Kopf durch die Rhododendronbüsche. Ich halte Aika am Hals fest. Ihr Bruder verkriecht sich zwischen meinen Beinen. Der Mut war in diesem Wurf ungleich verteilt. Die Russen sind sich einig: Im Fall einer solchen Begegnung nicht weglaufen, das Tier nicht anschauen, keine plötzlichen Bewegungen machen, sich auf Zehenspitzen zurückziehen und dabei beruhigende Worte murmeln. Das Problem ist die Inspiration. Was soll ich zu dem Bär sagen? Ich habe nichts vorbereitet, und während ich langsam zurückweiche, fällt mir nichts anderes ein als: »Hau ab, mein dicker Hase!« Es funktioniert, er wühlt sich durch das Dickicht zurück.

Mein Angelversuch an der Flussmündung wird mit zwei Saiblingen belohnt. Wir gehen am Ufer entlang nach Hause. Ich halte die entsicherten Notraketen in der Hand. Die Strände und die verbleibenden Eisstreifen sind mit Bärenspuren bedeckt. Ich habe keine Angst, ich weiß, dass sie mich nicht angreifen werden. Bei aufkommender Unruhe brauche ich mir nur die letzten Seiten des *Robinson Crusoe* ins Gedächtnis zu rufen, wo Defoe die stille Gleichgültigkeit dieser Tiere beschreibt: »Der Bär marschierte ruhig vorwärts, ohne sich um irgendjemanden zu bekümmern.«

Ich erreiche die Hütte, repariere meine Fliege, füttere die Hunde, bereite mir die beiden Fische zu, werfe mein Messer gegen die Wand und lege mich mit dem *Lied der Welt* ins Bett. Giono kehrt die Werte um, die für alle sich zu den Naturgesetzen bekennenden Wesen gelten: Er personifiziert die Dinge und naturalisiert den Menschen. Bei ihm haben die Flüsse Schenkel und die Waldläufer Körper »wie aus einem mächtigen Felsblock«.

22. Mai

Ein 500 Meter langer Streifen freien Wassers zieht sich am Ufer entlang. Der Wind peitscht hinein. Jenseits der Wasserlinie treiben Eisklumpen und lassen sich vom Westwind voranschieben. Die Schollen zerfallen mit einem Knistern wie von Zucker, den man in Champagner tunkt. Der See hat erotische Düfte freigesetzt.

Alle, die graben, bohren, brechen, kneten und wühlen, alle, die Zangen haben oder über Bohrinstrumente verfügen, die Schnabel oder Rüssel benützen, alle, die kriechen, laufen, fliegen oder sich an den Rücken eines Stärkeren klammern, alle, die nachahmen oder sich tarnen, die in der Nacht, am Tag und in der Dämmerung aktiv sind, alle, die sehen oder riechen: Sie alle erwachen aus ihrer Erstarrung und sind bei der Befreiung des Wassers dabei, wie Freunde, die einen Gefangenen am Tag seiner Entlassung in Empfang nehmen. Trotz des langen Schlafs haben sie ihre Gewohnheiten und Reflexe nicht vergessen. Das Volk der Insekten fällt in die Wälder ein, und ich fühle mich weniger allein.

In der Blockhütte lebt man nach einer konterrevolutionären Zeit. Niemals zerstören, sagt sich der Einsiedler im Geist von Barrès, sondern bewahren und fortführen. Hier sucht man Frieden, Einheit, Wiederanknüpfen an Vergangenes. Man glaubt an den Zyklus der Wiederkehr. Wozu Brüche, wenn doch alles vorübergehen und alles wiederkommen wird? Hat die Hütte einen politischen Sinn? Hier zu leben bringt der Gemeinschaft der Menschen nichts ein. Die Erfahrung der Einsiedelei trägt zur kollektiven Suche, wie Menschen zusammenleben können, nichts bei. Die Ideologien bleiben, wie die Hunde, auf der Schwelle der Einsiedeleien stehen. In den Wäldern gibt es weder Marx noch Jesus, weder Ordnung noch Anarchie, weder Gleichheit noch Ungerechtigkeit. Wie könnte der Einsiedler, der nur mit dem Augenblick befasst ist, daran denken, vorauszuplanen?

Die Hütte ist kein Stützpunkt für eine Wiedereroberung, sondern eine Bleibe.

Ein Hafen der Entsagung, kein Hauptquartier zum Vorbereiten von Revolutionen.

Eine Ausgangstür, kein Ausgangspunkt.

Eine Offiziermesse, in der der Kapitän vor dem Schiffbruch ein letztes Glas Rum trinkt.

Das Loch, in dem das Tier seine Wunden leckt, nicht die Höhle, in der es seine Krallen wetzt.

23. Mai

Heute Nacht um drei Uhr lässt mich das Bellen der Hunde aus der Hütte stürzen, die Leuchtpistole in der Hand. Ein Bär streift am Strand umher. Am Morgen dann seine Spuren im grauen Sand.

Das Wasser trägt weitere Siege davon. Heute Morgen erstreckt es sich zehn Kilometer weit zwischen den Eisschollen und meinem Ufer. Der Wind treibt das Packeis immer weiter hinaus. Die Sonne beleuchtet die Trümmer, während das Ufer noch im Schatten liegt. Die ersten Strahlen dringen in die Hütte und tanzen über den Holzboden: Es gibt kein fröhlicheres Schauspiel. Die Sonne begrüßt mich freudig, so wie die Hunde es tun. Den ganzen Tag über erntet das Auge Bilder, die der Traum einkochen wird.

Kierkegaards *Krankheit zum Tode* zufolge durchlebt der Mensch drei Stadien: das der ästhetischen, donjuanesken Lust, das des faustischen Zweifels und das der Verzweiflung. Man müsste das Stadium des Rückzugs in die Wälder hinzufügen, als den richtigen Schluss aus den drei vorigen.

Um den Hals trage ich ein kleines orthodoxes Kreuz. Es glänzt in der Sonne, wenn ich mit nacktem Oberkörper Holz hacke. In meinem Kindertraum war ein blondbärtiger Robinson der Wälder nicht ohne ein Christuskreuz auf der Brust vorstellbar. Ich liebe diesen Mann, der den Ehebrecherinnen verzieh, der pessimistische Parabeln verkündend durch die Lande zog, der die Bürger schmähte und selbstmörderisch auf den Gipfel eines Hügels zusteuerte, von dem er wusste, dass dort der Tod auf ihn wartete. Ich fühle mich der Christenheit verbunden, diesen Gefilden, in denen Menschen beschlossen, einen Gott zu verehren, der die Liebe predigte, und damit der Freiheit, der Vernunft und der Gerechtigkeit erlaubten, in ihre Städte Einzug zu halten. Aber was mich abhält, ist das Christentum, dieses Herumpfuschen im Wort des Evangeliums durch einen Klerus, diese Alchemie tiaratragender und glöckchenbewehrter Hexer, die das glühende Wort in ein Strafgesetzbuch verwandelt haben. Christus hätte ein griechischer Gott sein sollen.

24. Mai

Heute Nacht habe ich von einem Bärenangriff geträumt. Sie sprangen auf das Dach der Hütte. Sie waren behände wie Katzen und schlank wie afghanische Windhunde. Ziemlich erschreckend. Ich habe den Algengeruch, der seit kurzem in der Luft liegt, im Verdacht, meine Träume zu beeinflussen und sie in schaurige Gefilde zu lenken.

Ein Schwarm Reiherenten landet auf einer Wasserfläche zwischen drei riesigen Eiswällen. Sie heben in perfekter Formation wieder ab und fliegen in Richtung Mongolei. Ein Gänsesägerpaar fühlt sich in meiner Bucht wohl. Ich verbringe Stunden damit, ihren Punkschopf durchs Fernglas zu beobachten. Ein paar Kragenenten landen mit Vollgas in einem schmalen Kanal. Sie sind aufgedonnert wie zum Ball, und wenn sie losfliegen, scheinen sie genau zu wissen, wohin die Reise geht.

Jeden Abend um acht Uhr gelingt es den Strahlen der Sonne, durch eine Einkerbung in den südlichen Kämmen zu schlüpfen und einen langen Strom rötlichen Lichts über den Samt der Dornbüsche zu schicken. Ob Gott oder der Zufall für diese Schönheit verantwortlich ist, ist mir egal. Muss man die Ursache kennen, um die Wirkung zu genießen?

Abends esse ich draußen vor meinem Lagerfeuer am Strand. Danach bleibe ich sitzen und schaue mit den Hunden in die Flammen, die Hände in ihrem warmen Fell, bis der Mond über dem Gebirge das Zeichen zum Schlafengehen gibt.

25. Mai

Ich liege stundenlang in meiner Hängematte auf dem Gipfel meiner Granitkuppe und rauche, die Hunde zu meinen Füßen. In Paris müssen meine Lieben glauben, ich kämpfe mit der sibirischen Kälte und ächze wie ein Walross, während ich im Schneesturm Holz hacke.

Der See: ein Alabasterkirchenfenster mit Fugen aus bläulichem Blei. Die Eisplatten gleiten nach Süden. Ich liege in der milden Luft und schaue dem Abtrieb zu. Zwischen den Schollen wechselt die Farbe des Wassers von Stunde zu Stunde. Zwei Brandgänse überfliegen die zerfressene Fläche. Haben sie Feuer unterm Gefieder oder eine lebenswichtige Verabredung, dass sie derart durch die Luft schießen? Wie kann man Vögel nur lieber ins Visier eines Gewehrs nehmen als in das eines Fernglases?

26. Mai

Menschen, die das Verrinnen der Zeit als schmerzlich empfinden, ertragen die Sesshaftigkeit nicht. Erst in der Bewegung kommen sie zur Ruhe. Das Vorüberziehen des Raums gibt ihnen die Illusion einer Verlangsamung der Zeit, ihr Leben wird zu einem Veitstanz. Sie rennen unablässig.

Die Alternative ist die Einsiedelei.

Ich werde es nicht müde, meine Landschaft zu betrachten. Meine Augen kennen schon jeden ihrer Winkel und durchsuchen sie dennoch jeden Morgen mit einem Appetit, als würden sie sie gerade erst entdecken. Mein Blick will dreierlei: neue Nuancen finden in diesem tausendfach gesehenen Bild, die Vorstellung vertiefen, die mein Gedächtnis sich davon macht, und die Bestätigung, dass es eine gute Wahl war, mich hier niederzulassen. Die Reglosigkeit nötigt mich zu dieser Übung in jungfräulicher Beobachtung. Wenn ich mich nicht dazu zwinge, lasse ich Raum für den Drang, loszuziehen und nach anderem zu suchen.

Der Herrlichkeit wird man nicht müde, das ist ein alter Grundsatz der Sesshaftigkeit. Worüber auch klagen? Die Dinge sind weniger erstarrt, als sie scheinen: Das Licht nuanciert die Schönheit, verwandelt sie. Diese muss gepflegt werden und erneuert sich Tag für Tag.

Rastlose Reisende brauchen Veränderung. Das Schauspiel eines Sonnenflecks auf einer sandigen Böschung genügt ihnen nicht. Ihr Platz ist in einem Zug, vor dem Fernseher, aber nicht in einer Hütte. Letztlich ist die einzige Gefahr, die dem Eremiten droht – neben Wodka, Bären und Stürmen –, das Stendhal-

Syndrom: ein Nervenzusammenbruch angesichts der Schönheit.

27. Mai
Ich brauche sieben Stunden über einen bröckelnden, mit Zwergkiefern und schwammigen Flechten überzogenen Schiefergrat, um den 2000 Meter hohen Gipfel zu erreichen, der mein »weißes Tal« überragt. Dahinter dann die Rückseite meiner Welt. Die andere Seite, das ist immer ein Versprechen. Man wirft einen Blick hinüber, wie man ein Netz auswirft: um die Gewissheit zu verankern, dass man eines Tages losziehen und sie sich anschauen wird. Ist man wieder unten, lebt das Versprechen in uns: Ein Teil des Blicks ist oben geblieben …

Die Hunde liegen auf den Steinen des Gipfels beieinander und schauen unverwandt in die Landschaft. Sie *betrachten* sie, dafür würde ich meine Hand ins Feuer legen. »*Weltarm*«, die kleinen Hunde, Herr Heidegger? Nein, aber exakt auf das beschränkt, was sie kennen, dem Augenblick vollkommen vertrauend und jede Abstraktion verschmähend. Der Mut des Hundes: Er blickt dem, was vor ihm auftaucht, ins Auge, ohne sich zu fragen, ob die Dinge anders hätten kommen können. Ich denke an all die Bemühungen der Menschen, den Tieren jegliches Bewusstsein abzusprechen. Tausende Jahre aristotelischen, christlichen und kartesianischen Denkens halten uns in der Gewissheit gefangen, dass eine unüberwindliche Kluft uns vom Tier trennt. Es habe keine Moral – sein Tun entbehre jeder Intentionalität, selbst in den altruistischen Handlungen, zu denen es in der Lage ist. Es lebe ohne jede Ahnung seiner eigenen Endlichkeit. Es sei nur an seine Umwelt angepasst und könne sich der gesamten Wirklichkeit nicht öffnen. Es bleibe unfähig, die Welt zu erfassen. Es sei bloß ein armer Wille ohne Vorstellungen. An den Augenblick gekettet, unfähig, etwas zu übermitteln, ohne Zugang zu Geschichte und Kultur. Und die Philosophen beteuern, noch nie habe ein Affe eine natürliche Szene symbolisch gedeutet oder ein ästhetisches Urteil geäußert.

Dabei ist das Schauspiel der Tiere in den Wäldern verwirrend. Wie kann man sicher sein, dass der Tanz der Mücken in der Abendsonne keine Bedeutung hat? Was wissen wir über die Gedanken des Bären? Und wenn das Schalentier für die Frische des Wassers dankbar wäre, ohne dass es uns dies vermitteln könnte und ohne dass wir je hoffen könnten, es zu erkennen? Und wie sollten wir die Gefühle der Sperlingsvögel ermessen, wenn sie auf den höchsten Wipfeln die Morgenröte begrüßen? Und warum sollten die Schmetterlinge im hellen Mittagslicht nicht um die ästhetische Kraft ihrer Choreographien wissen? »Der einjährige Vogel hat keine Vorstellung von den Eiern, für die er ein Nest baut; die junge Spinne nicht von dem Raube, zu dem sie ein Netz wirkt …« (Schopenhauer in *Die Welt …*). Aber woher willst du das wissen, Arthur, woher beziehst du deine Erkenntnisse auf diesem Gebiet, was für ein Gespräch mit welchem Vogel hast du geführt, um solche Überzeugungen vorzubringen? Meine beiden Hunde liegen mit Blick auf den See da und blinzeln. Sie genießen den Frieden des Tages, ihr Sabbern ist Danksagung. Sie sind sich des Glücks bewusst, sich nach dem langen Aufstieg hier am Gipfel auszuruhen. Heidegger ist ein Schlag ins Wasser und Schopenhauer auch. Platsch, das Denken. Ich bedaure, dass kein Philosoph und Erbe des alten Humanismus (Onanie des Geistes) dem stillen Gebet von zwei fünf Monate alten Hunden vor einer 25 Millionen Jahre alten Verwerfung beiwohnt.

Rückkehr zum See. Er knarrt im abendlichen Frieden. Das Eis verabschiedet sich: Ich kann verstehen, dass es seufzt.

28. Mai
Ich verbringe den Tag mit meinem Vogelführer aus dem Verlag Delachaux et Niestlé. »848 Arten und 4000 Zeichnungen«. Dieses Buch ist ein Brevier, gewidmet dem Erfindungsreichtum des Lebens, den unendlichen Feinheiten der Evolution, eine Feier des Stils. Selbst der kultivierteste Städter, der in Vögeln nur stupide Automaten sieht, manisch hin- und herblickend, den Zufällen des Windes unterworfen, muss sich vor der Kühnheit des Federkleides von Fasan, Schneehuhn oder Brandgans verneigen. Ich versuche, jeden der Besucher am Himmel zu identifizieren. Tiere und Pflanzen nach Naturführern zu benennen, ist wie Stars auf der Straße zu erkennen, die man sonst nur in Klatschblättern sieht. Statt »Oh! Da ist ja Madonna!« ruft man: »Himmel, ein grauer Kranich!«

29. Mai
Für den Fall, dass im Wald ein Bär herumstreift, verlasse ich die Hütte nur noch mit einer Rakete in der Hand. Die Wildnis beginnt, sobald ich aus der Tür trete. Bei mir gibt es keine Übergangszone, keinen Garten. Eine Schwelle gibt es, gewiss: Sie besteht aus einem Holzbrett, winzige Schleuse zwischen der zivilisierten Welt und dem gefährlichen Wald. Hirsche, Luchse und Bären gehen um die Hütte herum ihren Beschäftigungen nach, die Hunde schlafen vor der Tür, die Fliegen brummen unter dem Vordach. Die Reiche grenzen aneinander. Die Blockhütte ist eine Insel menschlichen Überlebens auf dem Boden Edens und keine Pionieransiedlung mit dem Ziel, die Erde

urbar zu machen. Während der Eroberung Sibiriens bauten die Kosaken des Zars befestigte Lager. Sie umschlossen eine Kirche, ein Waffendepot und ein paar Gebäude mit einer Palisadenwand aus zugespitzten Kiefernpfählen und nannten diese Posten *Ostrog*. Der Zaun schützte sie vor einer Außenwelt, die sich auf einiges gefasst machen musste. Sie waren da, weil sie davon träumten, die Taiga zu verwandeln. In einer Einsiedelei begnügt man sich mit einem Logenplatz im Wald. Die Fenster sind dazu da, die Natur in sich aufzunehmen, und nicht, um sich vor ihr zu schützen. Man betrachtet sie, man entnimmt ihr, was man braucht, aber man verfolgt nicht den Ehrgeiz, sie zu unterwerfen. Die Hütte erlaubt eine Haltung, verleiht aber keinen Status. Man spielt Einsiedler, da kann man nicht als Pionier auftreten.

Der Eremit akzeptiert es, im Lauf der Welt nicht ins Gewicht zu fallen und in der Kette von Ursache und Wirkung keine Rolle zu spielen. Seine Gedanken werden den Lauf der Dinge nicht mitgestalten und niemanden beeinflussen. Seine Taten werden nichts bedeuten. (Vielleicht wird er noch in ein paar Erinnerungen vorkommen.) Wie leicht dieser Gedanke ist! Und wie gut er die letzte Ablösung einleitet: Man fühlt sich nie so lebendig, wie wenn man für die Welt tot ist!

Der rötliche Mond ist in den Nachthimmel aufgestiegen. Sein Widerschein auf den zersplitterten Eisschollen: eine Bluthostie auf dem verletzten Altar.

30. Mai

Heute habe ich kleine Nachrichten auf Birkenstämme geschrieben: *»Birke, ich vertraue dir eine Botschaft an: Sag dem Himmel, dass ich ihn grüße.«* Die Rinde fühlt sich unter der Füllerfeder so gut an wie Velinpapier. Manche Sekis haben ihre Erinnerungen der Haut dieser Bäume anvertraut. Danach lasse ich Steine übers Wasser springen und übe mich im Messerwerfen auf ein altes Holzbrett.

Was es doch bedeutet, freie Zeit zu haben.

31. Mai

Der Abhang der 1500 Meter hohen Berge setzt sich noch einmal so weit in die Tiefe des Sees fort. Meine Hütte steht auf einem schmalen Absatz genau auf halbem Weg dieses drei Kilometer langen Hangs. Ich wohne im Gleichgewicht zwischen einer Wand und einem Abgrund.

Das Wasser des Flusses hat endlich die Eisbank am Strand durchbrochen. Die Verbindung ist hergestellt. Die Sturzbäche springen bis in den See hinein. Sie rauschen wie das Leben, das zum Fest eilt. Die Flüsse schlagen sich durch den Wald wie Säbelhiebe.

Ein Paar Eiderenten landet vor dem Kap im Wasser. Als zwei driftende Eisschollen drohen, es in die Zange zu nehmen, zieht es weiter zu einer anderen freien Wasserfläche. Allegorie des Exils.

Manchmal verweilt mein Blick auf einem leeren Wasserfleck, auf dem sich dann plötzlich zwei Enten niederlassen, als erfülle sich eine Vorahnung. Wie wenn das Auge in einem Buch den Satz entdeckt, auf den der Geist seit langem wartete, ohne ihn formulieren zu können.

Die ersten Bockkäfer sind da. Sie schwirren plump durch die Lichtung und fallen über die Holzklötze her. Ich empfinde Zuneigung für diese Insekten. Ihre langen, nach hinten gebogenen Fühler streifen ihren kohlrabenschwarzen Panzer. Sie rennen unbeholfen über die Kiefernrinde. *»Liebe deinen Nächsten wie dich selbst.«* Besteht wahre Liebe nicht darin zu lieben, was sich grundlegend von uns unterscheidet? Nicht ein Säugetier oder einen Vogel, die der Menschheit noch zu nahe stehen, sondern ein Insekt, ein Pantoffeltierchen. Dem Humanismus haftet ein Geruch von Korporatismus an, begründet auf dem Gebot zu lieben, was uns ähnlich ist. Der Mensch muss den Menschen lieben, genau wie der Zahnarzt die anderen Zahnärzte liebt. In der Lichtung kehre ich den Satz um und versuche die Tiere mit einer Intensität zu lieben, die sich proportional zum Grad ihrer biologischen Ferne zu mir verhält. Lieben heißt, den Wert dessen anzuerkennen, was man niemals wird kennen können. Und nicht, sein eigenes Spiegelbild im Gesicht eines anderen Menschen zu feiern. Einen Papua, ein Kind oder seinen Nachbarn zu lieben, das ist einfach. Aber einen Schwamm! Eine Flechte! Eins der vom Wind bedrängten Pflänzchen dort! Das ist das Schwierige: unendliche Zärtlichkeit für die Ameise zu empfinden, die an ihrem Bau arbeitet.

Ein kurzer Nachmittag am Mittleren Zedernkap, um die Gänse zu beobachten, die sich auf dem Binnenteich niedergelassen haben. Auf dem Rückweg finde ich frische Bärenspuren, die meine eigenen kreuzen. Auf dem Hinweg waren sie noch nicht da. Die Hunde zeigen keine Reaktion. Ich komme wieder an der Hütte des Refuseniks vorbei. Muss man unbedingt in die Wälder ziehen, wenn man seine Zeit ablehnt? Man kann auch in seinen inneren Gewölben Stille finden.

Man kann auch die Augen schließen: Das Lid ist der wirksamste Schirm zwischen sich und der Welt.

V. E. aus Saworotny hat mir oft von dem Dissidenten erzählt, der dort lebte, er sei ein netter Kerl gewesen. Die Vorstellung des Lebens dieser schönen Seele im Einklang mit der rohen Schönheit des Ortes lässt mir die Hütte wohlwollend erscheinen. Ich stelle mir den armen Teufel vor, wie er wilde Zwiebeln pflückte, um seine Saiblinge zuzubereiten, wie er mit den Vögeln sprach und seine Fischreste für die Füchse am Strand liegen ließ. Nur in meiner Pariser Heimat sind die Intellektuellen von Dreckskerlen fasziniert und heroisieren Kriminelle. Diesen Irrtum prangerte Warlam Schalamow in seinen *Skizzen aus der Verbrecherwelt* an: »… ich glaube, alle Schriftsteller haben der plötzlichen Nachfrage nach Kriminalromantik ihren leichtsinnigen Tribut gezollt. Die hemmungslose Poetisierung der Kriminellen …« Kriminelle sind keine heroischen Wölfe. Und die Hütten, die sie beherbergt haben, erstrahlen nicht in einem sanften Nimbus.

Der Hochdruck, der sich am Fuß der Berge sammelt, lässt mich für den Rest des Tages in Lethargie versinken. Trübe Stunden der Langeweile im Wiegen der Hängematte.

Ich habe nicht einmal die Kraft zu lesen. Ich dämmere unter einer Zeder dahin, als ein Gewitter mich in die Hütte treibt. Dort breitet sich in mir ein unermessliches Gefühl der Sicherheit aus, hervorgerufen durch den Anblick einer dampfenden Tasse Tee, während sich draußen der Himmel entfesselt. Alles ballt sich im Westen. Der Regen ist erfunden worden, damit der Mensch sich unter einem Dach glücklich fühlt. Die Hunde sind unter dem Vordach. Zigarre und Wodka: die idealen Gefährten solcher Rückzugsmomente. Arme einsame Menschen haben nichts anderes. Und die Gesundheitsapostel wollen diese Wohltaten verbieten! Damit wir gesünder sterben?

Das Gewitter ist vorüber, die Luft trocknet den Wald. Durchs Fernglas entdecke ich einen Bären, der zwei- oder dreihundert

Meter südlich am Strand auf den Hinterbeinen steht. Er regt sich nicht. Dann begreife ich, dass die Felsen im Abendlicht flimmern. Ich zittere vor einer Fata Morgana.

Am Abend backe ich Brot. Ich knete den Teig lange. Es gibt nichts, was sich in der Hand des Eremiten schöner anfühlt. Man versteht den Zusammenhang zwischen Teig und Sinnlichkeit, der sich in manchen Redewendungen ausdrückt. Bäckerinnen sind aphrodisische Figuren, sie beschwören eine gesunde Erotik herauf, rosig und rund. Ich esse mein Brot und zwinge mich, nicht mehr an Bäckerinnen zu denken, denn ich habe noch zwei Monate in diesem Loch vor mir.

JUNI

Die Tränen

1. Juni

Ich schaue den Flugvorführungen der Gänse und Enten zu, an meinem Tisch am Strand sitzend wie ein Preisrichter beim Eiskunstlauf, der gleich sein Notenschild hochhalten wird.

Liebesgeographie: Kieselstrände, auf denen Menschen im Wollpulli bibbern, sind mir lieber als Sandstrände, auf denen dicht an dicht eingeölte Körper braten. Die Strände des Baikalsees gehören in die erste Kategorie.

Die Massen von Eisbrocken, die seit ein paar Tagen die Bucht verstopften, sind vom Wind fortgetrieben worden. Der Sturm hat die ganze Nacht an der unschuldigen Hütte gerüttelt.

2. Juni

Bei den Zen-Mönchen wurde langes Ausschlafen »Das Vergessen im Schlaf« genannt. Dieses Vergessen bringt mich bis zum Mittag.

Ich baue mein Kajak aus blauem Tuch zusammen. Mein Mangel an technischem Verstand bremst mich. Die Gebrauchsanweisung behauptet, es sei eine Sache von zwei Stunden. Ich brauche fünf, und es ist ein großer Sieg, als ich am Abend endlich übers Wasser gleite. Mit ein paar Paddelschlägen erobere ich zurück, was die Eisschmelze mir genommen hatte: die Möglichkeit, die Berge mit einem Blick zu erfassen. Sie sind grün geworden. Die Lärchen haben ein neues Kleid angelegt. Aika und

Bek stehen hilflos bis zur Brust im Wasser, sie wissen nicht, wie sie mir folgen sollen, und winseln schrill. Dann begreift Aika, dass ich schon wieder an Land zurückkommen werde und sie nur in der gleichen Richtung, in die ich paddele, am Strand entlangzulaufen brauchen.

»Nie weiter als 100 Meter vom Ufer entfernt.« So lautete letzte Woche der nachdrückliche Rat von Wolodja aus Jelochin. Das Wasser des Sees ist so kalt, dass hineinzufallen tödlich ist. Niemand hält es in drei Grad kaltem Wasser aus, und es sind schon Fischer in Rufweite ertrunken. Dabei kolportiert Jules Verne in seinem *Kurier des Zaren* die Legende des Baikalsees, »der zufolge noch nie ein Russe in seinen Fluten ertrunken sei«.

Es gibt das Wasser und es gibt die Winde. Sie sind trügerisch. Der Sarma, der vom Gebirge weht, erwacht innerhalb von ein paar Minuten und türmt drei Meter hohe Wellen auf. Boote werden auf den See hinausgetrieben und umgeworfen. Der See lässt sich den Fisch, den man ihm nimmt, mit Menschenleben bezahlen. Der Tod ist ein Schuldenerlass. Wolodja hat vor fünf Jahren seinen Sohn bei einem Bootsunglück verloren. Das habe ich erst kürzlich erfahren, und jetzt verstehe ich, warum er manchmal stundenlang dasitzt und den Blick durchs helle Fenster schweifen lässt. Manchmal starrt man in die Landschaft und denkt an die Menschen, die sich darin wohlfühlten. Die Erinnerung an die Toten geht in die Umgebung ein.

Die Hunde sabbern vor Freude, als ich ans Ufer zurückkomme. Vogelschwärme schießen durch den Himmel. Die Spiegelung schenkt dem Menschen die Gelegenheit, die Herrlichkeit zwei Mal zu betrachten.

3. Juni

Rainer Maria Rilke in seinem Brief vom 17. Februar 1903 an den jungen Dichter Franz Xaver Kappus: »Wenn Ihr Alltag Ihnen arm scheint, klagen Sie ihn nicht an; klagen Sie sich an, sagen Sie sich, dass Sie nicht Dichter genug sind, seine Reichtümer zu rufen.« Und John Burroughs schrieb: »Der Ton, in dem wir mit der Welt reden, ist der, den sie uns gegenüber anschlägt. Wer das Beste gibt, bekommt auch das Beste.« Wir sind allein verantwortlich für die Trübseligkeit unserer Existenz. Unsere Schalheit macht die Welt grau. Das Leben erscheint blass? Ändert euer Leben, zieht in die Hütten. Wenn tief in den Wäldern die Welt noch immer trüb bleibt und die Umgebung unerträglich, ist das ein Urteil: Ihr ertragt euch selbst nicht! Dann sind Maßnahmen zu ergreifen.

Ich verbringe eine Stunde damit, auf der Lichtung den Stamm einer toten Lärche zu zersägen. Das Holz ist noch gesund, und die Jahresringe sind gut zu sehen. Die Sonne färbt das Fleisch des Baumes, macht es appetitlich. Es gibt Anblicke, die das menschliche Auge nicht aufnehmen dürfte. Der Mensch setzt Schichten dem Licht aus, die nicht darauf vorbereitet sind, es zu empfangen. Er bricht ein Tabu, verändert, was geschrieben war. Mishima in *Der Tempelbrand* über einen gefällten Baum: »... ausgesetzt dem Wind und dem Licht, dem es nicht ausgesetzt sein sollte ...« Bäume fällen, Blumen pflücken: Werden wir eines Tages bezahlen müssen für diese winzigen Freiheiten, die wir uns gegenüber der Ordnung der Dinge herausnehmen, für diese minimalen Veränderungen der ursprünglichen Partitur? Einem seiner Schüler, der vorschlug, im Gemüsegarten Bewässerungskanäle zu graben, antwortete Konfuzius, die Gießkanne in der Hand: »Wer weiß, wohin uns das führen würde?«

Der Vorteil in einer Hütte ist, dass man, abgesehen vom Fällen eines Baumstamms hier und da, nicht viel an der allgemeinen Ordnung ändert.

Ich gleite wie auf Seide dahin. Das Plätschern der Paddel in der Stille … Die Hunde haben nicht gewinselt, als ich auf den See hinausgefahren bin, und jetzt traben sie in Richtung Süden. Bek ist ein weißer Fleck, der sich vor den Azaleen auf der Böschung abhebt. Wolodja hatte recht: Eine Viertelstunde lang bin ich vorsichtig, dann fange ich schon an, den kürzesten Weg von Kap zu Kap zu nehmen, und finde mich über zwei Kilometer vom Ufer entfernt wieder, in einem Boot, das aus einem mit Tuch bespannten Holzgerüst besteht und bei dessen Zusammenbau ich die Gebrauchsanweisung nur sehr frei befolgt habe. Ich erreiche das Treibeis weit vor der Küste. Die Schollen klirren in der Sonne. Ich liege reglos auf der kalten, spiegelglatten Fläche. Zwei Meter vor meinem Bug streckt eine Robbe den Kopf aus dem Wasser und schaut mich an. Sie hat keine Hände, keine Füße, aber etwas Greisenhaftes in den Augen, einen Blick so tief wie ihr Reich. Ich spreche mit ihr, sie hört zu, betrachtet mich mit der Aufmerksamkeit eines Kurzsichtigen und taucht ab.

4. Juni

Jeden Morgen beim Aufwachen begrüße ich die Enten. Sie werden immer zahlreicher, sie lassen sich auf dem See nieder, nachdem sie tagelang dem 105. Längengrad hinaufgefolgt sind. Im Lexikon der Symbole liest man, für die Japaner seien Enten das Symbol der Liebe und der Treue. Und die Zedern, die mich umgeben, stehen in der europäischen Esoterik für Jungfräulichkeit und Reinheit. Dieser Aufenthalt steht unter den Zeichen der Tugend.

Meine Anwesenheit hier verdanke ich jenem Julitag vor sieben oder acht Jahren, an dem ich die Ufer des Baikals entdeckte. Der erste Eindruck setzte die Gewissheit in mir fest, dass ich diesen Ort wiedersehen würde. Gleich den von Guénon inspirierten Esoterikern, die von der Suche nach dem »goldenen Zeitalter« besessen waren, gehöre ich zu jenen nomadischen Seelen, die mit allen Mitteln versuchen, die intensiven Momente ihres Daseins wiederzuerleben. Für manche liegen diese in der Kindheit, für andere ist es der erste Kuss unter der Landstraßenbrücke, für wieder andere eine unerklärliche Glückseligkeit an einem Sommerabend beim Zirpen der Zikaden und für manche schließlich eine Winternacht, in der ihnen plötzlich gute, erhebende Gedanken zugeflossen sind. Für mich war es damals, als ich vom Rand der sandigen Böschung auf den See blickte.

Mishima in *Der Tempelbrand:* »... der Sinn unserer Taten gegenüber dem Leben liegt darin, einem Augenblick Treue zu schwören und diesen Augenblick zum Stillstand zu bringen ...« Alles, was wir unternehmen, entspringe einer flüchtigen, ungreifbaren Inspiration. Der Bruchteil einer Sekunde begründe das ganze Leben. Die Buddhisten nennen diese Augenblicke, in denen das Bewusstsein plötzlich etwas erkennt, *Satori.* Etwas blitzt auf und verflüchtigt sich sofort wieder. Blindlings versucht man dann, es zurückzuholen. Man möchte das verschwundene Gefühl wiedererwecken. Über diese tastenden Versuche verrinnen die Tage. Das Leben wird zu einem Umherirren. Man läuft mit einem Schmetterlingsnetz umher, voller Sehnsucht nach dem Entflohenen. Dieser tausendfach wiederholte und tausendfach scheiternde Versuch, das *Satori* wiederzuerleben, treibt uns an, bis der Tod uns von der Besessenheit befreit, Zerronnenes wiederzubeleben.

Aber ach, man steigt nicht zweimal in den gleichen See. Die *Satori* wiederholen sich nicht. Die Hierophanie, das Aufscheinen des Heiligen im Profanen, gibt es nur zum Einmalgebrauch. Madeleines lassen sich nicht wieder aufwärmen. Und die Ufer des Baikals sind mir inzwischen zu vertraut, um mir die geringste Träne zu entlocken.

5. Juni
Ich paddele am späten Nachmittag nach Norden, zwei Angeln an den Bootsrändern befestigt. Die Buchten stellen rosa Kieselstrände zur Schau. Das klare Wasser lässt Felsen erahnen, auf welche die Sonne lagunenhelle Flecken malt. Ein Eisfloß treibt vorbei, auf dem sich acht Möwen sonnen. Vom See her entdecke ich das verwandelte Gebirge. Die zartgrüne Linie der Lärchen spannt sich unter dem bronzegrünen Streifen der Zedern, darüber der graugrüne Fries der Zwergkiefern. Überlebende Firnflecken setzen Kommas dazwischen. Die Berge spiegeln sich kopfüber im See. Die Spiegelungen sind schöner als die Wirklichkeit. Das Wasser befruchtet das Bild mit seiner Tiefe, mit seinem Geheimnis. Das Zittern der Oberfläche siedelt diesen Anblick an der Grenze zum Traum an.

Vor meinem Bug fliegen Enten mühsam auf (mit dem Kajak kann man sich den Tieren nähern, ohne sie zu erschrecken). Ich laufe auf dem Sand eines Strandes auf, neben dem ein Wildbach sprudelnd in den See stürzt. Ein Gewitter treibt mich unter eine Zeder. Die Hunde folgen mir. Der See ist ein anthrazitgraues Flanelltuch, gespickt mit einer Sintflut von Nadeln. Binnen fünf Minuten reißt der Himmel auf. Unter dem Regenbogen stelle ich mich in Gummihosen in die Strömung und angle. Enten schwimmen dicht an mir vorbei. Sonnenstrahlen schmücken den Wald mit hellen Flecken. In der Rollenverteilung zwischen Berg, Ufer, Wasser und Tieren herrscht ein vollkommenes Gleichgewicht.

Als hätten sie sich abgesprochen, beißen die Fische plötzlich an. Innerhalb von zwanzig Minuten fange ich sechs Saiblinge. Und während das Licht unermüdlich die Wolken durchlöchert, lege ich mich am Strand vor ein Holzfeuer, die Hunde an mich geschmiegt, das Kajak halb ans Ufer gezogen; ich schaue zu, wie meine Fische auf Spießen aus grünem Holz braten, lausche dem Plätschern der Wellen und denke, das Leben sollte nichts anderes sein als das: eine Huldigung des Erwachsenen an die Träume seiner Kindheit. Ich kämpfe gegen die Versuchung, ein Foto zu machen.

Die Sonne sucht sich, wie immer, die Kämme über den Quellen der Lena aus, um dahinter unterzugehen.

6. Juni

Heute Nacht konnte ich nicht schlafen und bin an den Strand hinausgegangen, die Leuchtraketen in der Hand. Der Mond nimmt ab. Er wird wiederkommen. Das ist sicher. Es ist besser, auf Trabanten zu setzen als auf Messiasse. Am Morgen ist die Luft fröhlich wie ein Gemälde von Dufy. Das Plätschern der Wellen durchströmt mein ganzes Leben. Die Dünung singt von der Freude, frei zu sein.

Auf der Uferböschung rahmen die Stämme der Kiefern und der Zedern glatte, türkise Seeflächen ein. Langer Spaziergang im Tiefblau der Küsten.

Das Kajak: ein Weberschiffchen, das über die glatte Baikalseide flitzt.

Nachdem ich etwas gepaddelt bin, um das defekte Steuer zu

justieren, hänge ich in der Lichtung meine Hängematte auf. Wenn ich den Kopf hebe, sehe ich die Wasserebene, die von den Lichtern des Himmels als Spiegel benützt wird, um ihre Nuancen abzustimmen. »Dass die Dinge der Erde so zart den Farben des Himmels Herberge gaben, betrachtete ich mit einer Art Begeisterung.« (Mishima, *Der Tempelbrand)* Ich lese ein paar Briefe von Cicero. Der Einsiedler, der keinen Zugang zur Tagesaktualität hat, ist es sich schuldig, sich über die Begebenheiten im alten Rom auf dem Laufenden zu halten. In *Tausendundeine Nacht,* inmitten der Palmen und der Herrlichkeiten, dieser unangenehm klingende Satz: »Die Großzügigkeit, die du mir da vorspielst, muss doch irgendeinen Grund haben.« Da ist mir Drieu la Rochelles Hommage an die Ziellosigkeit in *Die Unzulänglichen* lieber, eine Devise, die Eremiten sich ins Wappen schreiben könnten: »Je weniger Zielstrebigkeit in seinem Leben war, umso mehr Sinn gewann es.«

7. Juni

Ich sitze an meinem Holztisch und schreibe, die Hunde schlafen im warmen Sand. Alles ist still, gespannt und leuchtend.

Am Rand des Strandes aufgeblühte Kuhschellen. Wespen und Bienen berauschen sich an ihnen. Warum hat Gott in seiner unendlichen Weisheit nicht vorgesehen, dass der Mensch in aller Einfalt an ihn glaubt, ohne große Umstände, ohne Fragen? Etwas so vollkommen Unerklärliches erfunden zu haben wie die Bestäubung der Blumen durch Hautflügler und dabei vergessen zu haben, greifbare Zeichen seiner Existenz zu geben: was für eine Nachlässigkeit!

8. Juni

Ein Bellen. Ich springe aus dem Bett. In der Ferne wird ein Motorengeräusch lauter. Es ist fünf Uhr morgens, ein Boot nähert sich von Süden. Durchs Fernglas erkenne ich eines von Sergejs kleinen Aluminiumbooten. Eine Viertelstunde später legt er an, begleitet von Jura mit den traurigen Augen. Der Tee ist aufgesetzt und die Blinis von gestern Abend stehen auf dem Tisch. Als sie hereinkommen, sitze ich da und alles ist in Ordnung. Sergej kann es nicht fassen und redet von der »Disziplin der Leute, die lesen«. So steigere ich mit geringer Mühe das Ansehen Frankreichs. Die Hütte blitzt wie ein preußischer Wachtposten. Er weiß nicht, dass ich ohne die Hunde noch schnarchen würde. Ich muss in einem früheren Leben Wirt gewesen sein. Ich bediene meine Gäste mit einer Mischung aus Beflissenheit und Gereiztheit. Ein Überraschungsbesuch ist sowohl eine Freude als auch eine Störung. Die beiden Männer sind gestern Abend in Pokoiniki aufgebrochen, sind zwischen den Inseln aus bröckelndem Eis hindurchgekreuzt und wollen weiter nach Jelochin. Dieses Jahr sind sie die Ersten, die nach dem Eisgang über den See fahren. Sergej rollt die Chronik der Querelen und Tiefschläge zwischen den Inspektoren des Reservats vor mir aus. Die kritische Theorie der modernen Vertrocknung, formuliert von Emerson und Ellul, fortgeführt von Julien Coupat und den Gemeinschafts-Nostalgikern, lässt sich nicht halten. Es ist nicht das Zusammengepferchtsein im *urbanen Park,* was böse macht, es ist nicht der Stress durch den Druck des Marktes, der Menschen in bissige Ratten verwandelt, und es ist auch nicht die mimetische Rivalität des engen Zusammenlebens, die *»Brüdern befiehlt, einander zu hassen«* (Coupat in *Tiqqun*). Am Baikal leben die Menschen Dutzende Küstenkilometer voneinander entfernt in der Herrlichkeit der Wälder, und sie bekriegen einander wie Wohnungsnachbarn in einer Millionenstadt. Verändert den Rahmen, die Wesensart der »Brüder« wird die gleiche bleiben. Die Harmonie der Umgebung wird auch nicht helfen. Der Mensch ändert sich nicht.

Sergej macht mir das schönste Kompliment meines Lebens: »Deine Anwesenheit hier schreckt die Wilderer ab. Du hast sicher vier oder fünf Bären gerettet.« Wir begießen diese Liebenswürdigkeiten mit einer Flasche Wodka. Der scheue Jura sagt nichts, trinkt nicht und hält sich abseits, schlingt nur ab und zu eine Zwiebel oder einen geräucherten Fisch hinunter. Sie fahren weiter nach Jelochin, wo sie zu tun haben, und laden mich für den Abend nach Saworotny ein, wo sie übernachten werden.

Wir haben die Flasche leer getrunken, aber 25 Kilometer mit dem Kajak genügen, um jede Migräne zu vertreiben. Ich paddele langsam, trödele in den Buchten herum. Ich gleite wie ein Otter durchs Wasser, und der Bug des Bootes zerteilt die stillen Stunden. Bek und Aika sind ein schwarzes und ein weißes Pünktchen am Fuß der Geröllfelder. Ein Bussard beobachtet mich vom Wipfel einer Esche herab. Die Gänsesäger gackern. Ich kürze von Kap zu Kap ab, zwei Kilometer vom Ufer entfernt. Nach sechs Stunden auf dem Wasser: Saworotny. Sergej, Jura und ein paar Fischer sitzen neben der großen Blockhütte ihres Freundes V. M. an einem Feuer.

Der See schläft ein, die Tiere beruhigen sich. Bis drei Uhr morgens halten wir das Feuer in Gang, essen geräucherten Fisch und leeren Flasche um Flasche. Ich hätte mich gern in der Wärme einer Hütte auf ein Bett fallen lassen. Russland hat mich gelehrt, nach einer Anstrengung nie auf die geringste Entschädigung zu hoffen. Du musst immer darauf vorbereitet sein, dir mit

Wodka den Rest zu geben, nachdem die Kilometer dich schon mürbe gemacht haben.

Einer der Fischer, Igor, verträgt den Wodka nicht. Was dieser ihm an Äthanol zuführt, scheidet er in Form von Tränen aus, und um das Kind weinend, das nicht kommen will, bricht er in meinen Armen zusammen. Seine Tränen in der Nacht, in der noch der Schrei der Möwen hing, werde ich mein Lebtag nicht vergessen. Er und seine Frau haben bei einem auf Fruchtbarkeit spezialisierten Schamanen Rat gesucht und würden jetzt gern zu tibetischen Tempeln reisen, wo die Macht der Bodhisattvas ihrer beider Schoß fruchtbar machen könnte. Ich wage nicht, ihn damit zu trösten, dass der menschliche Termitenbau schon zum Bersten voll ist. Dass Claude Lévi-Strauss die Milliarden Menschen, die sich auf der zu engen Erde zusammendrängen, als »Mehlwürmer« bezeichnete und feststellte, dass wir dabei sind, uns selbst zu vergiften. Dass der alte Meister in seiner Sorge darüber, wie das Bevölkerungswachstum die Erde unter Druck setzt, »sich jede Vorhersage über die Zukunft verbot« – er, der in eine sechsmal weniger bevölkerte Welt geboren worden war. Dass Montherlant den Herrscher in *Die tote Königin*, der die Schwangerschaft seiner Schwiegertochter entdeckt, sagen lässt: »Wird das denn niemals aufhören!« Dass einen Säugling in die Löwengrube zu werfen, vielleicht nicht das Weiseste ist, was man tun kann. Und dass der Wunsch, Vater zu werden, sich mühelos durch das Pflegen eines kleinen Kerns von Pessimismus bekämpfen lässt.

9. Juni

Ich hatte *Das Leben des Abbé de Rancé* mit ins Kajak genommen, entschlossen, in Gesellschaft des Meisters des spirituellen

Eremitismus einen angenehmen Tag in Saworotny zu verbringen, aber gegen Mittag packen mich Gewissensbisse, weil ich die Sonne allein ihrer Bahn folgen lasse, und ich mache mich mit meinem Kater auf, um im grellen Licht über den Schiefer der ehemaligen Mine von Saworotny zu wandeln. Bis zum Zusammenbruch der Sowjetunion rissen hier »freie Menschen« auf der Suche nach Mikroquarzit den Bauch der Erde auf. Sie hinterließen eine Straße, die sich die Hänge hinaufwindet – eine *Serpentine,* wie man auf Russisch sagt, nach der französischen Bedeutung des Wortes im 18. Jahrhundert – und mit Motorenleichen und kaputten Baggerraupen gesäumt ist. Ich bin zerlumpt, ungekämmt, mein Atem riecht nach Alkohol und meine Augen sind gelb. Sogar die Hunde sehen jämmerlich aus, sie sind erschöpft von der gestern zurückgelegten Strecke. In regelmäßigen Abständen brechen wir alle drei auf der Piste zusammen, um uns von den Photonen der Sonne wieder aufladen zu lassen. Auf 1000 Meter Höhe erreichen wir den vom Rand eines Gletscherbeckens gebildeten Absatz. In dem vom Zahn der Maschinen ausgehöhlten Kessel herrscht die vergiftete Atmosphäre, die allen verlassenen Minen eigen ist. Ich steige höher bis auf 2000 Meter und huste mir die Schlacken der letzten Nacht aus dem Leib. Dort oben lädt der Blick auf die Rückseite des Sees zu Abenteuern ein. Leben heißt weitergehen, und im Umkehren liegt immer eine Niederlage. Wir steigen schwankend wieder ab, durch Rinnen voll weichem Schnee. Unsere Körper hätten die 1500 Meter Höhenunterschied heute nicht gebraucht. Ich hätte Chateaubriand lesen und schwarzen Tee trinken sollen, mit Blick auf das Ballett der Eiderenten, wie sie die gute schwarze Sahne des Sees verbuttern.

Um zehn Uhr abends serviert mir V. E. eine Suppe, umringt

von zehn Hunden in seinem Haus, das mehr Zwinger als Isba ist. Der Boden klebt vor Fett, und auf dem Herd köcheln riesige Wannen voll Robbeninnereien und Elchbrocken: das Hundefutter. Es sieht aus wie der Athanor eines kurländischen Alchemisten zur Zeit der Lotharinger.

»Und, die Mine?«, fragt V. E.

»Sehr schön da oben«, sage ich.

»Die Hunde?«

»Sie sind mitgekommen, die Lumpen.«

»Früher lebte dieses Dorf noch, es gab ein kleines Restaurant. Heute: eine Ruine.«

»Towarischtsch, du bist ein Nostalgiker der Sowjetunion.«

»Nein, die Nostalgiker trauern nur ihrer Jugend nach.«

10. Juni

V. E. tischt mir zum Frühstück Robbenschmorbraten auf. Dieses Fleisch ist eine Atomladung, es explodiert im Mund und jagt einem seine Kraft durch alle Gefäße des Körpers.

»Genosse, gib mir Robbenfleisch, gib mir einen Panzer und überlass mir Polen!«, sage ich.

»Das ist kein russisches Sprichwort.«

»Es könnte eins sein.«

»Hm.«

Dann füttert mein Freund mit der List eines Catchers seine zehn Hunde. Es gilt, mit einem großen Kanister beladen, in die bellende Meute vorzudringen und die Rationen in die Näpfe zu befördern, ohne sich von den Hunden umwerfen zu lassen. Meine schlagen sich in diesem feindlichen Umfeld wacker. Wer nicht kämpft, frisst nicht.

Auf dem Rückweg segne ich das Robbenfleisch, dass es mir

seine Kraft gibt. Gegenwind und kabbeliger Seegang verlangen mir sieben Stunden Anstrengungen ab, um dem See 25 Kilometer abzuringen. Die Hunde legen sich zu kurzen Schläfchen auf die runden Felsen und warten auf mich. Meine Muskeln leiden Höllenqualen. Die Dehydrierung muss dabei wohl eine Rolle spielen. Russland zwingt seine Säufer, als Athleten zu leben. Das Ufer zieht sich hin. Robben tauchen auf.

Ich lege an und schlafe eine Stunde auf den warmen Kieseln, zwischen den Hunden, neben einem Feuer, dessen Wärme die Spinnen aus ihren Schlupfwinkeln lockt.

Um fünf Uhr komme ich genau in dem Moment an meinem Strand an, als ein Fischerboot seinen stählernen Bug in die Kiesel rammt. Der Kapitän fragt mich, ob seine holländischen Passagiere kurz an Land kommen dürfen.

Erwin arbeitet für eine Erdölgesellschaft in Sachalin. Seine Frau spricht perfekt Französisch. Die beiden Kinder sind rot und braver als meine Hunde. Die Blockhütte muss ihnen vorkommen wie ein Traum: Schneewittchens Sommerfrische, bewohnt von einem der sieben Zwerge. Wir trinken sehr zivilisiert Tee, im Stehen am Strand. Sie bleiben fünfzehn Minuten und machen ein Foto, was man immer tut, wenn man nicht sechs Monate vor sich hat. Schon auf dem Fallreep ruft Erwin: »Ich habe eine *Herald Tribune,* wollen Sie sie?«

»Ja«, sage ich.

»Sie ist von letzter Woche.«

»Auf die paar Tage kommt es nicht an.«

Er wirft sie mir zu, und ich sage mir, dafür, sich die *Herald Tribune* von einem holländischen Boten per russischem Fischerboot liefern zu lassen, hat es sich doch gelohnt, 38 Jahre zu leben.

Die Nachrichten: Afghanische kleine Mädchen werden von Verwandten missbraucht und dann von ihren Müttern versto-ßen. Von Mullahs ausgepeitschte Frauen (Foto). Irakische Schiiten jagen Sunniten und dazu ein paar eigene Leute in die Luft, weil die Explosion von USBV keine exakte Wissenschaft ist (Foto). Die Türkei ruft ihre Diplomaten aus Israel zurück (Hintergrundartikel). Iranische Atomphysiker plustern sich auf, weil ihre Programme rasche Fortschritte machen. Auf Seite 4 sage ich mir, ich könnte gut und gern ein paar Monate länger hierbleiben. Das Papier der *Herald* eignet sich sehr gut dazu, sibirischen Fisch einzuwickeln.

11. Juni

Rancé ist der heilige Antonius der gemäßigten Breiten. Ein Gottesnarr ohne Sanddünen und Skorpione. 17. Jahrhundert: Ein mit Ehren und Reichtümern überhäufter Mann beschließt, der Welt zu entsagen. Mit 37 Jahren nimmt er Kurs auf die Einsamkeit, »ohne Erinnerung, Gedächtnis und Groll«. Chateaubriands Porträt von Rancé ist beängstigend. Er kehrt allem Prunk den Rücken, sagt sich vom Leben los, tut Buße. Er nimmt das Evangelium beim Wort und entledigt sich seiner Schuld bei den Armen, um dann in den Hügeln des Perche den Trappistenorden zu gründen, eine Kongregation mit strengster Regel, ein »christliches Sparta«. In der Abgeschiedenheit widmet er sich abwechselnd dem Gebet, dem Schreiben und der Meditation, und er kasteit seinen kranken Körper. Er wird 37 Jahre in der Einsamkeit leben, von Schmerzen gepeinigt, abgeschlossen in der »Trostlosigkeit« der Klostermauern. 37 Jahre des Feierns gegen 37 Jahre des Schweigens: ein gerechter Ausgleich. Penibel wie ein Buchhalter wird Rancé zurückzahlen, was er dem Teufel schuldig war. Er wird »[seine] letzte Kraft aus [seinen] früheren Schwächen« schöpfen. In einem Brief an den Bischof von Tournai fasst er zusammen: »Man lebt, um zu sterben.« Seine Flucht fasziniert mich im gleichen Maß, wie sie mich abstößt. Seine Radikalität erregt meine Bewunderung, sein Beweggrund ist mir zuwider. In der Unruhe des Abbé ist etwas vom Fieber eines Kindes, das dem Himmel zuruft: »Ich will das Absolute und zwar sofort!« Der Impuls ist großartig in seiner Ungeduld. Aber sein Feuer ist krankhaft, es verschlingt alles, was nicht der Hoffnung auf das Jenseits angehört. »Alles wird bei ihm von einem glühenden Hass gegen das Leben überschattet«, schreibt Chateaubriand im dritten Buch. In dieser Negation alles Irdischen liegt etwas vom »christlichen Nihilismus«, den Nietzsche im *Antichrist* anprangert.

In der Taiga will ich lieber Augenblicke der Glückseligkeit pflücken, als mich an Absolutem zu berauschen. Der Duft der Azaleen kitzelt mich angenehmer in der Nase als der von Weihrauch. Ich verneige mich lieber vor geöffneten Blumenkronen als vor einem schweigenden Himmel. Alles Übrige – Einfachheit, Bedürfnislosigkeit, Vergessen, Hingabe und Gleichgültigkeit gegenüber dem Komfort – bewundere ich und will ich gern nachahmen.

12. Juni

Heute Morgen Nebel. Die Welt verschwunden. Ein Wetter für Undinen. Als die Watte sich auflöst, gehe ich zum Angeln an den Fluss am Nördlichen Zedernkap. Angeln: Man fängt einen Fisch, aber man verliert Zeit. Gewinn oder Verlust?

Ich lasse die Fliegen in der Strömung treiben und halte sie in einer gewissen Tiefe, etwa 1,50 Meter über dem Grund. Dort sammeln sich die Fische am Überlauf der Flüsse und fangen ihre Nahrung ab. Die Erregung, wenn der Schwimmer untertaucht: Es wird ein Abendessen geben. Als ich die Saiblinge töte, laufen Schauer über ihre Haut: Das Leben entweicht unter elektrischen Entladungen. Die Haut wird stumpf. Leben ist das, was uns Farbe gibt.

13. Juni
Im *Leben des Abbé de Rancé* dieses Zitat aus Tibulls *Elegien:* »Hörst du das Wüten des Sturms, ruhst selber geborgen: das tröstet.« Der Wind wütet den ganzen Tag, und ich mache es wie Tibull.

14. Juni
Die Brandung hat die Felsen gewaschen. Ich gehe vorsichtig darüber, um nicht auszurutschen. Die Hunde haben Angst vor den Wellen. Die haben Zähne, um die Erde zu beißen. Die Spitzen der Kaps verschwinden unter der Gischt. Der Wind fegt durch den dunklen Wald. Die Taiga kracht. Manchmal schießt eine Möwe vorbei. Auf den Kieseln sind Millionen Fliegen ausgeschlüpft. Sie bedecken ganze Bereiche des Strandes. Die Hunde schlecken sie von den Steinen. Sie leben nur eine Woche, die Tiere gieren nach ihnen, da sie Proteine liefern, ohne viel Mühe zu kosten. Der Sand ist voller Spuren von Sohlengängern. Die Bären sind zum Festmahl herabgestiegen.

Die Hunde schaffen es nicht, die Ledjanaja zu überqueren. Aika ist auf einen Felsen mitten in der Strömung gesprungen und wartet darauf, dass ich durch das sprudelnde Wasser wate und sie hole. Bek winselt kläglich, überzeugt, dass wir vorhaben, ihn zu verlassen. Ich überquere den Fluss erneut, um ihn auf den Schultern hinüberzutragen. Ich ziehe mich auf das fast senkrecht abfallende Nordufer des Flusses hoch und steige über Hänge, die von Erdrutschen gezeichnet sind. Diese Steilküsten, wie sie einem zusäuseln: »Komm mein kleiner Liebling, komm hier entlang.« Der wütende Wind verleiht mir Flügel.

Ich erreiche den Fluss, an den es mich zog: einen in Kaskaden herabstürzenden Wildbach, drei Kilometer nördlich der Ledjanaja. Ein fischreiches Gewässer, aber man braucht drei Stunden dorthin. Die Hunde stöbern eine Weile herum und schlafen dann im Schutz der Rhododendren ein. Ich bewundere ihre Gabe, bei der kleinsten Pause wegzudämmern. Meine neue Devise: Sich in allen Dingen den Hund zum Vorbild nehmen! Die Bionik lässt sich von den Erfindungen der Natur inspirieren, um sie auf die Technik zu übertragen. Man müsste die Schule der Ethobionik gründen: sich am Verhalten der Tiere orientieren, unsere Handlungen davon leiten lassen. Statt jedes Mal, wenn es ans Handeln ginge, unsere Helden um Rat zu bitten – was hätten Marc Aurel, Lancelot oder Geronimo getan? –, würden wir uns fragen: Und was würde mein Hund jetzt tun? Und ein Pferd? Und der Tiger? Und sogar die Auster (ein Muster an Gemütsruhe)? Die Bestiarien würden zu Leitfäden unseres Handelns. Die Verhaltensforschung würde zur moralischen Wissenschaft. Ich unterbreche meine Träumerei, als ein Saibling meinen Korkschwimmer auf den Grund zieht. Am Abend trage ich vier Fische nach Hause. Und ich verschlinge sie, denn so tun es die Tiere.

15. Juni

Die Steinfliegen. Sie rieseln in seidigen Strömen über Stämme und Felsen. Sie sind geheiligtes Manna. Der Monat Juni, in dem die Tiere ihre ganze Kraft brauchen, um sich zu lieben, stellte im

Lebenszyklus ein Problem dar. Wie konnte die Zeit zwischen dem Erwachen im Mai und der Fülle des Julis überbrückt werden? Dafür hat die Natur die Fliegen geschaffen. Die armen Insekten dienen als Nahrung. Sie sind dazu bestimmt, in den Wochen des Mangels Energie zu liefern. In 14 Tagen, wenn sie ihre Aufgabe erfüllt haben, werden sie verschwinden. Sie werden ihr kurzes Leben dem allgemeinen biologischen Interesse geopfert haben. Dennoch vergessen sie nicht zu leben. Beim kleinsten Sonnenstrahl fangen sie an zu zappeln und zu vibrieren und paaren sich. Eine Emsigkeit, die den Zuckungen einer verschwiegenen Lust ähnelt. Sie gefallen mir so gut, dass ich mir beim Versuch, sie auf den Strandkieseln nicht zu zertreten, die Knöchel verknackse.

16. Juni

Und dann stürzt alles zusammen. Auf dem Satellitentelefon, das ich Notfällen vorbehalte und noch nicht benützt habe, erscheinen fünf Zeilen, schmerzhafter als der Abdruck eines rotglühenden Eisens. Die Frau, die ich liebe, gibt mir den Laufpass. Sie will keinen Strohhalm im Wind mehr als Mann. Ich habe durch meine Fluchten, meine Ausweichmanöver und diese Hütte gesündigt.

Als sie vor einiger Zeit nach mehreren Jahren zu mir zurückgekommen ist, brach ich gerade zu einer Reportage an die Ufer des Baikals auf. Nun verlässt sie mich, und ich befinde mich an den gleichen Ufern. Drei Stunden lang irre ich über den Strand. Ich habe das Glück entfliehen lassen. Leben sollte nur daraus bestehen: unablässig Dankgebete zu sprechen, um dem Schicksal für jede kleine Segnung zu danken. Glücklich sein heißt wissen, dass man es ist.

Es ist fünf Uhr abends, der Schmerz kommt in Wellen. Er lässt mir ab und zu etwas Ruhe. Ich schaffe es, die Hunde zu füttern, sogar zu angeln. Aber das Leid kehrt immer wieder zurück, als habe es ein Eigenleben: geschmolzenes Blei in den Adern des Innersten.

Ich träume von einem Häuschen in einem Vorort, mit Hund, Frau und Kindern, im Schutz einer Tannenhecke. In all ihrer Engstirnigkeit haben die Bourgeois doch etwas Wesentliches verstanden: Man muss sich die Möglichkeit eines minimalen Glücks schaffen.

Ich bin zu einer Zwangsgemeinschaft mit lauter dämlichen Enten verurteilt, Auge in Auge mit meinem Leid.

Ich muss meine Kräfte darauf konzentrieren, die nächste Stunde zu erreichen. Ich vertiefe mich in ein Buch. Sobald ich mit Lesen aufhöre, dröhnen die fünf Zeilen der Nachricht in meinem Schädel.

Ich klappe das Buch zu und weine ins Fell meiner Hunde. Ich wusste nicht, dass Tierfell Tränen so gut aufsaugt. Auf der menschlichen Haut gleiten sie ab. Normalerweise springen die Hunde um diese Uhrzeit überall herum. Heute Abend halten sie unter meiner kläglichen kleinen Sintflut still, den Kopf etwas zur Seite geneigt. Ich habe nur eine Leuchtpistole, um mir das Hirn herauszupusten. Der Erfolg wäre nicht einmal garantiert. An der Wasseroberfläche taucht eine Robbe auf, direkt vor dem Strand … Ich sage mir, sie ist es, die mir zulächelt. Ich muss erreichen, dass ich ein letztes Mal mit ihr sprechen kann. Wir hinken dem Leben immer hinterher. Die Zeit bietet keine zweite Chance. Man hat im Leben immer nur einen Versuch. Und ich bin in den Wald geflohen und habe sie zurückgelassen.

Ich lese bis zur Erschöpfung, denn wenn meine Augen abschweifen, erstickt mich das Leid und zwingt mich aufzustehen. In der Nacht glaube ich, Boote zu hören. Aber es sind meine Augen, die brummen.

17. Juni

Ich bin in dem Paradies gefangen, das ich mir erbaut habe. Der Himmel ist blau, aber schwarz. Seltsam, wie die Zeit einem die Freundschaft entziehen kann. Gestern noch glitt sie dahin wie Seide. Jetzt ist jede Sekunde eine Nadel.

Mit 38 Jahren auf einem Strand herumzukriechen und einen Hund zu fragen, warum Frauen einen verlassen.

Ohne Aika und Bek wäre ich tot. Von 16 Uhr 30 bis 18 Uhr 30 hacke ich Holz, bis ich die Axt nicht mehr halten kann. »Nur das reinste aller Herzen kann wegen eines anderen zum Mörder werden«, schreibt Jim Harrison in *Dalva* sinngemäß. Die Welle kehrt zurück. Die Tränen werden durch das Lesen in Schach gehalten. In den Filmen weichen Wölfe vor brennenden Fackeln zurück.

Ich habe das Schiff meines Lebens versenkt und es erst bemerkt, als das Wasser über Bord schwappte. Es ist sieben Uhr, und ich frage mich: Wie soll ich es bis acht Uhr schaffen? Es ist ein schöner Abend mit etwas albernen Rokoko-Wolken, wie diese Samttroddeln an den Vorhängen alter Damen. Die Fische kommen zum Atmen an die Oberfläche. Ihr Kuss an die Fluten hinterlässt Kreise, die sich ausdehnen und vergehen.

Ich kritzele den ganzen Tag in meine kleinen schwarzen Notizbücher. Irgendetwas schreiben, um den Schmerz nicht zu spüren. Die Notizbücher: Persönlichkeiten voller Erinnerungen, Anekdoten und Gedanken. Ich lese die Stoiker: In ihrer

Praxis findet man, wie man sich unempfindlich macht, erster Schritt in Richtung Trost. Ich möchte mein Leid in diesen Wald hinausschnäuzen, der nichts vom Kummer weiß. Leben überall: Enten, Robben, ein Bär im Fernglas, unterhalb der Kuppe, auf der ich mich gern ausruhe. Es ist jene Abendstunde, in der jeder nach Hause geht und diesem neuen Lebenstag einen letzten Dank ausspricht.

Mein Körper ist vom Schmerz zusammengepresst. Kann ein hoher Leidensdruck ein Herzödem verursachen?

Einziger Hoffnungsschimmer: das für morgen vorgesehene Eintreffen von Bertrand de Miollis und Olivier Desvaux, zwei befreundeten Malern, die durch Russland reisen und versprochen haben, mich zu besuchen. Sergej soll sie mit dem Boot bringen. Der Zufall will, dass sie genau in dem Moment hierherkommen, in dem ich platt wie eine Teerpfütze am Strand liege.

Ich werde ihnen nichts sagen, meine Tränen verbergen, ihre Anwesenheit nutzen, um am Leben zu bleiben.

18. Juni

Durchhalten, und die Kraft dazu aus der unendlichen Robustheit der kleinen Hunde schöpfen. Die Natur gibt sich ganz ihrer Freude hin, in den Genuss eines neuen Sommers zu kommen. Um sechs Uhr reißt mich Motorenlärm aus meiner Benommenheit. Im Süden ein schwarzer Punkt: meine Erlösung. Ich empfange Miollis und Desvaux wie einen Segen, sie werden mich von meinem Totentanz ablenken. Sergej fährt zurück, ohne auch nur ein Glas zu trinken, denn der See wird stürmisch. Ich setze die beiden Maler an den Holztisch am Strand und hole den aus Irkutsk mitgebrachten Proviant aus ihren Taschen: Wein, Bier, Wodka und trockenen Käse. Wir betrinken uns bis zum

Umfallen. Der Alkohol richtet in unseren Adern seine Verheerungen an. Wenigstens vertreibt er allen Kummer.

19. Juni

Das Glück dauert eine Sekunde. Wenn man in der Dämmerung aufwacht, gibt es einen angenehmen Moment, kurz bevor das Bewusstsein sich erinnert und das Herz sich zusammenzieht.

Seit der Apokalypse vom 16. Juni habe ich zwei Komödien von Shakespeare gelesen, Epiktets *Handbüchlein* und Marc Aurels *Selbstbetrachtungen,* Giovannis *Les Aventuriers* und einen Krimi von Chase, *Eva.* Der Autor beschreibt einen Mistkerl, dessen Charakter alles um ihn herum vertrocknen lässt, bis da nur noch Wüste ist. Dieser Typ bin ich. Nachdem mein Herz in Stücke zerfallen war, nahm meine Hand, von geheimnisvollen Kräften geleitet, die Bücher aus dem Regal, die ich lesen musste. Marc Aurel hat mir geholfen. Giovanni hat mir gezeigt, was ich hätte sein sollen, und Chase führt mir vor, was ich bin. Bücher sind hilfreicher als die Psychoanalyse. Sie sagen alles, besser als das Leben. In einer Blockhütte bilden sie, zusammen mit der Einsamkeit, den perfekten lytischen Cocktail.

Der Wodka hat uns einen Kater beschert. Gegen Mittag tauchen Miollis und Desvaux wieder auf, sie haben auf dem Holzboden der Hütte geschlafen. Um das Gift abzubauen, wandern wir zur Ledjanaja und essen auf den grasbewachsenen Terrassen über dem rechten Steilufer zu Mittag. Die Hunde jagen hinter den Enten her. All diese Freude!

Zwei Staffeleien an einem Strand, dahinter die weiß gekleideten Maler, die mit vorsichtigen kleinen Strichen ihre Bilder komponieren, Hunde zu ihren Füßen, im lila Licht eines sibirischen Abends – ein Schauspiel von klassischer Anmut. Ich werde nicht müde, Miollis und Desvaux zuzuschauen. Sie reisen seit einem Monat durch Sibirien und malen »nach der Natur«, wie sie sagen, ganz in der Tradition der Wandermaler des Heiligen Russlands. Mit Hilfe von Licht und ein wenig Zeit bringen sie den Raum auf die Leinwand. Ich schreibe diese Zeilen, während sie ihre Bilder fertigstellen. Die Hütte bekommt etwas von einem Künstleratelier. Eine Villa Medici für Muschiks.

20. Juni

Im Morgengrauen sitze ich an meinem Arbeitstisch Modell. Die beiden Wandermaler haben ihre Staffeleien in der Hütte aufgestellt. Miollis sieht aus wie ein deutscher Minnesänger, Desvaux wie ein Schweizer Hirte. Desvaux beherrscht eine besonnene, sorgfältige, wohlwollende Technik, er trifft den Nagel immer auf den Kopf. Miollis ist weniger gleichmäßig, verpatzt manchmal ein Bild, bringt aber gelegentlich eine ungezähmte Kostbarkeit hervor. Heute Morgen malen sie einen Mann mit gebrochenem Herzen. Es ist leicht zu verbergen, was man empfindet. Die »Potemkinschen Dörfer« wurden in aller Eile von russischen Gesandten errichtet. Frisch renovierte und gestrichene Fassaden verbargen die Elendsquartiere. Die Zarin inspizierte ihre Ländereien, sah nur Pappkulissen und kehrte zufrieden in ihren Palast zurück.

Miollis' Frohsinn und Desvaux' Sanftmut lenken mich etwas von meinem Leid ab. Ohne sie würde der Krebs des Kummers mich auffressen.

An einem Tag malen sie die Hütte, die Hunde, den Strand. Es braucht ebenso viel Chuzpe, die Schönheit dieses Ortes auf eine Leinwand bannen zu wollen, wie sie in den zehn Worten eines Aphorismus auszudrücken.

21. Juni
Heute Morgen fährt weit draußen ein großes Schiff vorbei. Zehn Minuten später läuft die Welle seines Kielwassers am Strand aus, und ich empfinde dies als ein unangenehmes Eindringen der Welt in meine jungfräuliche Sphäre.

Die Maler verbringen den Tag damit, von Wildgänsen durchquerte Lichtstimmungen einzufangen. Sie stehen vor ihrer Staffelei wie vor einem Fenster, dessen Aussicht sie noch erfinden müssten.

Zum Mittagessen steige ich mit den Hunden auf den Gipfel der verwitterten Anhöhe. Dort oben betrachten sie nachdenklich sabbernd das Meer. Vor fünf Tagen haben diese kleinen Tiere mir die Pfote gereicht und mich vor dem Ertrinken gerettet.

Abends Angeln. Desvaux fängt ein Abendessen für drei Personen und zwei Hunde. Seine Gestalt zeichnet sich unter der großen, über das Wasser gebeugten Esche des Kaps ab. Auf den Hängen will das Licht nicht tiefer kommen, es klammert sich an den Felsspornen fest. Ein Silberblitz am Ende der Angelschnur: Der See gibt seine Früchte her. Schreiben, malen, angeln – drei Arten, der Zeit die Ehre zu erweisen.

22. Juni
Pollen hat sich auf dem See abgesetzt und säumt das Ufer mit leuchtend gelben Schlieren. Tote Schmetterlinge treiben auf der Oberfläche. Immerzu tauchen Robben auf und schauen zum Ufer. Sie kontrollieren, ob die Welt an ihrem Platz ist, überprüfen, ob sie recht daran getan haben, sich für die Tiefen zu entscheiden.

Kein Laut, kein Laut, manchmal ein Schmetterling.

»Das Schweigen, der Schmuck der heiligen Einsamkeiten« (*Das Leben des Abbé de Rancé*).

Miollis und Desvaux malen Bild um Bild, Opfergaben, die sie dem Geist des Ortes darbieten. Unendliche Überlegenheit des Gemäldes gegenüber dem Foto. Letzteres entnimmt dem Fluss der Dauer den präzisen Punkt einer Momentaufnahme und zerrt diesen auseinander, bis er flach daliegt. Die Urvölker hatten nicht ganz unrecht, wenn sie in der fotografischen Aufnahme einen Diebstahl sahen. Das Gemälde dagegen bietet eine historische Interpretation eines Moments, der unter dem Lid seines Betrachters lange fortleben wird, es unterbricht den Lauf der Zeit nicht: Seine Anfertigung selbst ist fließend, sie findet innerhalb einer langen Kompositionsspanne statt.

23. Juni
Kurz vor der Morgendämmerung brechen wir zu einer sechsstündigen Wanderung entlang des Ufers auf.

Miollis und Desvaux kehren zurück nach Irkutsk und sind mit der Mannschaft eines Schiffes verabredet, das heute Vormittag in Saworotny ablegt, 25 Kilometer von der Hütte entfernt. Wir sehen aus wie drei jüdische Maler, die den gesamten Inhalt ihres Ateliers in ihre Taschen geworfen haben und entlang der Weichsel fliehen. Die riesigen Rucksäcke erdrücken uns, sie sind voll mit 25 Kilo Farbtuben, Lösungen, Enzyklopädien über russische Malerei, und obenauf die Staffeleien. Am Mittleren Zedernkap grüßen wir den Geist des Einsiedlers. Neben dem Teich hinter der Hüttenruine finden wir einen toten Bären. Am Fuß einer riesigen Esche am Südlichen Zedernkap wimmelt ein Ameisenhaufen vor Leben: Millionen Skelette arbeiten daran, sich einen Körper zu bauen. Wildgänse rasen so schnell nach Norden, dass sie sich schier den Hals ausrenken. Ich verliere Zeit mit der Suche nach der alten Piste der Geologen, von der V. E. mir erzählt hat. Sie verläuft 150 Meter über dem See, aber die Schneise ist von jungen Bäumen überwuchert, die das Vorankommen noch schwieriger machen als die Kiesel am Ufer.

In Saworotny springen Miollis und Desvaux in das Schiff, dessen Dieselmotoren wir schon eine Stunde warmlaufen hörten, bevor wir die Station erreichten. Wir haben kaum Zeit, einander die Hand zu drücken. Ich mag solche Abschiede, sie sind wie Stürze.

Am Abend legen Sergej, Jura mit den traurigen Augen und Sascha mit den abgeschnittenen Fingern in Saworotny an. Wir machen ein Festmahl mit Räucherfisch, Aalquappenleber, Kaviar mit Wildzwiebel und gebratenem Hirsch. Sascha schenkt uns selbstgebrannten Fusel ein. In der Art, wie diese Russen ihr Glas leeren und nach den Fleischbrocken greifen, drückt sich ihr Stolz aus, sich jeglicher Vermarktungskette zu entziehen. Sie versorgen sich ausschließlich durch das, was der Wald bietet. Leben, indem man alles Nötige den Wäldern entnimmt, ist eine Glücksgarantie. Diese Männer sind unabhängig, was die praktischen Dinge angeht, bleiben aber den Traditionen ihrer Väter verbunden. Sie sind das genaue Gegenteil der Freidenker, die sich von Gott und Fürsten losgesagt haben, aber von der Stadt und ihren Dienstleistungen abhängen, um sich zu ernähren, sich fortzubewegen oder zu heizen. Wer hat recht? Der autarke Muschik, der seine Seele dem Himmel anbefiehlt, aber nie einen Laden betritt? Oder der moderne Atheist, der sich von jedem spirituellen Korsett befreit hat, aber an den Zitzen des Systems hängt und sich den Zwängen des Lebens in Gesellschaft beugen muss? Soll man Gott töten, sich aber den Gesetzgebern unterwerfen oder lieber frei in den Wäldern leben und weiter die Geister fürchten? Die praktische und materielle Autonomie scheint mir keine weniger edle Errungenschaft zu sein als die spirituelle und intellektuelle. »Man vergisst, dass vor allem in den Einzeldingen die Knechtung der Menschen gefährlich ist. Ich wäre persönlich geneigt zu glauben, dass die Freiheit in den großen Dingen weniger nötig ist als in den kleinen …«, schreibt Alexis de Tocqueville in *Über die Demokratie in Amerika,* im Kapitel »Welche Art von Despotismus die demokratischen Nationen zu fürchten haben«. Heute Abend, während ich mit den Taigaläufern Flasche um Flasche leere, wähle ich mein Lager: für die Götter, die Fürsten und die Tiere und gegen das Strafgesetzbuch!

Plötzlich ruft Sergej: »Wir bringen dich zurück!« Dann vollführen wir die Übung, in der die Russen Meister sind: einen Trinkspruch ausbringen, das Lager überstürzt abbrechen, Taschen in ein Boot werfen, mit Vollgas irgendwohin rasen. Irgendwohin, Hauptsache der Wind peitscht, die Welt schwankt und der Rausch ist mit von der Partie, immer in der Hoffnung auf etwas Neues am Ende des Weges.

Es gibt keinen geeigneteren Ort zum Meditieren als ein Aluminiumboot, das über einen nebelverhangenen See fährt. Manchmal gelingt es einer Felskante, den Nebelvorhang zu zerreißen. Uferabschnitte tauchen auf und verschleiern sich wieder. Ich hasse Demonstrationen. Außer die der Schönheit. Diese Bootsfahrt gleicht dem Prozess des Denkens: Der Geist wandelt wie durch Watte und plötzlich erlaubt eine Lücke, etwas zu erahnen. Bis dahin trieb man im Formlosen dahin. Ein Lichtblick erlaubt es, die Schatten zu benennen.

Sergej stellt den Motor ab, und wir trinken in der feuchten Stille ein Glas. Wir kippen seit Stunden Alkohol in uns hinein, man könnte uns auswringen. Passagier eines Bootes, das mit einem betrunkenen Kapitän am Steuer durch den Nebel fährt, liege ich quer über Kanistern und Fischernetzen, ziehe an meiner Zigarette und bin ganz ruhig. Meine Frau ist weg, ich habe nichts mehr zu verlieren. Unglück löst alle Leinen. Glück dagegen ist eine Fessel, die Abgeklärtheit verhindert. Als ich glücklich war, hatte ich Angst, es nicht mehr zu sein.

24. Juni

Zu Johanni bietet der Himmel ein herrliches Schauspiel. Den ganzen Tag schlingen sich Föhnwolken um die Kämme, krönen die Gipfel und bedecken den Wald mit der Sanftheit einer Hand, die das Liebestreiben der schamlosen Tiere verbergen wollte.

Ich liege in der Hängematte und studiere die Form der Wolken. Kontemplation, so nennen Schlaumeier die Faulheit, um sie vor den Kleingeistern zu rechtfertigen, die darüber wachen, dass »ein jeder in der arbeitenden Gesellschaft seinen Platz findet«.

25. Juni

Noch ein Tag der Himmelsbetrachtung. Wolken von Insekten im Sonnenpulver. Später schwimmt ein lachsfarbener Mond nachtaufwärts, um sein einziges, ungeheures Ei in eine Wolkenwiege zu legen. Oder schlichter gesagt: Er ist voll und blutrot.

26. Juni

Erschütternder Anblick ertrunkener Schmetterlinge. Hunderte von Insekten schwimmen auf der Oberfläche des Sees. Einige finden noch die Kraft zu kämpfen. Ich verwandle mein Kajak in ein Rettungsboot und fische die Insekten vorsichtig heraus, eins nach dem anderen. Arme Blumen des Himmels, gefallen auf dem Feld der Ehre. Bald schmücken dreißig Schmetterlinge mein blaues Boot mit weichen Sternen. Ich bin der Kapitän einer Arche für Hautflügler.

27. Juni
Ich breche nach Jelochin auf, den Wind im Rücken. Das Wetter wird stürmisch, jede Hoffnung auf Sonne ist dahin. Jelochin zeigt sich von seiner düsteren Seite. Ich bin mit Michail Ippolitow verabredet, einem Inspektor des Reservats. Er hat mir versprochen, mich auf eine Kontrolltour zu einer Hütte mitzunehmen, die einen Tagesmarsch hinter den Bergkämmen liegt. Mittags weht der Wind heftig, und mit 25 Kilo auf dem Rücken (das Gewicht des Wodkas und der Konservendosen) habe ich Mühe, Ippolitow zu folgen, der durch die Taiga trabt. Wir erklimmen die bewaldeten Hänge über der Landspitze von Jelochin. Ippolitow schießt los wie eine Kanonenkugel, wird langsamer, verordnet kurze Pausen, steht wieder auf und ist schließlich 200 Meter unter mir. Kurz vor dem Pass auf 1300 Meter, während der Wind Regenböen herantreibt, braucht mein Freund einen Tee. Die Situation wird sehr russisch: Im Sturm unter dem Geäst der Kiefern liegend, warten wir, bis das kleine Feuer zwischen den Schieferplatten unseren halben Liter Wasser zum Kochen bringt.

Zwei mit Graphit gepflasterte Mulden im Kamm eröffnen den Zugang zu einem sumpfigen Hochplateau. Die Böen werden heftiger, und wir legen uns hinter einen Felsvorsprung, bis ein heftiger Schauer vorbeigezogen ist. Kilometerweit über schwammige Flechten zu wandern ist eine Lust. Man würde am liebsten zum Pflanzenfresser. Vor unseren Füßen flattern Rebhühner auf. Der Wind von Jahrhunderten hat den Zwergkiefern die Form von Gedärmen verliehen. Von den Bäumen hängt spanisches Moos herab. In den Sümpfen wirkt die Schwerkraft stärker auf die Vegetation als der Impuls gen Himmel. In dem Tal, dem wir hinabfolgen, steht eine tausendjährige Zeder. Sie hat die Zeit der mongolischen Horden gekannt. Dann kommen Tannenwälder, kristallklare Bäche, von Insekten verseuchte Terrassen und Morastlöcher, in denen unsere Stiefel bis zum Schaft versinken. Bei N 54° 36' 6,36" / E 108° 34' 29,46" erreichen wir Ippolitows Hütte, die er vor zwei Jahren genau auf der Grenze des Naturreservats gebaut hat. Es ist eine drei mal drei Meter große Schutzhütte am Hang über einem Tal, durch das sich ein Fluss schlängelt. Ein mit Nadelhölzern gespickter kegelförmiger Berg versperrt den Horizont. Überall wächst wilder Rhabarber, Wildzwiebel, Bärlauch. Wolken von Stechmücken halten Wache. Es ist einer jener Orte, wie ich sie liebe: ein Ende der Welt, wo sich das Abendlicht sanfter senkt als anderswo, so als habe es Mitleid.

Michail bewirtet mich mit allen Ehren: Wildkräutersalat mit Mayonnaise, Pfefferwodka und Schmalzsuppe. Ich hole aus meinem Rucksack eine Drei-Liter-Flasche Bier, die wir schneller leeren, als sie *zisch* machen kann.

28. Juni

Das Tal, dem wir hinauffolgen, ist von Vegetation überwuchert. Wir wanken voran: zwei Säufer nach dem Barbesuch, entschlossen, einen Pass zu erklimmen. Jeder Schritt muss einem Geröllfeld, einem Wurzelgeflecht oder einem Schlammloch abgerungen werden. Der Fluss zieht gleichgültig vorüber, er hat einen langen Weg vor sich, über die Lena bis zur Arktischen See. Auf 1200 Meter Höhe überlässt es der Wald den Zwergkiefern, die

Felsen zu verbergen. Getreu dem russischen Prinzip, nach dem die Teestunde durch nichts – weder durch Krieg noch Exodus – versäumt werden darf, nehmen wir uns eine Stunde, um etwas durchnässtes Reisig zum Brennen zu bringen. Im Regen, in einer Pfütze liegend, nippen wir an unserem lauwarmen Wasser und unterhalten uns gepflegt.

»Sind deine Bücher übersetzt?«

»Ein paar.«

»In welche Sprachen?«

»Finnisch, Italienisch, Deutsch.«

»Russisch?«

»Nein.«

»Das ist normal, wir sind noch primitiv.«

Rhododendren erschweren das Vorankommen. Man muss die blühenden Sträucher auseinanderbiegen, um durchzukommen. Der Pass ist von einem kleinen Sumpf besetzt. Der Regen wird stärker. Ippolitow schlägt mir vor umzukehren, aber ich kann mir nicht vorstellen, wieder in den algigen Wald einzutauchen, um mich für den Rest des Tages in einen feuchten Schlafsack zu flüchten. Wir erklimmen die Hänge, die zu einem Plateau, bedeckt mit »endemischer Tundra«, führen. Die Flechten dort sind flauschiger als der Teppichboden eines neureichen Moskauers. Vier wilde Rentiere weiden neben einem Firnfeld, und wir versuchen, um sie herumzuschleichen wie die Komantschen. Noch 100 Meter von den Tieren entfernt, verborgen hinter Rhododendronbüschen, bemerken wir, dass wir nicht die Einzigen sind. Ein Braunbär nähert sich. Er entdeckt uns und erstarrt. Das Gefühl, mit einem Bär um sein Mittagessen zu konkurrieren, ist unangenehm. Ich entsichere meine Leuchtrakete und Ippolitow lädt seine 7,62er. Das Zuschnappen des Verschlusses erschreckt die Rentiere, sie stieben auseinander. Der Bär muss uns verfluchen, wagt aber keine Bewegung. Er steht da wie eine Statue, die ihren Sockel verschluckt hat. Er stellt sich auf die Hinterbeine. Wir müssen ein paar Sekunden abwarten, um zu sehen, ob er sich zum Angriff oder zur Umkehr entscheidet. An diesem Tag brauchen wir nicht zu schießen, wir blicken der sanft wogenden Bewegung des fliehenden Pelzes über den Büschen lange nach.

Wir brauchen zwei Stunden, um zu dem Bach zurückzugelangen, dem entlang wir gestern abgestiegen sind. Ippolitow hat einen Plan. Vor einem Jahr hat er einen gusseisernen Ofen bis hierher gebracht, und er möchte, dass ich ihn zur Hütte bringe. Das bedeutet einen zweistündigen Hindernisparcours, beladen mit dem 30 Kilo schweren Ofen, dessen zwei untere Ecken sich in meinen Rücken bohren, während die beiden oberen in den Ästen hängenbleiben und bei jedem Schritt eine sehr erfrischende kleine Sintflut auslösen. Ich muss aussehen wie diese Träger im Himalaya, die die unglaublichsten Dinge quer durch den nepalesischen Dschungel schleppten: Überseekoffer aus Leder, Mahagoni-Grammophone und Badewannen für die Offiziere …

29. Juni

Wenn man mich eines Tages in einer Raumkapsel ins All schießt, werde ich bereits wissen, was es heißt, den ganzen Tag neben einem Galaxie-Gefährten auf einer Bettstelle liegend zu verbringen. Ich habe Kierkegaards *Krankheit zum Tode* dabei, dessen Lektüre ich niemandem empfehlen würde, der bei Regenwetter in einer Hütte festsitzt. Ippolitows kleines Radio spuckt abwechselnd Informationen über den Krieg von 1941 bis 1945 und

Popmusik aus. Es regnet. Die Phantasielosigkeit des Himmels ist erschütternd.

»Michail.«

»Was?«

»Wir haben kein Glück mit dem Regen.«

»So gibt es weniger Steckmücken.«

»Ach so, ja.«

Ippolitow hat sein Buch in Jelochin vergessen und stiert an die Decke, als erwachten dort wunderbarste Muster zum Leben. Um vier Uhr nachmittags packt uns plötzlich fieberhafter Tatendrang, wir tauschen den alten Ofen gegen den neuen aus und leeren in dessen schöner Wärme drei Gläschen Wodka, gemäß der Tradition, die verlangt, dass »der erste Rauch« gefeiert werden muss. Um sechs Uhr geht der Regen in Niesel über, und wir machen uns bereit für die Besteigung der pyramidenförmigen Anhöhe am östlichen Rand des Tals. Genau als wir aufbrechen, setzt der Regen wieder ein. Die Vorhänge der Flechten sind flüssige Schleier. Das Moos verschluckt unsere Stiefel. Die Stechmücken finden keinen Raum zum Fliegen. Wir brauchen eine Stunde, um die 300 Meter der Anhöhe zu erklimmen, die mit 300-jährigen Zedern bestanden ist. Die Bäume scheinen tot. An den Rändern einer unbewohnten Bärenhöhle bringen die weinroten Glöckchen der wilden Orchideen etwas Freude in diese Welt.

Nachts werde ich von einer Maus geweckt, die in meinen Schlafsack gekrochen ist, was weniger erschreckend ist als eine Spinne, aber unangenehmer als eine Tänzerin des Kirow-Balletts.

30. Juni

In Irkutsk auf der Straße würde man Ippolitow für einen guten Familienvater mit angegrautem Haar und einem geordneten

Leben halten. Er verbringt jedes Jahr ein paar Monate allein im Wald, besucht seine sechs Hütten, die entlang einer 110 Kilometer langen Linie stehen, und folgt so der Überzeugung mancher Russen, dass die Zeit in der Stadt nur ein Zwischenspiel im Leben in den Wäldern darstellen darf.

Wir machen uns auf den Rückweg. Immer noch Regen. Die klammen Büsche sehen aus, als würden sie von Thailand träumen. In meine Kapuze eingemummt, erinnere ich mich an meine Klettertouren in den duftenden Kalkfelsen der Provence. Wandern im Regen, eine Erinnerungsfabrik.

Im tropischen Dschungel begünstigen Wärme und Feuchtigkeit die Überfülle des Lebens. Die Taiga kennt diese Bedingungen eines biologischen Brutkastens nicht. Während der heiße Urwald ohne Unterlass produziert, konserviert die Taiga. Hier ist das pflanzliche Wachstum langsam, aber die Zersetzung räumt das Unterholz nicht so schnell wieder frei wie unter niedrigeren Breiten. Eine sibirische Zeder braucht Jahre, um zu vermodern. In beiden Fällen ist der Boden mit einem pflanzlichen Chaos bedeckt, dort infolge des üppigen Wucherns und hier der Biostasie. Der kalte Urwald ist ein Pflanzenmuseum, der heiße Urwald ein Chlorophyll-Labor.

In Jelochin begrüßen mich die kleinen Hunde, und ich esse mit Wolodja, Irina und Ippolitow Blinis mit Saiblingseiern zu Mittag. Nie genug Kaviar. Aber viel zu viel Wodka.

Dann fliehe ich nach Hause, mit großen Löffelschlägen in den Kaffee des Sees.

JULI

Der Frieden

1. Juli

Angeltag. Ein Fischfresser, der sich an der Quelle eines Sees ernährt, macht eine psychophysiologische Verwandlung durch. Seine Zellen werden mit Phosphor gespeist, sein Charakter wird vom Wesen der Fische durchdrungen. Was er an Kraft des Blutes verliert, gewinnt er an Gemütsruhe, an Schweigsamkeit, an Wendigkeit, Schnelligkeit und Zurückhaltung.

Ich fange acht Saiblinge. Das bestürzte Auge der Fische, als hätten sie verbotene Dinge gesehen.

Aika und Bek stehlen mir drei meiner Fische. Ich habe nicht einmal die Kraft, sie zu schimpfen. Wenn ich Kinder zu erziehen hätte, sie würden als Gauner enden.

2. Juli

Die Luft ist voller Insekten. Beim ersten Tageslicht erhebt sich ein Brummen, das sich erst in der Nacht wieder legt. Balkenschröter klettern über die Rundhölzer der Hütte, Bockkäfer besiedeln meine Regale. Bremsen mit albtraumhaften Augen reizen die Hunde. Wenn diese Insekten fünf oder zehn Kilo wögen wie im Karbon, würden die Menschen sich weniger aufspielen.

3. Juli

Der Frühling, Haftentlassung des Wassers.

Der Wasserfall ist befreit.

Er entspringt einer winzigen Engstelle an der Oberkante der 50 Meter hohen Wand. Wasserschleier überziehen den Schiefer mit weißen Strängen. Akrobatisch gelange ich über ein Felsband, das schräg über die Wand zum Gipfel verläuft, bis zum Beginn des Wasserfalls. Der Anblick dieses kristallklaren Stroms, der ins Leere stürzt, ist schwindelerregend. Und wenn die Wasserfälle sich aus Verzweiflung von den Bergen herabstürzten?

Am Abend kämpfen die Hunde miteinander. Das Zusammenklappen ihrer Kiefer, wie Säbelhiebe. Dieser graue Strand. Gibt es einen schöneren Ort, um einem Samurai-Kampf beizuwohnen, um auf der Suche nach einem Wort auf und ab zu wandern, um ein Gedicht zu deklamieren? Ich lebe am Saum eines Waldes, vor einer Wasserebene, auf dem Absatz eines geologischen Hanges, der seine Wurzeln in 1500 Meter Tiefe hat und auf 2000 Meter Höhe den Himmel berührt. Die Hütte steht am Scheideweg der Räume.

4. Juli

Der Luxus? Das sind diese 24 Stunden, die sich jeden Tag vor mir ausbreiten und *allein auf meine Wünsche* warten. Die Stunden stehen wie große, weißgekleidete Mädchen in der Sonne, bereit, mir zu dienen. Wenn ich zwei Tage auf dem Bett liegen bleiben will und einen Roman lesen, wer wird mich daran hindern? Wenn mich am Abend die Lust überkommt, in den Wald zu gehen, wer sollte mich davon abbringen? Der Waldeinsiedler hat zwei Lieben, die Zeit und den Raum. Erstere füllt er nach seinem Belieben, und Letzteren kennt er wie niemand sonst.

Was ist die Gesellschaft? Es ist der Name, mit dem man dieses Bündel von äußeren Strömungen bezeichnet, die gegen das

Steuer unseres Bootes drücken, um uns daran zu hindern, es zu lenken, wohin wir wollen.

Ich liege unter der heißen Sonne (plus 22 Grad!) in meiner Hängematte. Wenn ich am Strand sitze und schreibe, kommen die Hunde gemächlich dazu und legen sich mir zu Füßen. Die Baikal-Version des Spaniels zu Füßen der Lesenden im irischen Gutshaus.

Schleier, feuchte Schwaden streichen über die Oberfläche des Sees.

5. Juli

Die Insekten reagieren mit seismographischer Empfindlichkeit auf den geringsten Temperaturanstieg. Sobald die Luft drei Grad wärmer wird, schlüpfen sie zu Millionen aus und wirbeln wie verrückt durch die Luft. Bockkäferpaarungen. Die Fühler berühren einander und die Insekten lieben sich in statuenhafter Reglosigkeit. Ich hätte nichts gegen den Besuch einer jungen slowenischen Entomologin, die hier darüber Forschungen betriebe. Die Enten dagegen erinnern an die Beständigkeit der bürgerlichen Ehe. Sie gleiten sonntäglich aufgeputzt paarweise vorüber und grüßen die anderen Paare mit leichtem Kopfnicken.

Die Welt, durch die ich mich jeden Tag bewege, von der Lichtung bis zum Seeufer, ist voller Schätze. Im Gras und unterm Sand sind Armeen zugange. Ihre Soldaten sind Schmuckstücke. Sie tragen lackierte Rüstungen, goldene Panzer, malachitgrüne Kettenhemden oder gestreifte Livreen. Ich wandle am Nördlichen Zedernkap ahnungslos über Juwelen, Brillanten, Kameen. Manche sehen aus wie der Phantasie eines Jugendstil-Juweliers entsprungen, der sich mit einem faustischen Alchemisten eingelassen hat, um seine Broschen und Emailstücke zum Leben zu erwecken, nachdem sie aus dem Ofen kamen.

Insekten zu beachten schenkt Freude. Sich für das unendlich Kleine zu begeistern bewahrt vor einem unendlich mittelmäßigen Leben. Für den Insektenliebhaber wird eine Wasserpfütze zum Tanganjikasee, ein Sandhaufen nimmt die Ausmaße der Taklamakan-Wüste an, ein Gestrüpp verwandelt sich in einen Mato Grosso. In die Geographie des Insekts vorzudringen bedeutet, den Gräsern endlich die Dimension einer Welt zuzuerkennen.

6. Juli

Wenn der See spiegelglatt daliegt, ist das Bild, das er zurückwirft, so rein, dass man sich nicht sicher sein kann, was echte und was gespiegelte Landschaft ist. Die kristallklare Luft überträgt das Echo meiner Paddel bis zum Wald. Das Spiegelbild ist Echo des Sichtbaren, das Echo Abbild des Klangs.

Ich fange einen drei Kilo schweren Saibling. Am Feuer lese ich Bachelard. Ein Nebel wie auf einem asiatischen Holzschnitt hüllt das Ufer ein, »schön wie das Offene, luftig wie ein Traum und flüchtig wie die Liebe« (*Psychoanalyse des Feuers*).

7. Juli

Schlaflosigkeit. Bedauern und Verzagtheit tanzen in meinem Schädel einen Hexensabbat. Als um halb fünf Uhr morgens die Sonne wiederkehrt, vertreibt das Licht die Fledermäuse, und ich schlafe endlich ein.

Ist es die Müdigkeit? Als ich mittags aufstehe, dämmere ich angenehm vor mich hin. Glückselige Aussicht: Der Tag dürfte nichts Neues bringen. Niemand am Horizont, keine Aufgabe zu erfüllen, kein Bedürfnis zu befriedigen, kein Gruß zu erwidern. Eventuell um halb sieben ein paar abendliche Verneigungen vor der Robbe und einem Schwarm Eiderenten.

Die Blockhütte ist der Ort des *Schritts zur Seite.* Der Hafen der Leere, wo man nicht gezwungen ist, auf alles zu *reagieren.* Wie kann man die Annehmlichkeit dieser Tage ermessen, frei von jedem Zwang, auf Fragen zu *antworten?* Mir wird jetzt der aggressive Charakter einer Unterhaltung klar. Indem er vorgibt, sich für einen zu interessieren, zerbricht ein Gesprächspartner die Aura der Stille, dringt ans Ufer der Zeit vor und nötigt einen, auf das zu antworten, was er fragt. Jeder Dialog ist ein Kampf.

Nietzsche in *Ecce homo:* »Man muss dem Zufall, dem Reiz von außen her so viel als möglich aus dem Wege gehn; eine Art Selbst-Vermauerung gehört zu den ersten Instinkt-Klugheiten der geistigen Schwangerschaft. Werde ich es erlauben, dass ein fremder Gedanke heimlich über die Mauer steigt?« Etwas weiter dieses Lob auf den gleichmütigen Stumpfsinn: »Noch in diesem Augenblick sehe ich auf meine Zukunft – eine weite Zukunft! – wie auf ein glattes Meer hinaus: Kein Verlangen kräuselt sich auf ihm. Ich will nicht im Geringsten, dass etwas anders wird, als es ist; ich selber will nicht anders werden …«

Auf geheimnisvolle Weise ist genau in dem Moment, da ich das Höchstmaß an Freiheit errang, jedes Begehren von mir abgefallen. Ich fühle, wie sich in meinem Herzen Seelandschaften entfalten. Ich habe den alten Chinesen in mir geweckt.

8. Juli

Am Abend baue ich am Ufer ein Feuer und grille darauf meine Fische.

Der Abend ist ein sterbender Traum. Alle Zutaten der romantischen Träumerei breiten sich gegen acht Uhr vor meiner Loge aus: die stillen Wasser, die Nebelfetzen, die pastellgetönten Windkräuselungen, die Vögel, die ihre Nester anfliegen. Die Natur grenzt an Kitsch, überschreitet diese Grenze jedoch nie.

Heute lasse ich die Bücher liegen. Nietzsches Warnung in *Ecce homo* hat mich getroffen: *»Das habe ich mit Augen gesehen: begabte, reich und frei angelegte Naturen schon in den dreißiger Jahren ›zuschanden gelesen‹, bloß noch Streichhölzer, die man reiben muss, damit sie Funken – ›Gedanken‹ geben.«* Wie besessen zu lesen, enthebt uns der Mühe, auf der Suche nach Lichtungen durch den Wald der Meditation zu wandern. Buch um Buch begnügt man sich, die Formulierung von Gedanken wiederzuerkennen, deren Ahnung in uns reifte. Das Lesen beschränkt sich aufs Entdecken des Ausdrucks von Ideen, die in uns in der Schwebe waren, oder auf das Zusammenstricken von Korrespondenzen zwischen den Werken Hunderter von Autoren.

Nietzsche beschreibt, wie diese müden Köpfe nicht zu denken vermögen, wenn sie nicht »wälzen«. Allein der Tropfen Zitrone hat die Macht, die Auster zu wecken.

Daher die Ausstrahlung der Menschen, die einen von allen literarischen Bezügen freien Blick auf die Welt richten. Niemals schiebt sich zwischen diese Menschen und die Substanz der Dinge der Schirm der Lektüreerinnerungen.

In meinem Leben gab es eine Frau, die in der Lage war zu vergessen, was sie gelesen hatte. Sie verehrte das Leben in jeder Form. Einmal waren wir in der Camargue unterwegs. Wir ruderten durch Salzgärten, über Kanäle, entlang der Lagunen. Flamingoschwärme flogen in den Sonnenuntergang hinein.

Abends beim Biwak dann Wolken von Stechmücken. Ich zerquetschte sie, bombardierte sie mit Chemie. Die Frau: »Ich liebe sie. Sie stechen, aber jedem das Seine. Außerdem sind wegen ihnen manche Gebiete vor dem Menschen bewahrt worden, und die anderen Tiere konnten in Ruhe dort leben.« Sie hat mich vor 22 Tagen verlassen.

Am Abend bringt Sergejs Boot meine Freunde Thomas Goisque und Bernard Hermann an mein Ufer. Gemäß der Tradition der Nördlichen Zedern betrinken wir uns am Strand, stoßen an auf begrabene Lieben und erneuerte Freundschaften. Goisque ist im Auftrag einer Zeitschrift hier. Hermann ist gekommen, um sich dem zu widmen, was seit Jahrzehnten im Zentrum seines Lebens als Zen-Weiser steht: die Betrachtung der Nuancen des Lichts auf der Haut der Welt. Er sieht aus wie ein Oberst der Indian Army, weiße Baumwolljacke und Hornbrille. Wegen des blonden Schnurrbarts und der Augen eines pugatschowschen Sotniks halten ihn die Russen für einen Ataman vom Don. Und er antwortet ihnen in einem Kauderwelsch, das er sich auf seinen Reisen durch das Russland Breschnews und Chruschtschows angeeignet hat, er habe zwar kreolische, jüdische, keltische, baltische, spanische und teutonische Wurzeln, von kosakischen Vorfahren wisse er jedoch nichts.

9. Juli

Sergej hat gestern einen Vorrat an Robbenfett hiergelassen. Ich paddle mit Goisque nach Süden, um die übelriechenden Brocken auf den Felsen auszulegen, in der Hoffnung, damit einen Bären anzulocken. Von meinem Tisch am Strand aus könnte ich die Szene durchs Fernglas beobachten. Die Verheißung des Bären lässt mich Stunden warten.

Es ist angenehm, mit Goisque und Hermann unter einem Dach zu wohnen. Wir angeln, durchstreifen die Auwälder und erörtern die feinen Unterschiede zwischen russischem Nihilismus, buddhistischer Hinnahme und stoischer Unerschütterlichkeit. Manchmal vergleichen Goisque und Hermann ihre Soldatenerinnerungen. Dann springt das Gespräch hin und her zwischen dem Übergang von der Shui- zur Tang-Dichtung und den Operationen des 11. Sturmfallschirmjägerregiments unter der Ägide des SDECE, des französischen Auslandsgeheimdienstes.

10. Juli

Der Himmel zeigt seine Tiere großzügiger vor als der Wald. Kein einziger Bär nimmt die Einladung des stinkenden Fetts an. Zahlreich sind dagegen die Delegationen von Wildgänsen, Gänsesägern, Reiherenten und Eiderenten. Zwei deutsche Kajakfahrer kommen bei Einbruch der Dunkelheit von Norden her an. Sie schlagen ihr Lager auf einem Strand des Kaps auf, 500 Meter von der Hütte entfernt, und kommen mit ihrer elektronischen Ausrüstung, um sie an meinen Solarakkus aufzuladen. Wir müssen ihre Fotos, ihre Filme anschauen, Internetadressen austauschen. Wenn man heute jemanden trifft, notiert man sich gleich nach dem ersten Händedruck und einem flüchtigen Blick Namen von Webseiten und Blogs. Die Bildschirmsitzung hat das Gespräch ersetzt. Nach der Begegnung wird man sich weder an Gesichter noch an Stimmen erinnern, aber man hat Karten mit Nummern drauf. Die menschliche Gesellschaft hat ihren Traum verwirklicht: wie die Ameisen die Antennen aneinanderzureiben. Eines Tages werden wir uns damit begnügen, einander zu beschnuppern.

11. Juli
Die deutschen Kajakfahrer ziehen in ihren perfekt beladenen Booten weiter. Im gleichen Moment taucht eine Gruppe von vier weiteren Paddlern in meiner Bucht auf. Diese hier sind weniger gut ausgestattet. Zusammengeschusterte Ausrüstung: Es sind Russen. Müllsäcke dienen als Spritzdecke für das Süll. Sie tragen die blau-weiß-gestreiften Langarmunterhemden der Marine und nehmen die drei Gläser Rachenputzer an, welche die Teutonen unter dem Vorwand der frühen Stunde abgelehnt hatten. Die Deutschen und die Russen: Die einen träumen davon, die Welt in Ordnung zu bringen, die anderen brauchen das Chaos, um ihr Genie auszuleben.

Der letzte Besuch des Tages ist des Balkan-Kinos der neunziger Jahre würdig. Von Norden her kündigt lautes Knattern ein auf alten Ural-Lastwagenschläuchen schwimmendes Bretterfloß an, das auf mein Ufer zutreibt. Mitten auf dieser schwimmenden Insel, aufgebockt und mit Kabeln verspannt, thront ein Auto. Drei Russen im kompletten Kampfanzug landen auf den Kieseln: »Unser Floß heißt ›Die Tollkühne‹!« Sie haben Killer-Visagen, gestreifte Marinehemden, Dolche am Gürtel. Die Kardanwelle des Wagens ist aus ihrer Achse genommen, um 20 Grad geneigt und mit einem Propeller versehen worden. Auf dieser prekären *Kon-Tiki* sind sie unterwegs nach Irkutsk, wobei sie sich am Steuer des Autos abwechseln. Am hinteren Floßende fungiert eine Blechtonne, in der ein Holzfeuer brennt, als Küche. Als sie weiterfahren, feuern sie aus einer tragbaren kleinen Kanone einen Schuss ab, und ich betrachte dieses Floß, das dem Leben in Russland gleicht: etwas Schweres, Gefährliches, immer am Rande des Schiffbruchs, den Strömungen unterworfen – aber ein Ort, wo man zu jeder Zeit Tee kochen kann.

Am Abend bleibt Hermann bei der Hütte, und Goisque und ich schaffen es, oberhalb des Wasserfalls ans andere Flussufer zu gelangen. Wir gehen bis zu dem Granitrücken, wo ich im Winter eine Biwakplattform ausgemacht hatte. Wir brauchen eine Stunde, um die letzten 50 Höhenmeter zurückzulegen, die von Zwergkiefern verteidigt werden. Ihre Äste halten unsere Schritte zurück.

Auf der Plattform baue ich ein Feuer. Die Stelle ist der ideale Platz für den Vorabend eines wichtigen Ereignisses. Einer jener Orte, an denen man sich vor der Vollstreckung des Todesurteils mit sich selbst versöhnen könnte. Die Art von Ort, wo je nach Stimmung tiefste Verzweiflung oder strahlendste Freude in einem aufsteigt. Wir rauchen unsere Romeos No. 1. Die Nacht ist ruhig, der Mond schon groß. Warum dieser Drang, die Welt gerade dann, wenn sie erlischt, neu zu erschaffen? Haufenwolken versperren den burjatischen Horizont. Die untergehende Sonne lässt sie reifen. Die vier Elemente spielen ihre Partitur. Das Wasser empfängt die silbrigen Mondspäne, die Luft ist mit Gischt gesättigt, der Fels vibriert von der gespeicherten Wärme. Warum glauben, dass Gott sich woanders als in einer Dämmerung aufhält? Die Hunde rollen sich unter den Kiefern zusammen. Das Feuer steigt auf, die Nacht senkt sich nieder. Sie begegnen sich.

Plötzlich springt Aika auf und stürzt mit gebleckten Zähnen den Hang hinab, während Bek sich unter den Kiefern duckt wie ein Schoßhund, der sich in die Taiga verirrt hat. Die kleine schwarze Wache bellt in der Nacht, und wir stellen uns einen Bären vor, der einen Bogen um unser Lager macht.

12. Juli

Mit Goisque und Hermann am Mittleren Zedernkap. Wir gehen schweigend am Strand entlang. Chateaubriand erinnert sich im *Leben des Abbé de Rancé* in aller Bescheidenheit, wie er »unter der Last [s]eines Geistes« dahingewandelt sei.

An der Kapspitze eine Gedenkminute vor der Hütte, wo der Schiffbrüchige des roten Jahrhunderts dahinmoderte. Hermann: »Ein Leben hier, ohne Fernsehen, ohne Gameshows.« In einer Zwergkieferngruppe auf der Kieselböschung, die den Baikal von den Binnenteichen trennt, scheuchen die Hunde eine brütende Ente auf. Ich muss sie zurückhalten, damit sie die Eier nicht auffressen. Aika erwischt dann aber einen kleinen Sperling und verschlingt ihn, zur Bestürzung Hermanns, der seit vierzig Jahren streng vegetarisch lebt.

Die Sechs-Uhr-Sonne verwandelt die Sümpfe in Wasserspiegel wie im Wald von König Artus. Legendennebel überzieht die Oberfläche, mit ein paar Lücken, in die das Licht hineinstürzt und sich tausendfach bricht. Ein Schauspiel für einen Autor viktorianischer Schauerromane. In einem phantastischen Roman vom Ende des 19. Jahrhunderts würden auf den Libellen jetzt Feen vorüberreiten, das Glitzern des Lichts auf dem Wasser wären die Küsse der Undinen, die Dunstschwaden der Atem der Sylphen, die Spinnen würden zu Hüterinnen der Tore des Windes, in stillen Wassern läge die Höhle eines schützenden Gottes verborgen und die von den Bergen sich ergießenden Sonnenströme stünden für den goldgepflasterten Weg ins Himmelreich. Aber wir sind nur Menschen in einer Welt aus Atomen und müssen vor der Nacht heimkehren.

13. Juli
Die Europäer haben den Bau von Kernreaktoren der dritten Generation fortgeführt, das Transgreen-Projekt wiederangekurbelt, mit dem von afrikanischen Solarstromanlagen produzierte Energie importiert werden soll, und eine Ölpest vor den Küsten Floridas mitverfolgt. Diese Chroniken der menschlichen Selbstermächtigung lese ich in den Zeitungen, die Goisque mitgebracht hat.

Das Leben in der Hütte ist ein energetisches Glaubensbekenntnis, das dem historischen Prometheismus diametral entgegengesetzt ist. Die Holzfälleraxt und die Solarzellen liefern Licht und Wärme. Die Energieknappheit ist keine Last. Dazu die Freude, sich autark zu wissen, und das religiöse Gefühl, von den verschwenderischen Gaben der Sonne zu profitieren. Die Solarmodule fangen die Photonen ein, die vom Himmel herabregnen. Und das Holz – Fossil des Sonnenlichts – setzt seine Energie im Feuer frei.

Jede aus dem Angeln oder Sammeln bezogene Kalorie, jedes vom Körper aufgenommene Photon wird gebraucht, um zu angeln, zu sammeln, Wasser zu holen und Holz zu hacken. Der Waldmensch ist eine Energie-Recycling-Maschine. Die Zuflucht zu den Wäldern ist Zuflucht zu sich selbst. Er hat kein Auto, also geht der Einsiedler zu Fuß. Er hat keinen Supermarkt, also angelt er. Er hat keine Zentralheizung, also spaltet sein Arm Holz. Das Prinzip des Nicht-Delegierens betrifft auch den Geist: Er hat keinen Fernseher, also schlägt er ein Buch auf.

Wie sehen Erdöl oder Uranium aus? Was befindet sich im Sperrbereich eines Kernkraftwerks, woraus setzt sich das Rohöl zusammen, das in 4000 Meter Tiefe aus den Hähnen der BP-

Pipelines ins Meer sickert? Wer wandelt diese Kräfte um und befördert sie in Form von Watt bis zu uns? Der Kommunismus der Hütte besteht darin, jede Vermittlung zu verweigern. Der Einsiedler weiß, woher sein Holz, sein Wasser, das Fleisch, das er isst, und die Wildrose, die auf seinem Tisch duftet, kommen. Das Prinzip der Nähe lenkt sein Leben. Er weigert sich, in der Abstraktion des Fortschritts zu leben und eine Energie abzuzapfen, über die er nichts weiß. Modern sein: die Weigerung, über den Ursprung der Wohltaten des Fortschritts nachzudenken.

Die anderen Pressemeldungen betreffen die Korruptionsaffären französischer Politiker. Manchmal erweisen sie sich als verblüffend ungeschickt darin, ihre Laster zu verschleiern. Sogar de Sades Kammerdiener dachten daran, das Boudoir abzuschließen, in dem sie ans Werk gingen. Die Hässlichkeit der Anzüge und Krawatten und das armselige Ausdrucksvermögen dieser Leute sind schlimmer als ihre Veruntreuungen.

14. Juli

Die Sonne hisst ihre Flagge um vier Uhr morgens, ich etwas später, und meine hat nur drei Farben. Die kleine Fahne – Himmel, Schnee, Blut – hängt knatternd an der Angelrute am Strand. Goisque, Hermann und ich trinken drei mal drei morgendliche Gläser Wodka aufs Vaterland. Wir gedenken der Schlacht von Borodino. Ich lade zum Ball ein und bringe Bek Walzer bei. Aika, die Hündin, weigert sich zu tanzen. Ist es legal, auf russischem Boden eine französische Fahne aufzupflanzen? Ist das eine Angriffsgeste? Daran denken, einen vorbeipaddelnden Verfassungsrechtler danach zu fragen.

15. Juli
Goisque und Hermann sind heute Morgen abgereist. Ihre freundschaftliche Gegenwart und das unablässige Vorbeiziehen von Ruderern in den letzten Tage haben meine innere Uhr durcheinandergebracht, und ich werde ein paar Tage brauchen, um meinen Rhythmus wiederzufinden, der auf nichts anderem beruht als der Beobachtung des Sonnenlaufs über meiner Lichtung.

16. Juli
Das Leben in der Hütte ist wie Sandpapier. Es schleift die Seele ab, legt das Wesen bloß, lässt den Geist verwildern und das Haar struppig werden, aber im Herzen entfaltet es Papillen, die so empfindlich sind wie Sporen. Der Eremit gewinnt an Sanftmut, was er an Zivilisiertheit verliert. »Vielleicht waren unsere Vorfahren viel empfänglicher für die Lust, viel bewusster gegenüber ihrem Glück, viel weniger empfindlich gegenüber dem Leiden«, schreibt Bachelard in *Psychoanalyse des Feuers.*

Wenn er seine geistige Gesundheit bewahren will, muss der an einem Ufer gestrandete Anachoret im Augenblick leben. Sobald er beginnt, Pläne zu schmieden, wird er dem Wahnsinn verfallen. Die Gegenwart, Schutzanzug gegen die Sirenen der Zukunft.

Die Abendwolken setzen den schlaftrunkenen Bergen wattige Mützen auf.

Wildrosen wachsen am Fuß der Bäume entlang des Waldsaums. Sie wenden ihre Blüten ihrem Gott, der Sonne, zu. Ich denke an die Beschreibung des Gartens in der Rue Plumet in *Die Elenden.* Jean Valjean hat ihn sich selbst überlassen, und Hugo zieht daraus ein pantheistisches Glaubensbekenntnis: »Alles arbeitet an allem … Kein Denker wagt zu behaupten, der Duft des Weißdorns sei für den Stand der Gestirne überflüssig. …

Zwischen den Geschöpfen und Dingen bestehen wunderbare Bezüge …«

Hugos Gedanken weiterführen: Wer könnte behaupten, die Brandung sei ohne Wirkung auf die Träume des Hirschkalbs, der Wind spüre nichts, wenn er gegen eine Wand prallt, die Morgendämmerung sei unempfindlich gegenüber dem Tirilieren der Meisen?

17. Juli

Ein Tag, um *Taifun* zu lesen, einen Holzvorrat zu spalten, vier Saiblinge zu angeln, die Hunde zu füttern und die Bretter eines vom Sturm beschädigten Vordachs zu reparieren. Conrads MacWhirr ist ein Anti-Ahab. Er steht auf der Schwelle des Schicksals, akzeptiert den Wirbelsturm, versucht dem Unausweichlichen nicht zu entfliehen. Warum sich über etwas aufregen, das sich unserem Zugriff entzieht? Kein weißer Wal ist es wert, dass man die Ruhe verliert. Auf die Spitze getrieben, verleiht Gleichgültigkeit den Menschen etwas Verstocktes, und MacWhirr nimmt unter Conrads Feder Züge eines Rohlings an. Der Kapitän gäbe einen guten russischen Helden ab. Um auszudrücken, dass etwas einem egal ist, sagt man in Russland *»mne po figu«*. Und »Pofigismus« nennt man das ergebene Hinnehmen aller Dinge. Die Russen rühmen sich, den Erschütterungen der Geschichte, den Zuckungen des Klimas, der Niedertracht der Regierenden ihren inneren Pofigismus entgegenzusetzen. Der Pofigismus ahmt weder die Gelassenheit der Stoiker noch den Gleichmut der Buddhisten nach. Er hat nicht den Anspruch, den Menschen zu Senecas Tugend oder zu karmischen Verdiensten zu führen. Die Russen verlangen einfach nur, dass man sie heute eine Flasche leersaufen lässt, weil es morgen schlimmer sein wird als gestern. Der *Pofigismus* ist ein Zustand innerer Passivität, gepaart mit Lebenskraft. Die tiefe Verachtung gegenüber aller Hoffnung hindert den Pofigisten nicht daran, jedem einzelnen Tag so viel Würze abzugewinnen wie möglich. Der Abend stellt die Grenze seines Horizonts dar. MacWhirr, wie er schwitzend auf der Brücke seines Schiffs steht und auf den Taifun wartet, könnte Anhänger dieser Kirche ohne Hoffnung sein.

18. Juli

Der Nebel überrascht mich, während ich mit dem Kajak von Kap zu Kap paddle. Die Sonne lässt Gloriolen aufscheinen. Sie zieren Wolkenlöcher mit Kronen, die strahlenden Seeigeln ähneln. Ein Wetter, bei dem das Ungeheuer vom Baikal angreifen könnte. Ich lege vor der verlassenen Hütte an und dringe in Richtung Sümpfe in den Wald vor, auf der Suche nach wilden Zwiebeln, Rhabarber und Bärlauch. Stechmücken fallen über mich her. Ich würde gern alle Beipackzettelverfasser für Mückenschutzmittel nackt hierherschleifen, um sie dazu zu bringen, die Lobeshymnen auf ihren Etiketten zurückzunehmen. Die Teiche glitzern. Die Wildrosen heitern die Ufer auf, die Zedern verdunkeln sie. Mit Wildkräutern beladen kehre ich zur Hütte zurück. Der See färbt sich rosa, der Himmel ist marmoriert mit lila Flecken und bläulichen Streifen. Man müsste Gerichtsmediziner sein, um die Abendhimmel am Baikal zu würdigen.

19. Juli

Eine Dusche *on the beach*. Ich übergieße mich mit Eimern von sonnengewärmtem Wasser, als Wolodja aus Jelochin in seinem kleinen Boot auftaucht, die Arme voll mit geräuchertem Fisch.

Er ist gekommen, um mit mir ein Problem zu bereden, das die Russen fasziniert. »In euren Städten gibt es Krawalle! Die Araber machen Revolution! Alles brennt.« Mir fehlen die Worte, um Wolodja zu erklären, dass die Dinge weniger schlimm, aber komplizierter sind, als er meint. Sind sie das übrigens wirklich? Man müsste ihm erklären, dass diese Bewegungen Ausdruck von sozialem Zorn sind und dass die ethnische Herkunft der Beteiligten zwar den Russen Eindruck macht, von den französischen Kommentatoren aber kaum erwähnt wird. Man müsste ihm sagen, dass es sich nicht um eine Revolution handelt. Diese Angriffe auf die öffentliche Ordnung haben nicht zum Ziel, die bürgerliche Welt zu zerstören, sondern sich zu ihr Zugang zu verschaffen. Hört man die jungen Leute nach Freiheit, Macht und Ruhm schreien? Warum werden in diesen armen Vorstädten Autos angezündet? Aus Kritik an den Verheerungen der Technik und des Marktes oder aus Verdruss darüber, nicht die Schönsten und Größten davon zu besitzen?

Ich erinnere mich an meine Auftritte in sozialen Brennpunkten (wie man euphemistisch die Orte nennt, an denen eine gewisse Brutalität herrscht). Die Jugendlichen waren sehr lebendig und taten mir den Gefallen, sich für das zu interessieren, was ich erzählte, aber sie machten sich über meine Aufmachung lustig, verhöhnten meine Art zu reden. Ich behielt von diesen Begegnungen zurück, dass sie der Kleidung einen unglaublichen Wert beimaßen, dass sie sich stark mit ihrem Viertel identifizierten und sich sehr konformistisch verhielten, kostspielige Gegenstände liebten, einen krankhaften Sinn für Äußerlichkeiten entwickelten, an das Recht des Stärkeren glaubten, nicht viel Interesse für den *Anderen* hatten und eigene Sprachcodes pflegten: alles Kennzeichen des bürgerlichen Geistes.

Götter der Wälder, hier leben und diese Berge damit beleidigen, dass man sich mit solchen Dingen beschäftigt! Sobald Wolodja den Motor wieder anlässt, verscheuche ich diese Gedanken schnell wieder und kehre an die Arbeit der Bücher und der Wälder zurück.

20. Juli

Heute erklimme ich 1600 Höhenmeter und steige ebenso viel wieder ab. So viel zur Statistik. Ich habe beschlossen, auf den Gipfel hinter meiner Hütte zu klettern. Zuerst kommt der lange, mühsame Anstieg durch die Taiga. Bei 850 Metern lasse ich das Unterholz hinter mir. Der obere Waldsaum bildet die Schwelle zur Welt der Höhe. Steine haben sich von den Gipfeln losgerissen und sind bis gegen das Bollwerk der Bäume gerollt. Es herrscht Stille wie in einem Amphitheater. Die Hunde hecheln in der Hitze. Wir trinken aus kleinen Nebenläufen des Wildbachs. Die Schlucht wird steiler, Aika und Bek haben Mühe, die Felsvorsprünge zu überwinden. Ich setze mich neben Büschel von Berg-Kuhschellen und betrachte, wie sich Geröllfelder und Wälder bis zum Ufer hinabwälzen.

Es soll Männer geben, die die Hüften der Frauen taxieren, um etwas über ihre Gebärfreudigkeit zu erfahren. Andere mustern ihre Augen, um zu erraten, ob sie leidenschaftliche Liebhaberinnen sind. Wieder andere schätzen anhand der Länge ihrer Finger ab, wie sinnlich sie sind. Und dann gibt es solche, die genau diese Art Blick auf die Landschaft werfen.

Diese Berge bieten nichts außer einer Überfülle von augenblicklich zu empfindenden Eindrücken. Der Mensch wird sie nie verbessern. In dieser zerrissenen, großartigen Landschaft, die nichts verspricht, werden Kalkulatoren nicht auf ihre Kosten kommen. Nichts wird diese Natur je unterwerfen. Sie ruht, liegt da, einzig um durch vollkommen ehrgeizlose Seelen gewürdigt zu werden. Die Taiga und der Traum der Urbarmachung passen nicht zusammen. Raumplaner, geh deiner Wege, geh zurück in die Toskana! Dort, unter gemäßigten Himmeln, warten die Landschaften darauf, vom Menschen zur Campagna umgestaltet zu werden. Doch hier, in diesem Amphitheater, herrschen bis in alle Ewigkeit die Elemente. In magmatischer Vorzeit wurde hier gekämpft, jetzt herrscht Ruhe. Die Landschaft, Ruhezeit der Geologie.

Auf 1700 Meter steige ich über Geröllfelder direkt zum Kamm auf. Dort oben, auf der Grenze zwischen Baikalbecken und Lena, teile ich drei geräucherte Fische und etwas wilde Zwiebel mit den Hunden. Dann noch eine Stunde über getrocknete Flechten bis zum 2100 Meter hohen Gipfel. Dort schlafe ich zusammen mit den Hunden auf dem bemoosten Boden. Die Stechmücken vertreiben uns. Sie sind die Wächter der hohen Stätte, mit dem Auftrag, keinem Eindringling zu erlauben, sich hier niederzulassen. Die Natur hatte die geniale Idee, nicht etwa Heerscharen monströser Zerberusse aufzubieten, die mit Gewehrkugeln zu besiegen gewesen wären, sondern winzige fliegende Spritzen, deren Sirren einen wahnsinnig macht.

Wir treten den Rückzug an, rutschen am Nordosthang ein Geröllfeld hinunter und treten bei jedem Schritt Felslawinen los. Ich erreiche ein Firnfeld mit einer Neigung von 40 Grad. Zwei schöne Schieferplatten dienen mir als Werkzeug, um Stufen hineinzuschlagen. Die Hunde heulen, bis sie sich dazu durchringen, das Hindernis zu umgehen. Der Hang wird weniger steil und wir schlittern hinab. Auf 900 Meter erahne ich eine verdächtige Verwerfung und folge meinem Instinkt, das

Firnfeld zu verlassen und auf den Felsen am Rand weiterzugehen. Da eröffnet sich vor uns eine Kluft. Der Schmelzwasserbach, der sich unter dem Schnee verbarg, tritt kurz zutage, bevor er in einen 30 Meter tiefen Abgrund stürzt.

21. Juli
Kein Vogel singt. Nichts kräuselt den See. Der Nebel hat die Welt verschluckt.

22. Juli
Sie tauchen aus dem Nichts auf und überraschen mich. Sie sind in aller Stille am Strand gelandet, und ich bemerke ihre Anwesenheit erst am Knirschen ihrer Kajaks auf dem Kies. Es sind zwei kahlgeschorene Kolosse. Sie lächeln raubtierartig, haben aber sehr sanfte Augen. Sie paddeln in Etappen von 50 Kilometern am Tag zur Insel Olchon. Sie bitten mich um einen Tee, und während das Wasser auf dem Ofen kocht, erzählen sie mir, dass sie Shivaisten sind und die Küsten entlangfahren, um heilige Orte ausfindig zu machen. Der See sei die Geburtsstätte ihres Gottes Shiva. Das Komische ist, dass sie aussehen wie Killer einer Spezialeinheit.

Ein altes Überbleibsel der Geduld, die mir in zehn Jahren Klosterschule eingeimpft wurde, hilft mir, den spirituellen Brei zu ertragen, den Sascha eine Stunde lang vor mir auswalzt, wobei er seine Ausführungen mit Sanskrit-Wörtern spickt. Demzufolge sind die Berge des Baikals mit dem Berg Meru verbunden, ist der Süden des Urals eine Weltgegend, in der die kelto-kosmische Offenbarung im vollen Gange ist, und hat Zarathustra die Kurgane der indosarmatischen Ebenen errichtet. Ich bewundere diese Überzeugungstäter, die einem solche

Dinge mit einer Gewissheit vortragen, als hätten sie gerade in der Hütte nebenan mit Gott persönlich ein Bier getrunken. Seit dem Zusammenbruch der Sowjetunion feiern New-Age-Theorien in Russland große Erfolge. Das mystische Vakuum, das der Zusammenbruch der sozialistischen Dogmen hinterlassen hat, musste aufgefüllt werden. Die Russen lieben esoterische Welterklärungen und murren nie, wenn es darum geht, irgendwelche Theorien für bare Münze zu nehmen, die Okkultismusprofis in Westeuropa nicht einmal mehr vorzubringen wagen. Die Russen sind nicht umsonst Kinder Rasputins.

Es ist eine schöne Idee, übers Wasser zu fahren und zu versuchen, in den Formen einer Landschaft die physische Transkription einer Legende zu erkennen. Diese spirituelle und symbolische Aneignung der Geographie hält den Blick wach. Meine beiden Freunde paddeln übers Wasser und entdecken Zeichen, halten nach Korrespondenzen Ausschau. In einer Kuppe sehen sie einen Lingam, in den Felsspitzen eines Grates Shivas Dreizack und in einer Hütte den Kreuzungspunkt verschiedener Kräfte.

Nach der Suppe lassen sich Sascha und sein Jünger im Lotussitz am Strand nieder und singen ein hinduistisches Mantra. Sascha bläst in sein tibetisches Schneckenhorn. Das Röhren weckt Bek, er heult los.

»Mein Hund mag den Ton des Schneckenhorns nicht«, sage ich.

Seltsamer Blick von Sascha: »Vielleicht ist er kein Hund …«

Sie sagen mir noch einmal, die Nördliche Zedernhütte befinde sich an einem sehr starken »energetischen Knotenpunkt«. Dann ziehen sie weiter nach Süden. Aus der Ferne erschallen noch einmal drei Schneckenhornstöße.

23. Juli
Ich paddle zur Ledjanaja. Der See stinkt nach Aas. Der Nebel ist wieder da. Der Wald taucht auf, zieht sich zurück, taucht wieder auf. Am Fluss angle ich auf den Felsen und verspeise das Ergebnis meiner Geduld zum Abendessen. Heute Nacht erlebe ich das Biwakieren in seiner reinsten Form: Wasser plätschert, Gras zieht sich bis auf die Kante eines Felsens, der über die stillen Wasser ragt, ein paar Birken bieten Schutz vor der Brise. Fische braten über dem Feuer, und die Hunde warten auf ihren Anteil, während der blassgoldene Mond sich im Nebel räkelt. Ich rauche eine Partagas. Es sind die Orte, an denen man sie genießt, die Zigarren ihren Wert verleihen. Mein Gedächtnis ist geographisch. Es erinnert sich besser an die Atmosphäre und den Geist von Orten als an Gesichter und Gespräche.

Heute Abend fehlt nur meine Traumfrau.

24. Juli
Im Morgengrauen ein Motor. Es ist Wolodja, der an der Mündung der Ledjanaja ein Netz auswirft. Ich rufe von meinem Felsen zu ihm hinunter. Wir unterhalten uns eine Stunde lang und teilen auf dem Bootsverdeck ein paar Tomaten. Vladimir Jankélévitch spricht in seinen Gesprächen über das *Unmittelbare* von jener Fähigkeit der Russen, stundenlang am Tisch sitzen zu bleiben und sich an den Klippen einer Insel der Fülle festzuklammern. Um den Tisch herum erstreckt sich die feindliche, harte Welt, in die man früher oder später wird eintauchen müssen, bis zu einem neuen Tisch, etwas weiter.

Ich mache mich auf den Rückweg durch den Nebel. Die Küste ist mein Ariadne-Faden. Zwei Stunden nachdem ich die Hütte erreicht habe, kommt ein Sturm auf und alles lichtet sich.

25. Juli
Ich werde mich von den Hunden trennen. Ich schaue ihnen zu, wie sie mit dem Kopf auf der Schwelle der Hütte schlafen. Warum kommt am Ende immer alles? Es gibt nur ein Mittel, dem Unausweichlichen zu entgehen.

26. Juli
»Ich gehe und habe doch von den Ulmen am Wegrand kaum die ersten erreicht …«

Sergej kommt mich übermorgen abholen. Wir werden die Hunde in Jelochin absetzen, dort werden sie bleiben, bis sie in einer anderen Hütte des Reservats einen neuen Herren finden.

Ich bin hierhergekommen, ohne zu wissen, ob ich die Kraft haben würde zu bleiben, nun gehe ich wieder und weiß, dass ich zurückkommen werde. Ich habe entdeckt, dass in der Stille zu wohnen ein Jungbrunnen ist. Ich habe zwei oder drei Dinge gelernt, die viele Leute wissen, ohne sich derart zurückzuziehen. Die Jungfräulichkeit der Zeit ist ein Schatz. Das Vorüberziehen der Stunden ist spannender als das Herunterreißen möglichst vieler Kilometer. Das Auge wird prachtvoller Naturschauspiele niemals müde. Je besser man die Dinge kennt, desto schöner werden sie. Ich bin zwei Hunden begegnet, ich habe sie genährt, einmal haben sie mich gerettet. Ich habe zu den Zedern gesprochen, Saiblinge um Verzeihung gebeten und an meine Lieben gedacht. Ich bin frei gewesen, denn ohne den Anderen kennt die Freiheit keine Grenzen mehr. Ich habe das Gedicht der Berge betrachtet und Tee getrunken, während der See sich rosa färbte. Ich habe das Verlangen nach Zukunft getötet. Ich habe den Atem des Waldes eingesogen und den Bogen des Mondes verfolgt. Ich habe mich durch den Schnee gekämpft und auf dem Gipfel der Berge die Mühsal vergessen. Ich habe das Alter der Bäume bewundert, Meisen gezähmt, die Nichtigkeit von allem begriffen, was nicht Ehrfurcht vor der Schönheit ist. Ich habe einen Blick auf das andere Ufer geworfen. Ich habe Wochen der Stille im Schnee erfahren. Ich habe es genossen, es in meiner Hütte warm zu haben, während der Sturm seinen Zorn entfesselte. Ich habe die Wiederkehr der Sonne und der Wildenten begrüßt. Ich habe das Fleisch von geräucherten Fischen gerissen und gespürt, wie mir das Fett der Saiblingseier die Kehle erfrischte. Eine Frau hat mir Adieu gesagt, aber Schmetterlinge haben sich auf mich gesetzt. Ich habe die schönsten Stunden meines Lebens erlebt, bis mich eine bestimmte Nachricht erreichte, und die traurigsten danach. Ich habe die Erde mit meinen Tränen begossen. Ich habe mich gefragt, ob man die russische Staatsbürgerschaft nicht nur durch das Blut, sondern auch durch vergossene Tränen erlangen könnte. Ich habe mich ins Moos geschnäuzt. Ich habe literweise 40-prozentiges Gift getrunken und es genossen, mit Blick auf Burjatien zu pissen. Ich habe gelernt, mich an ein Fenster zu setzen. Ich bin mit meinem Reich eins geworden, ich habe den Geruch der Flechten gerochen, wilden Knoblauch gegessen und Bären getroffen. Mein Bart ist gewachsen, die Zeit hat ihn abgespult. Ich habe die Gruft der Städte verlassen und sechs Monate in der Kirche der Taiga gelebt. Sechs Monate wie ein ganzes Leben.

Es ist gut zu wissen, dass irgendwo auf der Welt in einem Wald eine Hütte steht, wo etwas möglich ist, das nicht allzu weit entfernt ist vom Glück zu leben.

27. Juli
Mittagsschlaf auf den Kieseln des Strandes, die Hunde liegen auf mir. Aika und Bek, meine Meister des Fatalismus, meine Tröster, meine Freunde, die ihr nichts anderes erwartet als das, was das *Unmittelbare* euch im Fressnapf des Lebens bietet, ihr bedeutet mir viel.

Grelle Sonne, azurblauer See, Wind in den Zedern, Brandung der Wellen: In meiner Hängematte fühle ich mich an die Mittelmeerküste versetzt. Im Wald trinke ich ein letztes Mal auf das Robinson-Leben. Mein Blick fällt auf einen Ameisenhaufen, ich klopfe leicht mit der flachen Hand darauf. Die Insekten verteidigen sich und bespritzen meine Handfläche mit Ameisensäure. Meine Hand glänzt von dieser wirksamen Flüssigkeit. Ich atme ihre Ausdünstungen ein, jage sie mir in die Nebenhöhlen, während ich meinen Wodka kippe. Die Wirkung der salmiakscharfen Dämpfe ist heftig. Der Wald schmückt sich mit ungeahnten Farben.

Ich baue das Kajak auseinander, packe meine Taschen. Mein Leben hat sich hier über Monate entfaltet. Ich falte es wieder zusammen. Ich habe immer aus Taschen gelebt. Meine Lebensmittelkisten sind leer. Ich esse Fische. Es ist zu Ende. Morgen geht es zurück.

28. Juli
Ein letzter Besuch auf der Kuppe, um dem See Adieu zu sagen. Hier habe ich den Geist des Ortes gebeten, mir zu helfen, mit der Zeit Frieden zu schließen. Auf dem Rückweg stöbert Aika ein Eiderentenweibchen auf. Die Ente flattert mit dem rechten Flügel durchs Wasser und simuliert eine Verletzung. Bek geht ihr auf den Leim und verfolgt sie, bis er den Boden unter den Füßen verliert.

Aika sucht das Nest, findet es und beißt den sechs Küken die Kehle durch, bevor ich eingreifen kann. Ich schlage die flaumigen Körper mit einem Stein vollends tot.

Lange noch das Wehklagen der Ente am Strand.

Sie weint um die Tausende von Kilometern, die sie umsonst zurückgelegt hat, sie weint um ihre verlorenen Jungen. Leben heißt, durchzuhalten, auch wenn deine Lieben um dich herum sterben.

Nur ein paar Bisse eines kleinen Raubtiers, und über die Nördlichen Zedern hat sich eine unermessliche, klare Einsamkeit gesenkt.

Ich sitze auf der Holzbank und warte auf Sergejs Boot. Die Sonne brennt. Die Kisten und Taschen sind aufgestapelt. Die Hunde schlafen im Sand. Und in diesem Licht die weinende Ente.

Der Morgen schmeckt nach Tod, er schmeckt nach Abreise.

Die Hunde heben den Kopf. Ein Brummen wird hörbar, bestätigt sich. Es ist das Boot. Ein größer werdender Punkt am Horizont. Ein Schlusspunkt.

DANK

Ich danke allen, die mir geholfen haben,
meinen Aufenthalt in der Nördlichen Zedernhütte
zu verwirklichen, und schicke Ihnen einen Gruß:

Alexis Golovinov
Thomas Goisque
Cédric Gras
Bertrand de Miollis
Olivier Desvaux
Stéphanie Tesson
Bernard Hermann
Cyril Drouhet und Jean-Christophe Buisson vom *Figaro Magazine*
François Fèvre
Florence Tran
Cyrille Benchimol
Georges Bonopéra
Dem Team von Botravail
Emmanuel Rimbert
Sylvie Granotier und Jean-Marie Rouart für ihre Lektüreratschläge
Den Ausrüstern von MILLET und Patrice Folliet
Und vor allem Arnaud Humann

Dieses Projekt bekam im Rahmen des französisch-russischen Jahrs 2010 von Culture-France das Label »France-Russie« zuerkannt.